Leck mich am Leben

Leck mich am LEben

PunK im Osten

Herausgegeben
von Frank Willmann

neues leben

Inhalt

Ronald Galenza

KollektIver
KonTertanz

Wir waren This Pop Generation dazwischen. Im Herbst of Peking
wurden wir nur Neun Tage Alt und Tina hatte keinen Teddybär
mehr. Unsere Gang klaute 1000 Tonnen Obst aus dem Demokratischen Konsum. In einem Rosengarten spannten wir den Expander
des Fortschritts für die Wartburgs für Walter. Waren ganz staats-
sicher nicht Die Firma, immerhin aber Skeptiker. Arbeiteten in
Happy Straps als Untergrund-Brigade im Big Savod wie Dead Ul-
brichts. Electro Artists verschönten uns Ornament & Verbrechen.
Die Freunde der Italienischen Oper jubilierten Teurer Denn Je.
Die AG Geige webte Kashmir. Die Art hatte keine Ich Funktion.
Im Neubaugebiet Sandow gab es Keine Haftung. Unser Ska-König
hieß Michele Baresi, er ritt auf dem legendären Torpedo Mahls-
dorf davon. Das war Die Vision. Wir waren die anderen.

Im Osten war nie viel los. Aber das, was nicht los war, wurde
um so mehr geliebt. Hier einige wundersame Erlebnisse.

Intermedia Coswig

Ein paar Berliner Auskenner waren in Dresden zu Gast bei einem
Künstler-Fest des sehr fleischigen Fleisch-Malers Fleischer. Es
wurde wie immer ordentlich gebechert und deklamiert. Irgendwer dreht die Sicherungen raus, aus der Fete wurde blitzschnell
eine Orgie. Es kam das Gerücht auf, demnächst gäbe es eine wilde

7

Sause im nahe gelegenen Coswig. Ich durfte beim sympathischen Messdiener Christoph Tannert nächtigen. Der hatte das Spektakel mit seinem Kumpel Micha Kapinos organisiert, denn es gab nun mal diesen riesigen, räudigen Ballsaal in Coswig. Mit Straßenbahn und Vorortzug gut zu erreichen. Das Klubhaus sah aus wie der nord-koreanische Pavillon der Weltausstellung von 2019. Eine Hölle für die Guten.

»Intermedia I: Klangbild – Farbklang« fand vom 1.–2. Juni 1985 in Coswig bei Dresden statt. Diese Veranstaltung gilt in zahlreichen Geschichten über die autonome bzw. inoffizielle Kunstszene der DDR als enorm wichtiges Ereignis, an dem das ansonsten lose verbundene Netzwerk regionaler Szenen an einem Ort zusammen- und an dem Kunst- und Punkszene aufeinandertraf. Musik, Malerei, Tanz und Film waren die Medien der Aufführungen. Die als Intermedia, als Collagen in Zeit und Raum, einmalig zusammenprallten. Es gab keine Programme, keine Manifeste. Nur Selbstauflösungen ganz realer DDR-Biografien. Als angstlose Grenzüberschreitungen.

Wir waren das dystopische Subkommando, mittellose Berliner Angeberfressen. Waren Plastik-Blumen von unsoliden Rändern. Den Geschmack von Katharsis auf den falschen Zungen. Die harten Jungs aus Erfurt waren da. Die selbstbewussten Leipziger. So viel Republikbekanntes Gelichter. Von den schon geschlagenen Schlachten, den Abnutzungskämpfen mit der Transport-Polizei, all diesen Kirchenfesten. Eine radikale Unterbrechung des Alltages. Die Punks gerieten in ein gewaltiges Missverständnis. Weil Otze und Pfff mit Hans J. Schulze, Frank Zappe, Jürgen Gutjahr aus Leipzig spielen sollte, hatte sich herumgerüchtet, das sei ein Punk-Festival. Punks aus allen Ecken wollten natürlich auftreten und pogen, weil sie meinten, Intermedia sei offen und alle könnten dort auf der Bühne mitmachen. Aber gerade das lief nicht, weil das Programm im Kern auf Kunst basierte. Das hat Chaos erzeugt, das zünftige Randale ergab. Damit war aber klar, dass Punk in den abgegrenzten ästhetischen Zirkeln nicht wirklich zugelassen war. Denn die Künstler samt einiger Funktionäre waren in der Überzahl. Die immer ähnlichen Geschichten einer Desillusionierung. Flüche und Zuneigung einer zynischen Aufklärung. Selbstverständlich wurde bewusst gegen geplante Abläufe gearbeitet. Recht zu haben könnte langweilig werden.

Allerdings geriet der erste Tag mit Hard Pop, Pfff und Klick & Aus schon musikalisch derb. Da konnte man schon schlecht drauf kommen. Auch die schwerverdauliche HERAKLES Mediencollage von Lutz Dammbeck mit Fine Kwiatkowski, Hans-Jürgen Noack und Lothar Fiedler arbeitete mit anstrengender Musik, hier eben Jazz. Das ging nicht ohne Reibereien. Die einen verfügten schon über Privilegien, die anderen hatten nichts. Dazu gab es Räusche aus kleinen, bezahlbaren Flaschen. Ständig neue Druiden und Feen. Tanzende Hippie-Hobos. Solide Solisten und desaströse Diven. Pauker & Trompeten. Der alte Saal wogte. Die meisten hatten sich verkleidet. Traurige Selbstentwürfe. Riss mir das T-Shirt vom Leib. Seitdem gelte ich als Nackttänzer. How frivol! Uns war heiß vor Selbstbewusstsein.

Deputat-Debütanten soffen Äthanol aus Eimern, Wodka aus Wut. Rumänisches Erdöl aus falschgrünen Flaschen. Spritzten Hass ins Gewöhnliche. Dieser unstillbare Durst. Wütende Provokationen feierten eine aggressive Ausgelassenheit gegen andere. Es gibt gewisse Blicke, die fühlt man, bevor man sie sieht. Es kam zu sexuell konnotierten Neuanfängen und Wiedervereinigungen. Ein Grunzen und Stöhnen. Tauschten die Gesichter. Pure Genussarbeit. Eiskalte Augen voll suchender Wärme. Wie bigott. Eine Antriebskraft ohne Ehrgeiz. Nur zwanghafte Lust an der Selbstoptimierung. Ein orgiastisches Fest aus Leere. Tauschgeschäfte aus Betrug und Fetisch. Wir genossen die Züge demokratischer Verwahrlosung voll stolzer Verachtung. Alles wand sich, zuckte. Ich wollte weitergeben, austeilen. Einfach ein paar Kunden wegflexen, ummachen. Die junge Faust verhieß Rache! Die meisten waren längst nass, aus Liebe oder Selbsthass. So uffjeladen. Wir lulllallten. All unsere Körper waren die Party aus bizarren Wunden. Am Ende des Tages kotzte ich glücklich in eine sozialistische Betonkübelpflanze. Die Risse des Systems leuchteten von innen.

Zurück ins graue Herz Sachsens ging es mit einem Regio, der so wunderbar nach Pisse und Erbrochenem duftete. Wie nah wir am Zerbrechen waren.

2. Tag: Der Kopf ein gespaltener Nachtmond. Der Körper verklebt von zu vielen Widersprüchen. Dieses Anders-Sein konnte auch sehr müde machen. Alles schrie nach Rührei! Revolte! Pistolen & Polente! Der Himmel offen hoffnungslos, wie wohl die Wolken schmecken? Wir hatten jede Menge Möglichkeiten, uns zu ruinieren. Heute am Buffet: die Rennbahnband samt Otze (Malerei unter Verwendung von Musik), TANZ und PROJEKTION mit Christine Schlegel, Fine Kwiatkoswki, Gabi Kachold, Jens Tuckindorf, die bizarre Karl-Marx-Städter Kartoffelschälmaschine von Klaus Hähner-Springmühl und Gitte Springmühl, die MUSIKBRIGADE (Jazz) und natürlich OTZE und seine groben, lauten Jungs. Der Punk-Anhang aus Freunden und Hunden nervte. Die waren so Nicht-Kunst. Unverhandelbar. Wütende Subversion der Nichtangepassten verpuffte. Aus Herzblut wurde Pinselblut. Es vereinten sich vielleicht das ›Informelle‹ und ›Inoffizielle‹ verschiedener Szenen. Jeder versicherte sich seiner Unsicherheit. Eine Artistik des Misslingens. Das männliche Aggressionspotenzial tanzte. Sperenzien eines Notbundes. Der üble Wein roch nach Illusionen der Geborgenheit. Das Bier schmeckte nach Vergeltung. Das Komitee aus 15-jährigen Mädchen war wieder da. Aggressiv und laut. Sie liebten das Universelle. Diese offenen, jungen Gesichter, so unwissend. Eben so mittel cool. Wie es schien, vermuten wir irgendwo innere Werte. Wir waren verzweifelt eitel, taten uns wirklich lustvoll weh. Wir tosten. Ein harmonisches Fest aus überschwappender Eigen-Lust. Beim Tanz der Gehemmten.

Ich lungerte ebenso selbstverliebt wie unsicher oben auf der umlaufenden Balustrade, als ich mich ohne Grund langweilte. Umstellt von bemalten, expressiven Faltrollos von über vierzig Künstlern wie Angela Hampel, Trak Wendisch, Wolfram A. Scheffler, Hans Scheuerecker, Christine Schlegel, Annette Schröter, Erasmus Schröter, Hans J. Schulze, Gudrun Trendafilov. Ein gut abgehangener Kodex. Ich war zu cool. So ging das, wenn man

jung war und wütend. Dachten in Metren und Radikalen. Kalauerten. Unsere Körper verrieten uns schon von weitem. Das war unsere dunkle DNA. Oder nur Affektprogramme? Frust diente der Lust. Vielleicht unverdiente Komplimente einer Rebellion. Alles blieb ein Ratespiel. Pathosformeln. Einsam aus Einsamkeit. Diese Angst vorm Mittelmaß. Ach, wir könnten auch tanzen. Mit Intermedia wagten wir spektakuläre Grenzüberschreitungen aller Art. Eine anarchisch erlebte Selbsterfahrung. Glücksbesoffen von so viel Energie. Es war diese laute Schönheit des Moments.

Die Komödie bezahlt. Wir sangen laut und falsch, um uns zu erinnern. Wir kehrten, beschützt von Schatten, zurück in die Infrastruktur, in unsere Elendsquartiere. Aber: Die schönsten Romane werden erlebt und nicht geschrieben. Heute hausieren wir mit den Brüchen in unseren Biografien. Mein Leben scheint das, was mir die anderen erzählen. All diese Momente werden verloren sein. Ein nacherzählter, ergrauter Sommer.

Das Gefühl B

Vor uns waren natürlich schon andere Gaukler und Blender im Haus. 1930 kam es an diesem Ort zu einem hitzigen Rededuell zwischen Walter Ulbricht (ja, unser Spitzbart) und Joseph Goebbels. Kommunisten und Nazis hetzten gemeinsam gegen die deutschen Sozialdemokraten. Die fanden das falsch, anschließend gingen alle rasant mit Biergläsern und Stuhlbeinen aufeinander los, wobei 60 Menschen schwer verletzt wurden. Eine versunkene Welt, in der die Dinge rückwärts liegen. Der Saalbau Friedrichshain, gegenüber vom Märchenbrunnen, wo man schon mal Sex gehabt haben könnte. Vielleicht. Die Berliner FDJ veranstaltete hier ihren Literaturball und beköstigte die Jugendfreunde während der Pfingsttreffen. Zum wöchentlichen Jugendtanz spielten im Saalbau fast alle namhaften Bands der DDR.

Es war mal wieder Fete angesagt. Im Frühsommer 1984 war Feeling B in der HO-Gaststätte zu Gast. Auch das wurde schlimm.

Der verrückte Alte kam mit seinen beiden Kindern. Feeling B galten zu dieser Zeit als unhörbar. Waren aber ebenso beratungs-resistent. Sie hämmerten ihre arglosen Volksweisen ins sinnfrei begeisterte Publikum. Paul ballerte gnadenlos die 16tel in den schwitzenden Saal, ein Wummern und Scheppern. Aljoscha krähte. Die Biertabletts kreisten ohn Unterlass, wie auf Parteita-gen. Langanhaltender Applaus. Die lästige Gegenwart wurde mit Blauer Würger, Eierlikör, Pfeffi, Kaffeelikör, Kumpeltod, Timm's Saurem, Goldbrand, Doppelkorn und Wurzelpeter geschönt. Was für ein sorgloses, freies Manifest.

Wir lungerten in einer zwielichtigen Ecke herum. Checkten die Bräute. Waren auf gescheiterter Liebe. Der Dicke war da, Ebi, Atze, Keule und Brother. Der weiche Dennis und die zu schöne Dani. Ernie & Schwert. Kat stand wie immer nur dabei, heute nicht ohne Gründe Opernsängerin. Die üblichen Volksfeste. Man musste einfach dabei sein, eben die andern Loser verachten. Wer machte mit wem rum? Welche Ische könnte man klarmachen? Die lachten uns aus. Die Schönsten griffen sich die Koolen. Also verbrüderten wir uns später am Abend mit den übrig gebliebenen Handtaschen-Mädchen. Feeling B war nun mal eine der lustigsten Gassenhauer-Combos. Welche Kapelle in der Musikgeschichte verlässt mal eben für eine halbe Stunde die Bühne, schlurft an den Tresen zum Biertrinken und Schnapsladen und lässt das derb alkoholisierte Publikum mit den Instrumenten mal eben ein we-nig improvisieren? Ohne Aufsicht!

An kantigen Stehtischen pflegten die langhaarigen Kunden eine schöne alte Tradition. Nachdem sie mehrere Eimer Peffer-minz-Likör vertilgt hatten, kommunizierten sie enthemmt mit Bierkrügen, die sie sich gekonnt über den Detz zogen. Welch ein Anblick, dieser Radau. Zwei Kinder-Punks schossen immer wie-der einen Fußball in die Tumulte. Die Jeansjacken keiften und bluteten. Einen besonders Fetten, den sie Blödel nannten, herzten sie eben noch mit »Grün und Blau trägt keine Sau!«. Blödel goss ihnen schwungvoll Bierpokale ins glänzende Haar. Wenig später fiel Blödel einfach um und war verstummt. Ein anderer Schmud-

del wälzte sich lustvoll im Erbrochenen. Tische krachten, Stühle flogen, Bockwürste und Bierbembel wechselten die Gesichter. Köstlich, diese sinnlose Raserei. So was hat uns Spaß gemacht. Wir hatten uns satt gesehen. Es ging längst nicht mehr um Glück. Ein vollkommen gelungener Abend. Wir litten unpräzise an der Zeit, in Schönheit gekleideter Zorn. Die Lebendigen träumen vergebens. Als Zwischennutzer errichteten ein paar Rollheimer hier später ihre Wagenburg. Der Saalbau wurde schließlich 1990 geschlossen und abgerissen.

Klick & Aus

Eines Tages lernte ich auf einer der verdächtigen Parties Sala Seil kennen. Das ging ja meist sehr flott. Später auch ihre Bekannten Pjotr Schwert und Eva Evolinum. Bald stellte sich heraus, sie spielen bei Klick & Aus. Deren Vorsänger Thomas Roesler verdoppelte inzwischen seine Biografie zu Thom di Roes. Eines Abends verschleppte mich Sala zu einem unvergessenem Konzert. Schon dieser allererste öffentliche Auftritt von Klick & Aus im »Schaufenster« im Brecht-Club in Berlin 1983 endete desaströs. Es wurden Dias projiziert, die Primaten und Offiziere zeigten, ähnliche physiognomische Studien, illegal aus der Humboldt-Uni entliehen. Der schöne Künstler Wolfram Adalbert Scheffler dilettierte als Dirigent. Er trug seine legendären eleganten Reitstiefel, dazu einen rot-weiß gepunkteten Lampenschirm auf dem Kopf. Ein irrwitziger Fliegenpilz. Mit einer Neonröhre und einem Skistock wollte er das Ganze anleiten. Scheffler und Roesler galten sowieso als frivole Jecken. Schon durch ihr Aussehen wirkten die Rabauken wie provokante Solitäre. Scheffler stets im edlen Gehrock, meist rot oder weiß, samt einem Arsenal feiner Spazierstöcke. Roesler marodierte in Försteruniform durch die Straßen, oft samt geschultertem Holzgewehr. Beide warfen mit Visitenkarten mit falschen Berufsangaben um sich. Scheffler hausierte in feinstem Sütterlin als Landbriefträger oder »Exterritorialer«. Roesler gab sich mal als Gynäkologe oder als Virtuose aus.

Der Maler Scheffler war an diesem Abend allerdings schwer betrunken. Er stürzte immer wieder herzhaft ins Publikum und löste mit einer flackernden Neonröhre einige Kurzschlüsse aus. Der Schein trübt. Wir klickten aus. Mein Schreien ward Dichtung. Das Publikum eine Ansammlung von Neurotikern, Wirrköpfen, Nervensägen und völlig verpeilten Typen. *Scheiß dich nicht an man!* Aber das enthemmte Schlagzeug und nervende Saxofon waren nicht zu stoppen. Die wüteten, und Roesler schrie als ICHs APOKALYPTUS wie am Spieß, hoch auf einer Bockleiter taumelnd. Die Wut kehrte hier als Drohung zurück, die Freiheit war noch jung. *Katatonie der Isolierstation.* Irgendwer versetzte dem Publikum mit einer Wasserspritzpistole kleine Impulse. Der bezechte Scheffler schlug weiter fuchtig mit dem Skistock um sich – Panik machte sich breit. Von Sala Seil in verstörende Verrenkung gebracht. Über die Bühne irrten lebende Hühner, die die Hysterie im Publikum verstärkten, indem sie gackernd und scheißend durch die Szene flogen. Im Kunstkäfig die müde Wirklichkeit dekonstruiert. Um den Rhythmus zu verstärken, gab es unter den Zuschauerreihen einen Schiffs-Außenbordmotor, der nicht nur übel nach Benzin stank, sondern auch gewaltige Vibrationen erzeugte. *Uns ist der Sieg.* Das Chaos war perfekt. Ein Lustspiel, um seine wirre Mitte kreisend, die man Wahnsinn nennen könnte. *Der Vergnügungsdampfer sinkt.* Wir sabberten vor Glück.

Es gab nur ein verbindendes Element: die Libido. Nach einigen Gläschen mehr brach die sich Bahn. Plötzlich war der Strom weg, das Publikum saß im Lichtlosen. Vollkommene Dunkelheit. Ich spürte eine Hand im Schritt. Ob die männlich oder weiblich war, sollte ich nie erfahren. Die Vernunft war eine Frau, das Vorurteil mein Geliebter. Irgendwer rang nackt mit einer Luftmatratze. Sie wollten vergessen, wie hilflos sie waren. Wir tanzten und tranken, Schamanen des Nichts. *Systeme rasten ein, Systeme rasten aus.* Keine Angst vor dem Ende der Nacht, das uns müde verlacht. Das Leben war ein Kopfschmerz. Das Glück rannte uns hinterher. Wir flohen. Die Nähte der Nächte platzten. Kummer braucht Gesellschaft. Aber die Ewigkeit hielt länger, als wir je gedacht hätten. Sie haben die Kasse geklaut, hörten wir noch. Der flüchtige Kassenwart wurde legendär. Verstarb wenig später unter monetären Umständen. Eitelkeit ist ein Kleid, das der Mensch nur ungern auszieht.

Anne Hahn

UhrwErk Mensch

Alter Schnee. Rotbraune Pampe. Nur ganz am Rand, wohin noch kein Fuß und keine Pfote gelangt sind, schmiegt sich ein weicher, unverletzter Schneesaum an die Häuserwände. Belegt mit feinem grauen Staub. Ihre Schritte schmatzen durch die Suppe. Manchmal kreischt ein Steinchen auf, das zwischen eine Gehwegplatte und die Sohlen ihrer Boots gerät. Ansonsten ist es unheimlich ruhig. Als wäre eine Glasglocke über sie gestülpt, die alles abdämpft. Keines der sonstigen Geräusche durchlässt. Leuchtketten und Schwippbögen lassen ihre Birnchen beidseits der Halberstädter Straße um die Wette blinken. Lichtfunken hüpfen von Wohnung zu Wohnung, über Balkonbrüstungen ein Stockwerk hinauf, eines hinunter. Manchmal mischt sich eine grelle Neonröhre in die Performance, hier und da steht ein gleißender Weihnachtsbaum direkt am Fenster. Katja beschleunigt ihre Schritte, an diesem Tag alleine unterwegs zu sein, ist ätzend. Wenigstens hat sie heute noch niemand angemeckert. Die Tram war vollkommen leer, Straßen und Bürgersteige dämmern verwaist. In einem Schaufenster spiegeln sich ihre dunkel umrandeten Augen, die steifen Haarspitzen. Jetzt hört sie verzerrtes Bellen, sanft überdeckt von höheren Tönen. Kaum von der Hauptstraße abgebogen, wirkt die Nacht schummriger und kälter. Das Dach der Ambrosius-Kirche trägt nur noch an den Rändern Schneefladen, die langsam abzurutschen scheinen. Dünne und sehr lange Eiszapfen kragen an den rußigen Wänden hinab. Ein teufelköpfiger Wasserspeier erbricht Gefrorenes. Durch die matt erleuchteten Scheiben perlt Orgelmusik und Singen bis hinüber an die Ziegelsteinwand der alten Feuerwache, die Katja streift. Ob die anderen schon da sind? Ihr Schuh rutscht ab, da war eine Bordsteinkante unter dem Matsch. Katja rudert mit den Händen, findet ihr Gleichgewicht und balanciert über die bucklichen Steine der alten Straße. Bis zum nächsten Bürgersteig. Hier ist es ganz dunkel und gruselig, im Winkel hinter der Kirche, zwischen den verlassenen kleinen Häusern. Sie zieht die Schultern hoch, verschränkt die Arme und legt einen Zahn zu. So mittelalterlich ist es ihr noch nie vorgekommen in ihrer Heimatstadt. Plötzlich schlagen die Glocken an. Katja zuckt zusammen unter dem metallisch überlauten Läuten. Presst die Handschuhe auf die Ohren und hopst durch die Gasse, nimmt die letzten Meter in großen Sprüngen. Uff, die nächste Ecke ist erreicht. Hier beginnen wieder höhere Häuser, und das Läuten wirkt etwas gedimmter. Verstummt. Hallt nach. Sie lässt die Hände sinken und holt tief Luft. Es kommt immer wieder, sie kann gar nichts machen. Sie schüttelt sich, versucht, den Gedanken abzuwerfen wie eine Laus aus dem Pelz, es klappt nicht. Beschissenes Weihnachten! Katja stampft wütend die letzten Meter über den dunklen Hinterhof, der zum hinteren Treppenhaus und endlich zu Ritze hinaufführt.

Schon von unten hört sie die Musik aus dem dritten Stock dröhnen. Es sind kräftige Bässe, ein Rhythmus, der ihre Laune sofort hebt und ihr ein Grinsen ins Gesicht malt. Sie flitzt die Treppen hoch. Oben kann sie mehrere Stimmen unterscheiden, die sehr laut singen, irgendwas wie hey …, hey …, hey … Sie lauscht noch einen Moment, haut die Faust an die Tür. »Vorhang auuuf …«, brüllt Semmel, der prompt das Brett aufreißt und Katja anstrahlt. »Für seine Horrorschau«, grölt er in den leeren Hausflur, während sie unter seiner Achsel hindurch in die Bude schlüpft. Über Semmels Bauch spannen sich strichdünne Hosenträger, deren unteres Ende nicht auszumachen ist. Der kolossale Oberkörper schaukelt und sein zum Pferdeschwanz gebundener Iro schwingt in weitem Bogen mit, als er sich erstaunlich flink Katja hinterher dreht, »warte mal, bitte«. Aber sie ist schon in die Küche entwichen. »*Hey …, hey …, hey …*«, tönt es vielstimmig aus dem Zimmer am Ende des Flurs. »Hier kommt Kaaatja …«,

brummt Semmel und trollt sich bebend in Richtung Musik. Katja streift die Lederjacke ab und lässt sie auf den Küchenboden fallen, wo schon mehrere Klamotten einen Haufen bilden. Es ist stickig hier drin, im Fensterbrett flackert eine Kerze. Allmählich erkennt Katja schemenhafte Umrisse. Susann sitzt auf dem Küchentisch, eng an einen Jungen geschmiegt, der seinen Kopf an ihren Hals gelegt hat, ihre Hüfte umarmt. Sie streichelt über seinen Rücken und dreht mit den Fingern der anderen Hand an einer Strähne, die aus der Stachelfrisur über ihre Schulter fällt. Sie zwinkert Katja zu. »Hi«, sagt Katja und spaziert den Flur entlang zum Zimmer. Steigt über einen Typen, der quer im Weg liegt und schläft. Die halb zerrissene Jeans ist über seinen Po gerutscht und gibt ein weißes Stück Haut frei. Klänge brechen sich an den Wänden des schmalen Flurs. Hinter der Tür öffnet sich nach links ein größeres Zimmer, geradeaus gibt es noch ein kleineres, das Ritze bei

Partys als Schlafsaal und Liebesnest für alle freigibt. Ein flacher Tisch, die Couch und zwei Sessel sind an die Seite gerückt, einige Kerzen erhellen den Raum notdürftig. »Komm her, Kleene«, ruft Ritze. Sie geht hinüber zu den doppelt nebeneinander gelegten Brettern, die mit Hilfe einiger Ziegelsteine ein mehrstöckiges Bücherregal bilden. Darauf steht der Plattenspieler, vor dem sich eine kleine Gruppe Freaks wie vor einem Altar schart. »Wass'n das für ne Mucke?« Fragt Katja und lässt zu, dass Ritze zur Begrüßung ihren Kopf mit der Linken auf seine Brust zieht, während seine rechte Hand hart ihren Nacken knetet. »Neue Platte von den Roten Rosen, nen bisschen Horrorschau«, flüstert er, nimmt ihren Kopf hoch. Drückt sie an seine gespitzten Lippen, dass es in ihrem Ohr knallt. Und lässt sie los, gibt sie frei für den Abend der Abende. Ritze hat eingeladen, ein kleines Bierfass besorgt und sogar ne Westplatte hergezaubert. »Bitte, Freunde, amüsiert euch!«, ruft er jetzt, breitet die Arme aus, lächelt mit erhobenem Kinn und dreht sich im einmal im Kreis. Für diese Geste sind ein bisschen zu wenig Leute in dem etwas zu kleinen Raum, denkt Katja und muss kichern. Ihr Blick ruht auf Ritze, der mit seinem bestickten Jackett in nagelneuer schwarzer 501 noch immer mitten im Zimmer steht und zu den Klängen des einsetzenden Liedes, das sich irgendwie nach Klassik anhört, die Arme wie ein Dirigent bewegt. Die Augen hält er für ein paar Sekunden geschlossen, sein Kopf schaukelt in weichen Bögen nach rechts und links. Ein Pärchen liegt in der Ecke hinter dem Ofen und knutscht, vor dem Plattenspieler wippen drei Jungs mit Knien und Köpfen. Zerzaust, Kippen in den Fingern, die Iros schlaff baumelnd. Sie nicken Katja zu. Doc löst sich aus einem Schatten, kommt näher, wuschelt ihr durch das kurze Haar, das einfach nicht nachwachsen will. Sie greift nach seiner Hand, lässt sich auf der Stelle sinken, er folgt. Hockt neben ihr an der Wand, reicht ihr sein Bierglas. Sie trinkt, legt ihr Gesicht auf die angewinkelten Arme. »Frohe Weihnachten«, murmelt Doc. Sie schauen lange vor sich auf den rostroten Dielenboden, lauschen. Ritze hat den Arm um Semmels Schulter gelegt, der von einem kurzen Schläfchen aus dem Liebesnest wiedergekehrt ist, und ruft ihm etwas ins Ohr, wobei er sich ein wenig auf Zehenspitzen stellen muss. Wortfetzen seiner lautstarken Erklärung trudeln zu den beiden Schweigenden hinüber. »Kapitalismuskritik ... völlig bescheuert ... unser Land ... geniale Truppenteile ... völlig enthemmt ... so enden.« Semmel nickt in angemessenen Abständen und schielt hinüber zu Katja und Doc. Die drei vom Plattenspieler streiten über eine Textzeile, jeder hat etwas anderes verstanden. Felge und Snorre kommen, diskutieren lautstark, wer das Cover anschauen darf. Ritze ruft, »Her damit, ihr Trottel macht die nur kaputt! Die soll meine Oma nicht umsonst über die Grenze geschmuggelt haben!«

Einige Stunden später ist das Fass alle. Semmel wird in den Goldenen Löwen geschickt, mit einem Eimer, gesammeltes Kleingeld in der Bomberjacke. Der Raum ist rammelvoll, auch in Küche und Flur Gedränge. Die Party ist bis in den Hausflur geschwappt, selbst auf dem Absatz vor dem Klo, das drei Etagenparteien nutzen, hocken ein paar Leute. Der Opa von unten, der sich beschweren wollte, sitzt in der Küche und streichelt zwischen einer Handvoll sich anschreiender und gestikulierender Gäste einem Mädchen die Beine. Nur den Schlafsaal okkupieren sich abwechselnde Liebespärchen für jeweils einige Minuten. Am vollsten ist es im Musikzimmer. Mitten im Raum versuchen Verwegene zu pogen. Es ist eng, sie krachen gegen die Möbel und sortieren die Partygäste neu. Ein Sessel ist bereits in seine Bestandteile zerfallen, ein kleiner Typ schwingt eine Armlehne wie ein Schwert über sich, während ein Mädchen sich auf dem umgekippten Rückenteil zurechtgerollt hat und schläft. Snorre und Felge springen sich an, lassen sich fallen. Scheiterhaufen. Der Boden bebt merklich, die Platte springt und offeriert die gleiche Liedzeile noch einmal. Ein paar Leute lachen, irgendwer ruft, »haltet Semmel fest!« Erschöpfte Tänzer kullern auseinander. Ein ruhigerer Song beginnt, und für einen Moment halten alle inne, verklingen die lauten Gespräche, das Gejuche und Gekreische. »*Sie haben dich erwischt, und es gibt kein zurück!*«, singt Campino zum 15. Mal. Ritze zeigt durchs Getümmel mit ausgestrecktem Zeigefinger auf Doc, auch

nicht zum ersten Mal. »Ja, Scheiße, ich weiß es ja«, flüstert Doc und spielt mit Katjas Fingern. Die beiden lehnen nahe der Tür zum Liebesnest an der Wand, warten darauf, dass Susann und ihr neuer Typ fertig werden. Total peinlich, Katja würde am liebsten weglaufen. Semmel war ganz unruhig geworden, als sie sich hier postiert haben, und Ritze reagiert auch nicht so gelassen, wie er sollte. Was ist denn nur los? Alle wollen was von ihr, sich kümmern oder gute Ratschläge geben, die können sie doch alle mal! Wie ihre Mutter, die nervt nur noch. Aber bald ist sie sechzehn, dann haut sie ab. Vielleicht kann sie bei Ritze unterkriechen, der will endgültig nach Berlin. »... *Es gibt kein zurühühühück ...*«

»Oh Mann, das werde ich nie wieder los!« Doc tritt mit einem Fuß nach hinten aus, dass der Lehm in der Wand knirscht. Trommelt wütend aus den Handgelenken den Takt auf Katjas Unterarm. Der Kopf ist gesenkt, sie hört sein Schnauben. Lehnt sich an ihn.

In sein Blond. Er ist noch magerer als vorher. *»Es konnte nicht gutgehen, zu spät ...«* Übertrieben langsam dreht sich Felge mit ausgestreckten Armen im Kreis und grinst herüber. Arschloch! Sie denkt an den Tag, als Doc wieder auftauchte nach dem halben Jahr. Stand auf einmal vor der Marietta-Bar, genau da, wo sie ihn verhaftet hatten, noch mit einem Apfel in der erhobenen Hand. Er hatte sein halbes Lächeln verloren. Es geht mitten durchs Gesicht, links ganz der alte, rechts ist es weg. »War n Scheiß Jahr für uns zwei, was?« Fragt er, hebt ihr Gesicht zu sich hinauf und sieht sie an, wischt ihr mit dem Daumen eine Träne aus dem Augenwinkel. »Nee, nicht heulen! Hör mal zu, hör mal genau hin! Die im Westen schreiben ihre Texte echt für uns, hast du das schon mitgekriegt?« Katja schüttelt den Kopf, holt Luft und lächelt Doc an. Lauscht. »Is doch Quatsch, das ist ja ein ganz normales Liebeslied, da – *keine Ahnung, was ich dir sagen soll, und keinen Plan.*, das sagen bestimmt gerade Millionen Jungen auf der Welt zu nem Mädchen!« Doc nickt zögernd und schaut sie weiter an, ungewohnt ernst. Klettert mit seinen Fingern in ihren Nacken, über Stirn und Haar. Sie hält still. Wartet. Eine Weile sehen sie sich nur an. Ein neuer Song beginnt. Doc flüstert »Da, das meine ich. *Zähl jede Stunde, zähl jeden Tag. Jede Minute ist ein ganzes Jahr ... Grau ist die Farbe deiner Zellenwand* ... hast du das nicht auch gedacht?« Katja zieht erstaunt die Augenbrauen hoch. Hebt einen Finger, als könne sie dann besser zuhören, im längst wieder tosenden Lärm des Festes »Stimmt, und das hier *jeder will nur raus ...!*« Katja strafft sich. »Is ja n Ding, meinst du, die Hosen haben das für uns geschrieben?« – »Ich glaube schon, die hören ja drüben auch, was mit uns los ist. Das ist Solidarität unter Punkern. Ich mein, wenn die mitkriegen, dass wir hier eingesperrt werden, nur weil wir mit nem Iro rumlaufen, oder wie du, weil du in der Schule was über Anarchismus erzählt hast, das ist doch so Kacke, dass es denen auch auffallen muss!« Katja hebt abwehrend ihre Hände, sie will das nicht hören. Nicht hören, dass sie im Heim und nur etwas zu jung gewesen war, sonst wäre sie auch in den Knast gekommen wie Doc, wie Snorre. Der eine hat Leute mit Äpfeln beworfen und

gelacht dabei, der andere war Rad fahren, zur falschen Zeit mit der falschen Truppe. Doc und Snorre, die Rowdys! »*Wir brauchen hier keinen, der aus der Reihe tanzt ... Wir brauchen keinen, der ständig dagegen ist ...*«, singt Campino, und Katja jault auf, heult los. Haut beide Fäuste auf Docs Brust. »Du hast recht, au Mann, die meinen uns und das ganze System hier, wie wir fertiggemacht werden!« Doc schnappt sich ein schales Bier vom Ofen, der längst erkaltet ist und die Ausdünstungen der Horrorschau kondensiert. Katja schluchzt nach und kippt das halbe Bier. Sie wischt sich mit den Ärmeln ihres Shirts über Augen und Wangen, es entsteht eine dunkle Fläche mit rotgeränderten hellblauen Zentren. Doc schlingt den Arm um sie, drückt sie in seine Achsel und hält sie ganz fest, während beide im Takt mitschaukeln. Die Freunde pogen, die Nadel hüpft und Ritze schreit von irgendwo: »Vorsicht, ihr macht sie noch kaputt!« Er kommt wohl nicht durch zum Plattenspieler und erklimmt das Fensterbrett, schaut über sein tobendes Party-Volk und gibt sich hin. Nickt und feuert die Droogs mit Handbewegungen an, grölt am lautesten: *Hehehe, um 180 Grad!* Susann kommt aus dem hinteren Zimmer gewankt, sie hat ihren durchlöcherten Pulli verkehrt rum wieder angezogen und nicht bemerkt, dass eine Brustwarze freiliegt. »Guckt mal, Titten-Elli«, jubelt Felge und Snorre wirft sich auf sie, Körper kullern am Ofen vorbei. Ein Typ knurrt und massiert seinen Fuß. Felge schmeißt sich auf das zum Halt kommende Bündel aus Snorre und Susann. Semmel erscheint mit einem randvollen Eimer Bier auf der Schwelle. Es schwappt und sumpft. Katja beißt zart in das weiche Fleisch unter Docs Arm. Er lacht und beugt sich zu ihren Eulenaugen. Sie küsst ihn. »Das Jahr ist fast geschafft!« Ritze reißt ein Fenster auf, dicke Schwaden entweichen der Höhle. In hohem Bogen kotzt Ritze dem Rauch hinterher und schreit über den nächtlich schwarzen Hof in den Himmel. Von dort klingt das Stundenläuten der Kirchturmglocken zurück und Katja schüttelt den Kopf, wird lauter, brüllt fast. »Ich kann keine Scheiß-Glocken mehr hören, lass uns rübergehen, jetzt!« Semmel stellt den tropfenden Eimer neben Katja ab und drängt sich mit sanften Handbewegungen, die spielerisch die Wogen teilen, zum Plattenspieler. Er reißt den Tonarm kratschend in die Höhe, dreht sich kurz zu Katja um und lässt ihn irgendwo vorne wieder auf die Platte fallen. Doc schiebt Katja in den Schlafsaal, sie hat ihre Hände auf die Ohren gelegt und die Augen zu Schlitzen verengt. Das Läuten verklingt. Doc wirft einen letzten Blick auf die Bande seiner Freunde, bevor er die Tür zuzieht. Felge polkt Susann vom Boden, umfasst sie von hinten und knetet ihre Brüste, hebt die Strampelnde wie eine Gallionsfigur in die Höhe. Snorre geht vor beiden in die Knie und ringt betend die Hände. Der Opa schaut zum Zimmer hinein und kann knapp einem Schuh ausweichen, der von Susanns Fuß angeflogen kommt. Ein Mädchen kreischt, der kleine Typ mit der Armlehne stolpert und fällt gegen den Eimer, Ritze steht im Fensterkreuz, hält sich an der Wandung fest und ruft irgendwas, Campino singt lauter.

MoSes und
The FickschniTzels

Schmidt ist Schmidti, Fischer Fischi, Harzer Harzi. Nur Moses
nicht. Uwe Moses ist einfach »dor Moses«. Es gibt nur noch einen,
den alle bloß »Hickmann« rufen: dor Hickmann eben. Jeder sonst
wird ungefragt mit einem End-»i« vereinnahmt. Warum, weeßsch
och ni. Das ham de Dresdner schon immer so gemacht, wenn se
jemanden guddi finden. Klar, dor Hickmann is ni reene – genau
wie sein Aldor – und kann ni ma rischdsch bäbbeln. Uwe dagegen
rischdsch guddi. Aber 'n Moses kann och keener so rischdsch
leiden – weil dor Moses emde ä gomischor Vochel is: Ausm Neubau, zwei Jahre älter, raucht Karo und sieht viehisch aus. Trägt
einen ranzigen Schweizer Militärmantel, jeden Tag die gleichen
mistigen Schichtbodden und ist bis über die Schläfen rasiert. Und
dann nicht wie wir: Kaltwelle, Popper oder rischdsche Glatze.
Auf seinem Kopf prangt ein bärischer Horst wie kurz nach Blitz-
einschlag. Schmidti, ausm FDJ-Rat, zischt: »Moses, du siehst
zum Kotzen aus.« Moses grinst bloß. Schmidti kotzt vor allem
an, dass dor Moses immer nur grinst. Und unsere Lehrer treibt
Moses mit dieser lapidaren Grimasse bis zur Weißglut. Vor ver-
sammelter Klasse soll er rund gemacht werden, im Unterricht hat
er sich die Fingernägel schwarz-rot-gelb verziert. »Uwe«, heischt
unsere Staatsbürgerkunde-Lehrerin, »warum hast du dich mit
den Farben des Aggressors bemalt? Beziehe Stellung!« Moses'
Augenlieder sinken auf halb acht, er feixt blöde und nuschelt
angeödet: »De Stunde war zu kurz. Für Hammor und Sischl had's
ni mehr gereicht.« Eine Woche zuvor zerrt ihn Schuldirektor Diet-

rich morgens am Mantel und bellt: »Herr Moses, wir haben wohl nichts zum Anziehen zu Hause! Beim Betreten des Schulhofes ziehen Sie diesen Dreck jedenfalls aus!« Moses tut's. Unter seinem Mantel trägt er ein keimiges langärmeliges Unterhemd. Drauf geschrieben: »KRAMPFRESERVE DER PARTEI«. Der Direx droht zu platzen und keift angeschwollen: »Verschwinde, du Subjekt!« Neben unserer Schule steht Dietrich auch den Einheiten der lokalen Kampfgruppen vor. Moses latscht vom Hof, seinen Mantel schleift er grinsend hinter sich her.

Keine Ahnung, ob er auch gegrinst hat, als er von seiner alten Schule flog. In Gorbitz hatte er die neue Turnhalle mit einem riesigen schwarzen Hakenkreuz beschmiert und in der Schlotte eine NVA-Nebelgranate gezündet. Jetzt ist er bei uns. Schmidti sagt: »Dor Moses is ä Punker.« – »Ä was?« – »Ä Punker. Der wäscht sich ni.«

Aber bäbbeln kann er wie kein Zweiter. Dor Moses ist am Anfang auch mit bei Motor. Wir spielen alle bei der BSG. »'ne linke Klebe steht jedem gut zu Gesichd«, sagt dor Trainer, »Uwe, bringe nächste Woche dein' Pass mit, vielleicht bis'de schon im Pokal gegen Hafen dabei.« Gegen Hafen und in der nächsten Runde gegen Empor gewinnen wir auch ohne ihn. Dann im Viertelfinale bei Einheit Mitte ist er dabei und macht gleich zwei Buden. In der zweiten Halbzeit brüllt die Trainer-Sau von Einheit quer über die Schleifscheibe: »Haut den um, das Fickschnitzel!« Dor Moses landet nur noch im Dreck. Wir verlieren. Nach Abpfiff gibt's aufs Maul. Einheit-Wichser, alles Vopo-Söhne. Denen wollten wir schon lange an die Gurgeln. Nur dor Moses drückt sich vor der Drescherei, sitzt abseits, raucht und kratzt sich die Erde aus den offenen Knien. Danach kommt er nicht mehr zum Fußball. »Is dor fürn Arsch!«, sein Fazit. Dafür macht er jetzt Musik. »Punk-Mugge, wie mei Großer.« Moses' Großer ist auch Punker, »hat hier aber Innenstadtverbot und is nach Leipzsch gemacht, weil'n außerdem unsor Aldor rausgehaun hat. Und sowieso geht dor hier nüschd. Alle Punker sin fort aus Dresden. Halle, Leibzsch, da geht's. Bei dä Breußn sowieso. Aber hier ham'se alle Verbot und dor Rest kriegt nur noch uffs Maul. Zu viele Skins. Kannst nirgends mehr hin. War früher anders.« – »Wie früher? Punker kenne ich aus Berlin – aber bei uns?« – »Aldor, hier gab's viele. Mei Großer und seine Kumpels sin schon vierunachtzsch als Punks rumgemacht. Aber hier hast'de dor keene Chance. Entweder Metaller, Dynamo-Assi oder Nazi-Skin. Oder Dynamo-Assi und Skin. Was bist'n du eigentlich für eener? Mode-Glatze hä?« Meine Haare sind raspelkurz, die Armeestiefel, die ich meinem Vater aus dem Keller stibitzte, poliert, meine Boxer dreimal hochgekrempelt. Mein weißes West-Polohemd von Fred Perry. »Nee. Na ja, doch, Skin, aber ni so.« – »Wie'd'n dann?« – »Jedenfalls ni gegen Punker.« – »Aha, Oi-Skin.« – »Mh, genau.« Keine Ahnung, was das sein soll, aber ich nicke und setze meinen wichtigsten Blick auf. Dor Moses mustert meine Erscheinung grinsend von oben nach unten und fragt: »Kannst'de wenschsds sing?« – »Nu.« – »Kommst'de morgen in mein Proberaum. Dor Harzer kommt och und ä Kumpel ausm Neubau. Zwee Gitarren, dor Harzer an dä Drums. Du singst.« – »Echt?« Ich bin hin und weg. »Nu glor, ich komme. Wie heeßd'n deine Band?« – »The Fickschnitzels.« – »Fetzt!«, sage ich und denke: »Bescheuert!« Dor Moses haut mir auf die Schulter: »Bis morgen. Um achde, Meißner 4, Hinterhaus. Klingeln is ni.«

Ich eiere zu Moses' Proberaum. Drei halbe Coschützer hab ich intus. »Gelbkreuz« heißt die Brühe mit den gelben Etiketten, in Anlehnung an die Senfgas-Granaten aus dem 1. Weltkrieg. Keine Ahnung, aber Bierkenner behaupten, Coschützer Hell ist schlimmer. Zumindest ist mir bereits halbübel. Meißner Landstraße 4 muss irgendwo vorn an der Autobahnabfahrt West sein, dort wo letztes Jahr Arbeiter aus dem Schreibmaschinenwerk ihre mocambiquanischen Kollegen verdroschen haben. Gab einen Riesenärger an der Schule, weil auch zwei Jungs aus der Zehnten unter den Schlägern waren. Ich kenne die: beide fiese Fascho-Dödel. Aber damals ging's angeblich um Frauengeschichten.

Vorderhaus Meißner 4 steht leer. Eine verfallene Stadtrandvilla fast direkt unter der Autobahnbrücke. Das geschwungene gusseiserne Hoftor lehnt verrostet an seiner Sandsteinsäule, mitten in der Einfahrt wächst eine bereits stattliche Birke. Die Brennnesseln im Vorgarten wippen bis hoch zu den Fenstern im Hochparterre. Zwischen Abfall und Bauschutt führt ein Trampelpfad zum Hinterhaus. Muss früher ein Waschhaus gewesen sein und ist noch mehr verfallen. Drinnen sind mehr als drei. Harzi drischt wie gestört auf ein Schlagzeug ein, Moses und sein Kumpel schrammeln auf E-Gitarren. Wundersamerweise gibt's irgendwie Strom. Aus dem Halbdunkel schälen sich weitere Gestalten. Ein paar Jungs, zwei Mädchen, Punks und Skins. Hä? Scheint zu gehn. »Und hier kommt unsere Stimme: Dor blonde Rächer! Das Monster von Motor! Unser Kandidat der Nationalen Front!«, kreischt Moses. »Komm vor, Skinhead, und schrei uns zum Sieg!« Moses ist dicht. Keine Frage. Sein Publikum wiehert. Der Gorbitzer stiert gläsern durch mich hindurch. Und Harzer merkt nicht mal, dass ich da bin. Ich muss mir noch mehr Mut antrinken. »Gelbkreuz« gibt's zur Genüge. Und Cherry-Brandy, Fruchtsaft-Likör vom VEB Bramsch aus Dresden-Friedrichstadt – Brechreiz vorprogrammiert. Mein Blick fällt auf zwei scheinbar nagelneue Röhrenverstärker. »Mensch Moses, is ja weltklasse. Ausm Westen?« – »Quatsch! Scheiß Westen! Aus deiner beschissenen Schule!« – »Geklaut!?« – »Bloß ma ausgeborgt. Mach'dsch loggor.« Mach ich. VEB Bramsch verleiht Flügel …

Ich erwache, draußen ist's hell. Dor Moses schnarcht neben mir auf seinem Mantel. Harzi liegt unterm Schlagzeug, als wäre er daran zusammengebrochen. Ich versuche ihn zu wecken und rüttle an seiner Schulter. Nichts. »Harzi!«, will ich sagen. Nichts. Mein Rachen entlässt gerade mal ein heißeres Fiepen. Ich muss gesungen, nein, gebrüllt muss ich haben. Meine Stimme ist so tot, wie nach besten Europacup-Abenden im Harbig-Stadion. Auf allen Vieren krabble ich zum Ausgang. Taumelnd schlurfe ich an die nahe Elbe und falle dort ins hohe Gras. Oben ziehen Wölkchen dahin, um mich dreht sich der Sommer. Wenn ich jetzt die Augen zumache, kotze ich. Wenn ich nicht bald nach Hause komme, erwartet mich der geballte Anschiss meiner Eltern. Aber wenn

ich jetzt aufstehe, komme ich keine drei Meter weit. Scheißegal, bleibsch einfach liegen. Ich muss grinsen. Mann, bin ich abgepunkt.

Es vergehen keine zwei Wochen nach meinem Debüt bei »The Fickschnitzels«, als dor Moses auch an unserer Schule gefeuert wird. Ich weiß von Schmidti, dass er jetzt im Geschlossenen Jugendwerkhof ist und dort eine Ausbildung macht. Irgendwas bei der Reichsbahn. Ich weiß, dass dor Moses dort nie hinwollte, weil sein Großer schon dort war »und's dorde viehisch is«. Moses' »Aldor« ist Arzt im Krankenhaus Friedrichstadt. Als sich Moses' »Alde« krank gesoffen hat, ist »dor Alde ni mehr mid uns beeden klargekomm und had'n Großn weggegeben«. Moses' Großer hat seinem Bruder berichtet: »Dord mach'n dich dä Kommunisten-Schweine zum Vieh. Wenn dä ni schon eens bist, dort machen se dich dazu.« Und deshalb hasst dor Moses »dä Kommunisten, dä Kommunisten-Schule, dä Vopo-Schweine und überhaupt dieses ganze Scheiß-System«. Wegen seinem Bruder. Und wegen seinem Vater. Und wegen seiner Mutter. »Eh Moses«, hab ich zu ihm gesagt, »dann mach mor nach dor Zehnden in Westen«. Dor Moses hat gesagt: »Bis'de ni reene! Was soll'sch'n dorde! Westen! Westen! Scheind dord dä Sonne heller? Hau ab mid deim Scheiß-Westen!« Aus'm Moses soll einer schlau werden.

Es vergehen keine drei Jahre, dass wir uns wiedersehen. Frühjahr 1990 im P. E. P., in Prohlis. Dort, unterm Dach der Kirche, trafen sich schon vorm Mauerfall Dresdens Punks, Grufties, Oi- und Nazi-Skins, ohne dass es regelmäßig auf die Waffel gab. Das ist immer noch so, nur müssen die Nazis jetzt am Eingang ihre Waffen abgeben. Die Umstände sind rauer. Ich komme mit einem Kumpel hingeradelt, weil wir wissen, dass heute Rainer Sonntag und Anhang vom »Nationalen Widerstand« dort auftauchen. Wird spannend. Und Sonntag mit seinem Gesocks ist auch schon da. Flotte Diskussion. Sonntag labert dummes Zeug. Hinter ihm schreit einer: »Schweine-System!« Sonntag brüllt zurück: »Kamerad! Dir hat niemand das Wort erteilt!« Dor Moses! Ich geh kaputt. Seine Haarexplosion ist einer polierten Glatze gewichen. Seine Unterarme sind zutätowiert. Und er sieht größer aus. Nee, fetter. Ich drängle mich durch: »Moses. Alter. Weeßt'de, wer vor dir steht?« Moses schiebt mich mit beiden Armen auf vollen Abstand, seine Augen versuchen, mich scharf zu stellen. Lattendicht, aber er hat mich erkannt. Das bekannte Grinsen huscht über sein aufgedunsenes Gesicht. Nur kurz. Moses zieht die Rotze hoch, schluckt und spuckt vor mir aus: »Kommunisten-Sau, schwule!«

'n Moses ham se zum Vieh gemacht.

Gebt miR
ein Gegengift

Im letzten Jahrfünft der DDR, ihr faktisches Ende war so nicht vorauszusehen, ihre Erosion atmosphärisch spürbar, erschien im FDJ-Verlag Neues Leben ein Buch: »Die Rebellion der Betrogenen«, sein Untertitel: »Rocker, Popper, Punks und Hippies – Modewellen und Protest in der westlichen Welt?« Das Cover zeigte eine schwer tragbare Bricolage: Auf die Vordertasche einer Levis-Jeansjacke, links, wo das Herz ist, hatte der Gestalter Wolfgang Gebhardt die Insignien jugendlicher Subkulturen und diverse Symboliken geheftet: Einen Mercedesstern an einer Sicherheitsnadel, gleich zwei Eiserne Kreuze, eines im Lorbeer, das andere aus dem Ersten Weltkrieg. Dazwischen eine Sicherheitsnadel, einen himmelblauen Button mit Spinne, die Nachbildung eines menschlichen Ohrs und das Fragment eines Stricks. Last but not least eine böse 13, eine weiße Rose und einen zweiten Button: »Make Love – Not War.« Das Buch sollte bis 1988 drei identische Auflagen erleben und verkaufte sich ziemlich gut: Gedruckt wurden an die 100 000 Exemplare.

Der Autor Thomas Heubner (Jahrgang 1951) ist studierter Historiker; seine Diplomarbeit hatte er zur französischen 68er Bewegung geschrieben. Er war Jugendklubleiter, Redakteur der Studentenzeitschrift FORUM und wurde dann Neues-Leben-Cheflektor im Sachbuchbereich. Das Thema des Buches hatte er selbst vorgeschlagen; als Gutachter fungierten Lothar Bisky und der Extremismusforscher Norbert Madloch. Der Veröffentlichungszeitpunkt lag nach der von Erich Mielke befohlenen Zerschlagung der ersten ostdeutschen Punkbewegung: Auf ihre Teilnehmer warteten Spießer mit geballter Faust, Armee, Ausreise oder Knast. Heubner erinnert sich, dass das Thema in der Luft gelegen habe, weist aber darauf hin, dass an eine umfassende Veröffentlichung zum Thema DDR-Subkulturen nicht zu denken war.[1]

Dabei hatte Punk durchaus ein Gesicht: 1983 porträtierte Volker Stelzmann, Lehrer an der Leipziger Hochschule für Grafik und Buchkunst, die Band Wutanfall im Proberaum. 1985 erschien im Aufbau-Verlag Holger Teschkes Lyrikband »Bäume am Hochufer«, in ihm das Gedicht »Nächtliche Einfahrt mit Punks in den Ostbahnhof«: Sie treten darin als »Schabab der Welt« auf und: »Sie haben Bitterkeit so satt wie müdes Fluchen / Wie dumpfe Hoffnung und nach Morgen sehn: / Sie wollen Brüder sich und Schwestern suchen.« Teschke, sein Gedicht wurde 1987 in Hanns Kristian Schlossers Anthologie »Berlin. 100 Gedichte aus 100 Jahren« erneut publiziert, schließt mit: »Was wolln die? Fragst Du, wenn sie durch die Gänge trotten / Sie wollen, fremder Freund, uns an den Kragen.« Und Thomas Heubner zitiert Peter Wicke aus einer Sendung des Berliner Rundfunks (Trend, vom 5. April 1981): »Weder die Diffamierung zu menschenverachtender Scharlatanerie noch die Stilisierung zur Salonrevolution wird dem Punkphänomen gerecht.«

»Die Rebellion der Betrogenen« nähert sich dem Phänomen, indem es recht elegant in eine ganze Ahnengalerie jugendlicher Devianz eingereiht wird. Heubner eröffnet seine Untersuchung mit Franz von Assisi und schildert den Gründer des Franziskanerordens als Prototyp eines Hippies: Ein Abweichler aus bester Familie, der auf Innerlichkeit und Konsumverzicht setzt. Danach führt Heubner die künstlerische Bohème des 19. und 20. Jahrhunderts ins Feld, zitiert Oskar Maria Graf, Johannes R. Becher wie Karl Marx' und Friedrich Engels' Charakterisierung der Bohèmiens als »Alchimisten der Revolution«. Darauf folgt die chronologische Darstellung so ziemlich sämtlicher Jugendszenen und -stilistiken: Beatniks, Rock'n'Roll, Beat, Hippies, Rocker, Skinheads, Popper, Punk und Hip Hop. Die einzige Lücke markiert

Gothic. Heubner zeichnet die Angehörigen der Subkulturen nicht ohne Sympathie, doch wird schnell ein der Zeit geschuldetes Argumentationsmuster deutlich: Sie seien »Paradiesvögel der spätkapitalistischen Gesellschaft«, ihr Protest wäre ein diffuser, dem es an der Anbindung an die progressiven, demokratischen Kräfte mangele. Völlig zu Recht weist Heubner darauf hin (und belegt mit einer Fülle statistischen Materials), wie noch jede Jugendbewegung kommerzialisiert und integriert werden konnte.

Sein Buch machte an unserer Schule die Runde. Wir werdenden Paradiesvögel des späten Staatssozialismus lasen es allerdings anders: Es wurde uns zur Stilfibel. Wer sich ins Punklager begeben sollte, konnte der »Rebellion der Betrogenen« entnehmen, dort würden »Teile von Schüleruniformen, weiße Nylonhemden und dünne Lederkrawatten, ebenso Netzstrümpfe, Strapse und Gummihosen« getragen und »durch eine Vielzahl obskurer Accessoires ergänzt«. Dazu gab es das Foto eines Punkpärchens. Es verströmte eine Aura aus Schönheit und Gefahr. Wer sich zu den Skins schlagen würde (ein jeder hatte die Wahl), erfuhr, diese würden »einen harten Rock, der mit dem Reggae verwandt ist« hören. Heubner zitierte Punksongs. Und so kam es, dass ich, noch bevor ich die Sex Pistols hörte, einen Auszug aus »God Save The Queen« las: »Wenn es keine Zukunft mehr gibt, / kann es da Sünden geben? / Wir sind die Blumen im Abfalleimer, / Wir sind das Gift in der Menschenmaschinen / Wir sind die Zukunft.« Oder die »westdeutsche Punkband Bundesregierung«[2]: »Hier steht schon ein Tornado bereit / Mit dem geht's ab zum Bundeshaus / dort klinken wir die Bomben aus – / Hat alles keinen Sinn / Ich sitz ja selber drin / Komm Tod, du geile Braut / Black Out, Black Out, Black Out.« Die Durchschlagskraft, die Wirkung solcher Zeilen auf uns, die wir das Privileg und das Pech hatten, unsere Pubertät in einem untergehenden Staat zu durchleben, war immens. Wenn Heubner The Clashs »London brennt vor Langeweile« anführte, ignorierten wir die geografische Benennung einfach.

Vor der Folie Ostberlins gelesen, wirkte »Die Rebellion der Betrogenen« in einer dialektischen Umkehrung ihres Ansatzes als Anstoß und Vorbereitung. Über Punk, seine nahen und fernen Geschwister, war genug zu vernehmen, um gegen damaligen ideologischen und zukünftigen ökonomischen Anpassungsdruck resistent zu werden. Heubners fast schon enzyklopädischer Ansatz öffnete noch eine andere Tür: Zwar bescheinigte er ihnen eine tendenzielle Scheinradikalität, doch referierte er ausgiebig die Ideenwelten der Subkulturen. Da lag das Dynamit. Von Beatnik oder Punk konnte der Weg zu linken Häretikern, zu Anarchismus, Expressionismus und Surrealismus führen. Meine letzten beiden Jahre in der DDR habe ich dann hauptsächlich mit Georg Trakl und Joy Division oder Georg Heym und The Fall verbracht. Für Jugendmelancholie war gesorgt, für Jugendfuror desgleichen. Anstatt mich auf meine Deutschprüfung vorzubereiten, las ich über den Ungarnaufstand. Als ich im September 1989 eine wenig geliebte Lehre anfing, war an meiner Berufsschule die Normaljugend in der Minderheit. Die Mehrheit trug die Montur von »Ohnmacht, Resignation, Hass, Irrationalismus oder Antikunst«. Dabei stelle man sich vor, im FDJ-Lehrjahr wäre so zu uns gesprochen worden: »Was die Yippies von Karl Marx, dem berüchtigtsten, bärtigen, langhaarigen hip-kommunistisch-frei-verrückten Agitator der Geschichte lernen, ist die Tatsache, dass wir einen spektakulären Mythos der Revolution hervorbringen müssen. – Karl schrieb und sang sein eigenes Rock-Album mit dem Titel ›Das Kommunistische Manifest‹. – ›Das Kommunistische Manifest‹ ist ein Song, der Regierungen gestürzt hat.« Dass ich im März 1990, ohne bereits wählen gehen zu dürfen, Plakate für die Vereinigte Linke klebte, verdanke ich auch diesem Zitat Jerry Rubins aus »Die Rebellion der Betrogenen«, Berlin 1986, S. 118.

1 Thomas Heubner im Gespräch vom 17. April 2012.
2 Ich suche immer noch nach einer Aufnahme.

Tanz den KomMunismuS

Modesubkultur in Ostberlin

Wenn man von der Mode-Subkultur der 80er Jahre in Ostberlin spricht, so kann man diese Szene nicht kontextlos betrachten. Die Genres im Ostberliner Offground lösten sich ineinander auf, und die Wildwechsel ihrer Vertreter kreuzten sich ständig. Die frühe Punkszene tollte etwa durch die Ateliers von Malern und durch die Wohnungen von Lyrikern, da sie aus dem öffentlichen Raum massiv verdrängt wurde. Es war eine Zeit, in der Punks mit Modefreaks und Fashion-Victims – diese Kategorien gab es damals noch gar nicht – gemeinsame Sache machten. Eine selbstverständliche wie obskure Konstellation aus allen möglichen Anwandlungen, die in ihren Anfängen nicht festgelegt und durchcodiert waren. Verschiedenste Kunstrichtungen gingen Liaisons miteinander ein. Die vielleicht am leidenschaftlichsten betriebene war die von Musik und Poesie, aber auch die von Musik und Malerei. Ein Musiker oder eine Band intonierte wüste Sounds, und ein Maler nahm dies zum Anlass, riesige Leinwände und sich selbst mit kübelweise Farbe zu verschönern. Später wurde diese Art angewandten Exzesses äußerst vorhersehbar und durch seine übermäßige Verbreitung zur Pest, auch die Ergebnisse waren naturgemäß dürftig. Man ging dennoch immer wieder zu solchen Happenings in Ermangelung anderer kultureller Höhepunkte. In der DDR fühlte man sich gewissermaßen im eigenen Hause fremd und bejahte vieles, was der Staat verneinte. Heute spricht man von dem Repressionsarsenal eines Unrechtsstaates, dabei wird eine Form der Repression eher einem allgemeinen Lebensgefühl junger Leute zugeschrieben – die Rede ist dann von der allgegenwärtigen Langeweile in der DDR. Deren Mangelwirtschaft bestand ja nicht nur in der chronischen Unterversorgung mit materiellen Gütern, sie zeigte sich im vielzitierten »Leseland DDR« auch in einem eklatanten Mangel an sogenannter geistiger Nahrung. Sicher, es gab Buchhandlungen, Theater, Kino und andere Stätten der Bildung oder des Amusements. Aber zum einen wurde Bildung durch einen ideologischen Filter vermittelt, zum anderen war das sogenannte Freizeitangebot limitiert und im eigentlichen Sinne jugendfrei. Das Angebot erschöpfte sich in FDJ-Festivals unter dem flotten Motto »Wir lassen 'ne Kuh fliegen« oder in einer Jugendsendung des staatlichen DDR-Fernsehens namens »RUND«, in der abgehalfterte Westbands wie *Middle Of The Road* auftraten. Zwischendurch schaltete man live in den Kuhstall einer gottverlassenen LPG, und der Moderator betete im FDJ-Hemd und im Verein mit einem unbedarften Bäuerlein die Kubikliterzahlen von dessen Milchproduktion runter. Dieser Background, die grassierende Staatstrauer in der DDR, war zumeist der Auslöser, sich dünne zu machen und nach Möglichkeit die DDR sich selbst zu überlassen, oder eben den Breiten zu machen und sich zu exponieren.

Der wichtigste Impuls Ende der 70er, Anfang der 80er Jahre war zweifellos Punk. Die früheste verbürgte Modeinitiative im Underground Ostberlins waren *ccd – chic, charmant & dauerhaft*. Das waren keine Punks, aber sie wurden von Punk heftig touchiert. ccd würde man heute dem Postpunk zuschlagen. Ihre Shows, auch die des Folgeprojektes *Allerleirauh*, entstanden eineindeutig aus dem do-it-yourself-Geist von Punk. Wenigstens zwei der Shows von *Allerleirauh* wurden von der Ostberliner Avantwave-Legende *Ornament & Verbrechen* der Gebrüder Lippok begleitet. Die Lippoks geisterten zuvor beide durch die Punkszene der Stadt, der eine als Schlagzeuger der ersten Ostberliner Punkband *Rosa Extra*, der andere als Teil des Lärm-gesteuerten Kurzzeitprojektes *Fünf Wochen im Ballon*. Der Mode-Offground war auch insofern Postpunk, da seine Aktivisten Mitte der 80er Jahre Grenzen überschritten, welche die Punks für sie unter grö-

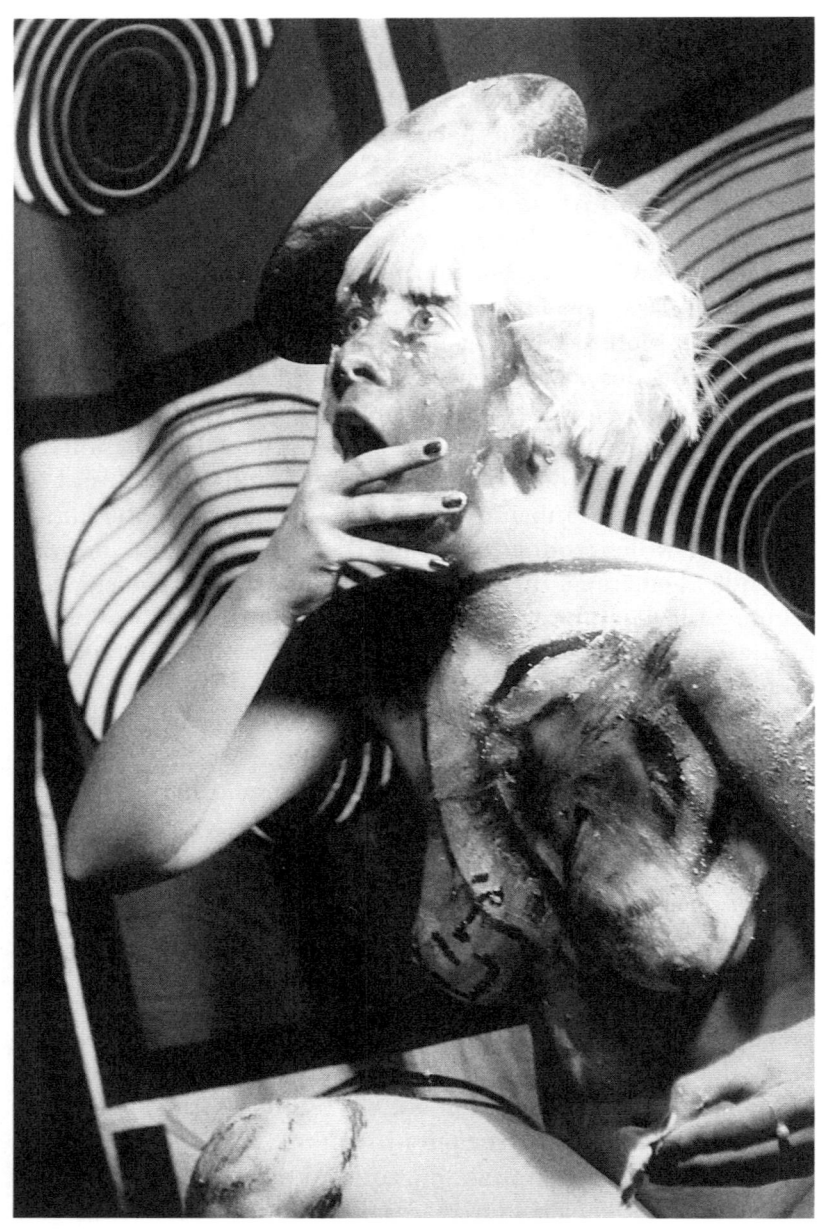

ßeren Verlusten schon eingerannt hatten. Allerdings waren sie auch um einiges cleverer als die Punks, vielleicht sollte man auch sagen, durch das Wissen um deren Repressionsgeschichte in den frühen 80er Jahren einfach nur reifer und informierter.

Die Mode-Fraktion hatte sich zu einer Zeit vom Staat losgesagt, als die Staatssicherheit bereits völlig desorientiert durch eine Gegenkultur tappte, die sich längst in Subszenen wie Punks, Anarchopunks, Hardcorepunks, Gothics, Skins, Metalheads, Hooligans usw. aufgespalten hatte. Der Staat hat nicht mehr regiert, sondern nur noch reagiert. Zudem funktionierten die Techniken, sich ihm zu entziehen, bereits viel subtiler. Die Protagonisten der Modesubkultur sind nicht mehr wie die Punks in Konfrontation zum Staat gegangen, um dann die volle Breitseite abzubekommen. Die Modefreaks ließen den Staat gewissermaßen an sich abperlen und haben den Widerstand der Funktionäre sehr Aikido-like ins Leere gelenkt. Andererseits wurden sie auch nicht mehr wie die Punks durch eine flächendeckende Kriminalisierung politisiert. Das Modevolk bestand aus Künstlern, Freaks, Hedonisten, bekennenden Opportunisten und halbseidenen Gestalten. Das waren keine Intellektuellen, obwohl einige unter ihnen aus Künstlerfamilien stammten.

Zur Punkszene gab es etliche Kontakte, eine Handvoll Punks lief auch über, vielleicht verantwortete das kurze Aufglühen der *New Romantic* in England und Westdeutschland einen leichteren Schub weg von der Radikalität und der Gewalt in der Szene, bevor dann die Skinheads zuschlugen. So war auch Musik kein Botenstoff einer nihilistischen oder politischen Aussage mehr, sie wurde um ihrer selbst willen eingesetzt, und das zu erleben war auf eine andere Art befreiend als das Muster, in welchem Punk Energien freisetzte. Der Einsatz von Bands bei den Modeschauen war eher ein gelegentlicher, man schwenkte schnell auf Konserven und damit auf Popmusik um, die, zeittypisch, mal mehr oder weniger Wave-Anteile aufwies. Natürlich sprang man zu den unvermeidlichen *B-52's* über den Laufsteg, aber auch die verdaulicheren Songs von *PIL* oder Mainstream wie jener der *Eu-*

rythmics waren äußerst beliebt. Ostrock spielte, mit einer späten Ausnahme, keine Rolle.

Der geballte Frohsinn von *ccd* brach in einer Zeit aus, als Ost und West in einem nuklearen Untergangszenario miteinander zu verschmelzen gedachten. Die vereiste bis klagende Stimme eines Ian Curtis war nur ein Beispiel für Notgesänge, die ans Licht einer vom Inferno überschatteten Welt drängten und klangen, als würde sich noch der Tod das Leben nehmen. Bands wie *Joy Division, Bauhaus, Cure, The Sound, Second Layer, Comsat Angels, Siouxsie and the Banshees, Sisters of Mercy, Play Dead* und hunderte mehr lieferten den Soundtrack zu einer Endzeitstimmung, die aus dem Systemduell von NATO und Warschauer Pakt in der ersten Hälfte der 80er rührte. Schwarz hat ja nicht umsonst in der Punk- und später der New-Wave-Szene ganze Populationen ihrer jeweiligen Anhänger dunkel eingefärbt.

In diese Depression platzten ein paar bestens gelaunte und blutige Amateure, machten einfach Party und waren dabei unverschämter Weise positiv drauf. »Der Mob«, wie sie sich selber nannten, glich einem Libellenschwarm, beflügelt vom Enthusiasmus und den sich eröffnenden Perspektiven schlossen sich schillernde Gestalten dem Glitzer eines Moments von vier bis fünf Jahren an. Die Modenschauen von *chic, charmant & dauerhaft* waren ja zuerst und zuletzt der generierte Anlass, einer Spaßgesellschaft, einer Szene von vielleicht dreißig Leuten, eine Bühne zu verschaffen. Dies FDJ-unabhängig, ohne den Gang durch die Instanzen auf sich zu nehmen, war eine Provokation, und die Freude an der Selbstinszenierung wandelte die Angst vor den Behörden und die Sorge um das gesteigerte Interesse der Staatssicherheit in puren Lustgewinn. Robert Paris, Fotograf und zum inneren Kreis gehörig, hat dieses Selbstbewusstsein mit einer wunderbar herablassenden Formel beschrieben: »Wir hatten nichts gegen die [den Staat], die hatten was gegen uns.« Die DDR war ein verkniffenes Staatsgebilde, die Jugendpolitik war verkrampft, durchorganisiert und Ideologie-gelenkt. Die Jugendmode blieb immer ein Abbild der DDR als einer Provinz, einer 16-Millionen-Seelen-Gemeinde.

Zu kaufen gab es allenfalls grotesk hässliche Jeans-Imitate und sogenannte Anoraks, wahlweise in erdigen oder in kreischenden Farben mit einem unfassbar geschmacklosen, künstlichen Pelzbesatz. Weder jugendlich noch modisch war diese Nicht-Mode so übel, dass man nur auf die Klamotten der Großeltern zurückgreifen konnte. Die Kombination von Lederjacken und biedersten Faltenröcken wirkte in ihrer Abwegigkeit stimmig. Ein solch gelebter Kommentar zur DDR-Jugendmode zeugte zudem von einer Freiheit, die genaugenommen auch die Coolness-Gesetze der Szene entgrenzte. Die Charmeoffensive von *chic charmant & dauerhaft* bestand eben darin, dass die Leute unbeschwert bis naiv, ohne irgendeine Vorbelastung sich ihre eigene Modewelt schufen. Sie wollten nichts sagen, nichts erreichen. Diese Naivität war eine Kraft, die viel bewegte. Ein Haufen schriller Gestalten ist einfach über improvisierte Laufstege gelaufen, gehampelt, gestöckelt, hat einen Recorder daneben gestellt, den Staat ausgetanzt, und es kamen hundert Leute.

Allerleirauh war dann die nächste Ebene. *ccd* hat sich verkleidet, *Allerleirauh* hat sich kostümiert. *ccd* war noch improvisiert, *Allerleirauh* wurde inszeniert. Der Wandel vollzog sich, indem Geli Kroker und Kathi Reinwald, zwei der Frauen, die bereits bei *ccd* aktiv waren, begannen, nicht mehr bereits vorhandene Klamotten zu kombinieren oder zu manipulieren, sondern für die Shows Modelle aus Leder zu nähen. Sie kreierten ein komplett eigenständiges Design, und dieses wurde zu einem Label. Die Models glichen Fabelwesen und sahen in den neuen Kreationen aus wie Faune oder wie martialische Feen. Ihr Haar war durch zu Hörnern deformierte Reifröcke geflochten, ein ausgestopfter Fasan thronte als Kappe auf einem Haupt. *Allerleirauh* arbeitete schon damals mit Körperverlängerungen, wie man sie später bei Rebecca Horn sehen konnte. Sie waren Profis, auch wenn sie manchmal geklebt haben, wo man eigentlich hätte nähen müssen. Aber ihr Ausdruckswille und dessen Umsetzung in Objekte und Inszenierungen waren imponierend. Verschiedene Genres griffen ineinander, Modedesign, Bühnenbild, Musik, Schauspiel, Licht.

Um diesen Bühnenzauber tatsächlich auf Show-Format zu frisieren, war es unerlässlich, sich innerhalb der DDR-Struktur eigene Strukturen zu schaffen. Das setzte ein hohes Maß an Beschaffungsenergie voraus. Leder, sozusagen das tragende Element aller Kollektionen, war in den Geschäften nicht zu sichten. Auch keine Textilfarbe, keine Nieten, keine Schnallen usw. Mit einer für DDR-Verhältnisse unglaublichen Dreistigkeit fuhren die Entschlossensten direkt vor die Tore der jeweiligen Fabriken, gaben dem Pförtner zwei Kästen Bier und bekamen dafür zum Beispiel einen Eimer Textilfarbe. Leder wurde am Handel vorbei organisiert, Geld war zum Ausgeben da, denn durch die private Billigproduktion von bedruckten T-Shirts nahm man an einem Wochenende durchaus das Jahresgehalt eines besser verdienenden Arbeiters ein. Die eigenen Bedürfnisse und Pläne waren das Primat der Stunde bzw. der letzten Jahre der DDR. Durch das Aufziehen einer florierenden Privat- und Schattenwirtschaft wurde die eigene Arbeitskraft der sozialistischen Produktion entzogen. Das war mehr als ungewöhnlich, und die schwer beschäftigten Arbeitslosen waren durchaus einem Rechtfertigungsdruck gegenüber den staatlichen Organen ausgesetzt. Allerdings wurde die DDR als Vormundsstaat nicht mehr wahrgenommen, niemand fragte nach Erlaubnis, in einem Akt der Selbstermächtigung wurde einfach gemacht, was einem notwendig bzw. attraktiv erschien. Die Frage, ob sich diese Leute noch »einbringen« wollten in die Gesellschaft, stellte sich zu diesem Moment längst nicht mehr. Alles, was man in der DDR in unabhängigen Strukturen und ohne Absegnung von oben initiiert hat, war politisch. Und deshalb waren *ccd* und *Allerleirauh* per se politisch. Sie waren Künstler und Hedonisten in einem weitestgehend lustfeindlichen, unsinnlichen Staat. Was nicht berechenbar war, wurde reflexhaft abgelehnt. Insofern war auch der nicht berechenbare Hedonismus eine politische Angelegenheit, eine Dissidenz der Unpolitischen.

Behörden und Kulturwächter überwältigte man mit einer Frechheit, die nicht nur in völligem Gegensatz zur DDR-Mentalität stand, sondern auch zu den Fantasie-Welten, die *Allerlei-*

rauh kreierte. *Allerleirauh* war Theater, war Spektakel, das eine Märchenwelt beschwor. Hinter den Kulissen aber agierte man äußerst pragmatisch. Das galt auch für die Tatsache, dass dieser Kreis von Leuten als Matriarchat funktionierte. Es gab wohl kaum eine Szene, die derart Frauen-dominiert war. Die Männer durften den Transport übernehmen, die Bühnen zusammenzimmern, die Technik betreuen und auch als Model repräsentieren. Das kreative Zentrum aber lag vollständig in den Händen von Frauen. Insofern bestand auch ein wesentlicher Unterschied zur Männer-dominierten Punkszene, auch wenn es viele Überschneidungen gab. Die Punks waren zudem durch ihre Härte und ihre Szene-immanente Arroganz sexuell weniger frei, konnten mit Emotionen schlecht nach außen gehen, es sei denn mit ihrer Wut. Wohl deshalb war die Frauenquote in der Punkgemeinde auch eher niedrig. Die Mode-Szene war sicher nicht frei von Ironie, doch sie stand, im Gegensatz zur Punk-Szene, nicht auf Sarkasmen. Damit dürfte die Anziehungskraft des Mode-Mobs weitaus größer gewesen sein. Frauen durften weiblich sein, sich verwandeln und auch entblößen, ohne sich nackig zu machen. Schon durch die Wahl des Leders als Basisstoff für die Kollektionen wurde eine Sinnlichkeit in den Inszenierungen der Modespektakel beschworen, die der Fotograf Sven Marquardt in seinen Bildern noch zu übersteigern wusste.

Am Ende wurde *Allerleirauh* dann zur unbeabsichtigten Travestie eines Staatstheaters. Jedenfalls, was den Aufwand anging – mit Pyrotechnik, Lichtorgeln und Tendenzen, die an Gigantomanie grenzten. Zumal in der gemeinsamen Arbeit mit *Pankow*, einer Band, die über eine staatliche Einstufung sowie über einen Plattenvertrag mit Amiga verfügte, auch das Experiment, wie es einst mit *Ornament & Verbrechen* eingegangen wurde, einer Rockshow wich. Die letzte Aufführung fand 1990 als *Rauhensee* im Stadtbad Oderberger Straße statt. *Ornament & Verbrechen* waren in einer etwas anderen Besetzung unter dem Namen *Bleibeil* als Begleitkapelle wieder an Bord. Ihre shantyhaften Songs wirkten an diesem Abend schon entrückt und wehten wie von weit her herüber. Die Show war die letzte große Inszenierung, danach fiel der Vorhang. Es war die Szenedämmerung eines Mobs, eines Mode-Schwarms, der in einem scheintoten System glühte, wofür er brannte.

KleinstAdtpunk
never happeNs

Scheiß Studenten, heute Abend knattert's in der Unterhose!

brüllte Elsterglanz aus der Küche. Das wohltuende Geräusch eines gezogenen Weinkorkens untermalte seine Rede anständig.

Studentenfasching! Die fetteste Party des Jahres sollte in wenigen Stunden über die Bühne gehen. Elsterglanz und ich stylten uns für den Auftritt. Seine schrullige Oma hatte für uns etwas ganz Besonderes aus dem Westen eingeschmuggelt. Erntefrisch – Weiberlockstoff 99 % stand auf der schlanken Flasche. Darunter war eine Frau mit weit geöffneten Beinen zu sehen. Da Fasching war, konnten wir auch mal öffentlich in unseren Punkklamotten auftreten. Normalerweise kamen wir in keine Kneipe rein, selbst die Prolls brüllten laut *Vergasen das Gesocks,* wenn wir in ihre Kneipen wollten. Zum Fasching durfte man als Punk gehen, war zwar etwas peinlich, aber was soll's.

Ich öffnete das Fläschchen Frauenlockstoff und entließ sieben Tropfen auf die Innenfläche meiner rechten Hand. Ich verteilte den Duft, der mir laut Verpackung animalisches Gerangel versprach, sorgsam auf meinem blonden Scheitel. Elsterglanz riss mir die Flasche aus der Hand und kippte sich das Zeug über die Rübe.

Tocktocktock!

Klopfen an der Tür, Rüdi. Der halbirre Wutpunk. Er war schon ein wenig weiter als wir. Er fand zwar Anarchismus gut, hatte aber

auch ein Faible für die GSG 9, die in Mogadischu so schön mit den Kameltreibern aufgeräumt hatte.

Rattatazong, weg ist der Balkon!

Rüdi wollte den Weltpunkerstaat, wenn's sein musste mit Gewalt. Tu was du willst, nimm dir was du brauchst, ohne Rücksicht auf Verluste. Heute schien er irgendwie bedrückt, brannte ihm etwas auf der Seele?

Willst du was vom Weiberlockstoff?

Rüdi schüttelte den Kopf. Ich sah ihn kurz an. Seine Augen irgendwie leer.

Wir waren jung und sehnten uns nach Remmidemmi. In unserem mittelgroßen Städtchen hatten wir als Punks wenig zu lachen. 1981 hieß es in der Zone nicht Pogo in Togo, sondern Ende Allende.

Wer als Nichtstudent zum Fasching wollte, brauchte eine studentische Alte, die ihn mit reinnahm. Wir fanden immer unser Entlein, dem wir in der Schlange vor der Disco schöne Augen machten. Waren wir drin, schickten wir sie schon mal los auf die Tanzfläche.

Wir flink aufs Klo und den eingeschmuggelten Doppelkorn gekippt. Die Party war schon voll im Gange. Der Fasching im Weimarer Kasseturm war legendär. Überall in den Räumen des alten Stadtturms, der zum Club umgebaut war, lagen Matratzen herum. Das große Faschings-Ficken im Turm gehörte unter Studenten zum guten Ton. Und stand naturgemäß auf unserer Liste der guten Taten ganz weit oben. Ich wollte erst mal Ausschau nach willigen Bräuten halten, wusste aber, dass Chrissi später noch kommen wollte. Wir waren ein bissel zusammen, soweit man das in unserer Gruppe sein konnte. Freier Sex war normal, außer Ficken und Alk gab's nüscht.

Also rein ins Getümmel. Wir trafen Krethi und Plethi, hopsten wie die Irren nach der punkähnlichen Zonenband *Keks* und lutschten in den Pausen helles Bier. Plötzlich fuchtelte Rüdi mit einer kleinen Ampulle vor meiner Nase und brüllte:

Heute geht der Laden noch hoch, ey!

Er schaute mich starr an, das Gesicht eine Maske. Ich lachte ihn aus und stürzte mich wieder in die Menge. Keine der hübschen Studentinnen ließ sich anbaggern. Nach drei Versuchen hockte ich mich in eine Ecke und wünschte mir Chrissi herbei. Ich muss wohl eingenickt sein, irgendwann fuhr mir ein eiskaltes Händchen in den Schritt, und ich erwachte.

Chrissi, du Perle des Ostens. Ich steckte ihr gleich meine Zunge in den Hals und rührte ihr Zäpfchen. Polen war wieder offen.

Erst mal Tanzen!

hauchte sie und zerrte mich auf die Tanzfläche. Der DJ spielte tatsächlich »God save the Queen«, und wir tobten prima nach Johnnys Gesang vom faschistischen Gerangel in England. Schweißgebadet tappten wir drei Songs later in den Keller. Auf den Matratzen fickte sich die sozialistische Jugend das Hirn raus. Wir packten uns dazu, ich steckte zwei Finger in Chrissis Möse, sie schnappte sich meinen elften Finger.

Das ist ein Anschlag, alle raus!!!

brüllte plötzlich irgendwer, bevor Chrissi und ich richtig warm wurden.

Rüdi hatte Buttersäure unters Partyvolk geworfen. Infernalischer Gestank trieb alle nach draußen. Dort standen binnen kurzem die Vopos und zogen ihre Knüppel blank.

Alle mal herhören!

Am nächsten Montag kam Rüdi nicht in die Berufsschule. Er war von Weimars höchster Eisenbahnbrücke gesprungen.

Jan Off

ZOnenrand –

SchlaraFfenland:

0:6

Ein Spielbericht aus den letzten Tagen der Liga

Obwohl wir gerade mal fünfzig Kilometer vom nächsten Grenzübergang entfernt wohnten, verfolgte unser WG-Dreimaster die Ereignisse um den sogenannten Mauerfall ausschließlich auf dem Bildschirm.

Keine Woche bevor die ersten Trabbi-Kolonnen nach Westen vorstießen, hatte Nachgeburt zwei mit dänischen Lehrfilmen gefüllte Koffer aus der Hinterlassenschaft seines Vaters zur Pfandleihe getragen und von dem Erlös zwanzig Gramm roten Libanesen erworben. Es bestand also keinerlei Veranlassung, die Behaglichkeit der eigenen vier Wände einer Begegnung mit einem Haufen entfesselter Konsumhungriger zu opfern, die nicht nur schlecht frisiert und seltsam gekleidet daherkamen, sondern die Augen auch mit einer Gesichtsfarbe beleidigten, wie sie normalerweise Menschen vorbehalten ist, die einen stetigen Umgang mit Pökelware pflegen, Fleischereifachverkäuferinnen etwa.

Natürlich mussten auch in diesen Tagen kurze Ausflüge in die Außenwelt unternommen werden, sei es, um die Bier- und Tabakvorräte aufzustocken oder das für THC-Abhängige so unverzichtbare Naschwerk zu beschaffen. Und so registrierten wir sie durchaus, die putzigen Gestalten, die sich da an den Pforten der Geldinstitute die Beine in den Bauch standen oder vor den Fensterscheiben der Kaufhäuser kollabierten, weil ihre Gehirne die zur Schau gestellte Warenfülle nicht verarbeiten konnten. Aber all diese Begebenheiten verloren nach der nächsten genossenen Wasserpfeife schnell wieder an Bedeutung, dienten höchstens noch als Grundlage für müde Scherze aus der Abteilung *das närrische Treiben der Außerirdischen.*

Auch später fand die Bevölkerung der ehemaligen *SBZ* (wie mein alter Erdkundelehrer die DDR stets zu nennen pflegte) so gut wie keinen Eingang in unsere Alltagswirklichkeit. Umso überraschender war es, als Turnbeutel im Spätsommer 92 mit folgendem Bekenntnis aufwartete: »Mein Cousin aus Leipzig hat mich eingeladen.«

»Dein Cousin?«, entfuhr es mir einigermaßen schockiert, hörte ich doch zum ersten Mal davon, dass mein Freund und Hausgenosse *Ost-Verwandtschaft* sein Eigen nannte.

»Ja, der is' auch Punk. Wir haben vor kurzem angefangen, uns zu schreiben.«

»Leipzig? Ist das nicht das Tal der Ahnungslosen?«, ließ sich Nachgeburt mit süffisantem Unterton vernehmen.

»Das Tal der Ahnungslosen war doch die gesamte DDR«, gab ich nicht minder spöttisch zurück.

Turnbeutel ließ sich dadurch nicht aus dem Konzept bringen: »Tja, ich dachte, wir könnten vielleicht zu dritt ...«

»Spinnst du?!«, stieß Nachgeburt empört hervor. »In die Zone kriegst du mich noch nicht mal mit Waffengewalt. Wenn ich nur an das Nazipack denke, das sich da breitgemacht hat, kriege ich schon das kalte Grausen.«

Ich verspürte keinerlei Drang, ihm zu widersprechen.

Aber Turnbeutel hatte noch Munition im Lauf: »Hab gehört, die Ostweiber soll'n sexuell voll aufgeschlossen sein.«

Und damit hatte er uns, war doch die einzige weibliche Körperflüssigkeit, von der Nachgeburt und ich in den Monaten zuvor benetzt worden waren, der Handschweiß der alten Frau Meinhard gewesen, die uns gleich beiden eine Ohrfeige verabreicht hatte, obwohl allein Nachgeburt für die Verunreinigung ihres Fußabtreters verantwortlich zeichnete. Ich hatte ihm, während er sich

vor der meinhardschen Wohnung erbrach, bloß den Rücken ge-
tätschelt.

Sicher war es die Erinnerung an den übelriechenden Mix aus
Galle, Gyros und Raki (natürlich in Verbindung mit dem hoff-
nungsfrohen Aufschrei der eingekerkerten Fleischeslust), die
Nachgeburt nun sagen ließ: »Scheiß drauf, ich bin dabei. Wollte
schon immer mal wissen, was sich hinter dem Begriff *Sättigungs-
beilage* verbirgt. Bei dieser Gelegenheit könnte man auch gleich
mal 'ne original Thüringer oder 'nen Broiler ...«

»Nicht zu vergessen: die regionalen Bierspezialitäten«, fügte
ich hinzu.

Gepeinigt von der Vorstellung, diejenigen unter meinen Zeitge-
nossen, die ihr Begrüßungsgeld vornehmlich in den Erwerb von
Bomberjacken und Gaspistolen investiert hatten, würden hinter

der ehemaligen Grenze bereits in Heeresstärke auf uns warten, unterließ ich es am Tag der Abreise, meine Haare – wie sonst üblich – zu Stacheln zu formen. Auch in Sachen Garderobe machte ich Abstriche. Die nietenbewehrte, mit allerlei Obszönitäten bemalte Lederjacke – ansonsten mein täglicher Begleiter – wurde kurzerhand durch ein schlichteres Modell der Marke Harrington ersetzt. So hoffte ich, zumindest nicht schon auf den ersten Blick als Zielscheibe selbsternannter Herrenmenschen erkannt zu werden. Nachgeburt, den offenbar ähnliche Befürchtungen befallen hatten, sah vergleichbar zivil aus. Unsere Tarnung verlor allerdings jedweden Sinn, als wir Turnbeutels Erscheinung gewahr wurden. Der nämlich hatte nicht nur die Haarfarbe gewechselt (wo gestern noch ein verblasstes Grün geherrscht hatte, regierte nun ein unbarmherzig leuchtendes Pink), sondern auch seine Joppe mit einem neuen Schriftzug versehen, der da lautete: *Saufen, Ficken, Vopos klatschen!*

Natürlich verbot es der Stolz, in dieser Angelegenheit zu intervenieren. Und so hätten wir, als wir das Haus schließlich verließen, auch ein Spruchband mit uns führen können, das uns als genau die Sorte verkommener Tagediebe auswies, an denen der nationalsozialistische Nachwuchs so gern seine Fähigkeiten im Bordsteinsurfen erprobte.

Nachgerade erstaunlich also, dass sich während der Zugfahrt kein einziger Zwischenfall ereignete. Tatsächlich wollte sich noch nicht mal der *Schatten* eines Hitlerbärtchens zeigen. Demgemäß ließ die Angst von Bahnhof zu Bahnhof nach, während diametral dazu der Alkoholpegel stieg.

Kurz vor der Einfahrt nach Leipzig war die Stimmung bereits derart gelöst, dass Nachgeburt sich zu einem Scherz auf Kosten unseres Gastgebers hinreißen ließ.

»Der trägt bestimmt 'ne Plastikjacke und so 'n Jeansimitat aus vietnamesischer Produktion, dein Cousin«, sagte er an Turnbeutel gewandt.

Hätte er geahnt, was uns gleich erwartete, er hätte sicher geschwiegen. Denn der breitschultrige, etwa zweimetergroße Hüne, der uns am Bahnsteig empfing, unterschied sich, was Stilfragen anging, nur in zwei Punkten von seinen Gästen. Diese beiden Details aber waren jedes für sich so beeindruckend, dass man Nachgeburts Schandmaul eigentlich noch an Ort und Stelle mit Schwefelsäure hätte auswaschen müssen. Zum einen war da dieser gut sichtbare *Nazis zu Lampenschirmen*-Aufdruck auf seinem Shirt, mit dem er speziell die beiden Angsthasen unseres Trios beschämte, zum anderen eine ornamentartige Tätowierung am Hals – damals noch eine echte Seltenheit –, die nicht nur bei mir aufrichtigen Neid hervorrief.

»Wo hast'n *die* her?«, fragte Turnbeutel mit großen Augen.

»Hab ich mir letztes Jahr, während meiner Weltreise, auf Samoa stechen lassen«, kam es lässig zurück.

Die westdeutsche Zoologenschar, die es nie weiter als bis nach Amsterdam oder Kopenhagen geschafft hatte, reagierte mit andächtigem Schweigen. Und das sollte sie im Verlauf der nächsten zwei Tage noch häufiger tun. Denn Böhnchen, so der im Hinblick auf seinen Wuchs doch etwas irreführende Name von Turnbetels Cousin, hatte noch einiges mehr zu bieten. Nächster Punkt auf der Liste erschütternder Erfahrungen: die Wohnsituation des Probanden. Gut, ein besetztes Haus – wenn auch von der Größe einer Gartenlaube – hatte unsere Heimatstadt ebenfalls vorzuweisen. Böhnchen allerdings logierte in einer Straße, in der nahezu *jedes* Objekt ohne behördliche Genehmigung vergesellschaftet worden war. Heißa, das war natürlich ein Augenschmaus für den gestandenen Tunichtgut, allüberall die Insignien der Verweigerung prangen zu sehen! Aber es sollte noch besser kommen.

Nachdem wir jeder ein Bier erhalten und am Küchentisch Platz genommen hatten, schickte Nachgeburt sich an, etwas vom mitgebrachten Hasch aufzustreuen, wurde aber von unserem Gastgeber kurzerhand in seinem Tun gestoppt.

»Heb dir den Zwackel mal besser auf«, sagte der und brachte eine Aldi-Tüte zum Vorschein, die bis auf den letzten Quadratmillimeter mit Gras gefüllt war.

Nachgeburt stieß einen anerkennenden Pfiff aus.

»Lass mich raten: Die letzte Station deiner Weltreise war Holland.«

»Holland?« Böhnchen lachte laut auf. »Holland liegt bei uns im Hinterhof. Schaut mal raus!«

Wir traten, wie verlangt, ans Fenster. Und wieder blieb uns nichts als ehrfürchtiges Staunen. Der gesamte Bereich war dicht an dicht mit Hanfpflanzen bewachsen, von denen nicht wenige eine Höhe erreicht hatten, die mir bis dahin einzig auf den Plattencovern eines Peter Tosh begegnet war.

»Bei allen Heiligen!«, stöhnte Nachgeburt, nachdem er sich wieder halbwegs gefasst hatte. »Habt ihr bei diesen Ausmaßen keinen Schiss vor den Bullen? Ich meine, reicht ja, wenn die hier *einmal* 'ne Hausdurchsuchung ...«

»Die Bullen trauen sich hier schon lange nicht mehr vorbei«, entgegnete Böhnchen. »Haben sich mit ihrer Uraltausrüstung schon zweimal 'ne Packung abgeholt. Und bevor die nicht vollständig ausgetauscht ist und die neuen Befehlsstrukturen funktionieren ... Na, hoffen wir, dass das noch ein bisschen dauert.« Unser Herbergsvater klemmte sich den Joint, den er zwischenzeitlich gefertigt hatte, hinters Ohr. Dann sagte er: »So und jetzt zeige ich euch mein Viertel. Kiffen können wir unterwegs.«

Es folgten rauschhafte Stunden, wie sie sich jeder Fahrensmann mit Geschmack und Verstand nur wünschen kann. Wir zogen durch improvisierte Clubs (oft in den Tiefen von Abrisshäusern verborgen), durch schwach beleuchtete Kellerlokale und zu Bars umfunktionierten Garagen, von denen die wenigsten den Eindruck erweckten, als ob sie sich um Schankgenehmigungen oder ähnliche staatliche Vorgaben scheren würden; tanzten hier zu grauenvollem Deutschpunk und dort zu grauenvollen Hits aus den Achtzigern; tranken Bier, das im Normalfall nicht mehr als eine Mark kostete (wohlgemerkt pro Halbliterflasche); bedienten uns immer wieder reichhaltig aus der Aldi-Tüte, die Böhnchen in weiser Voraussicht seinem Marschgepäck überantwortet hatte, und erlernten nebenbei noch so possierliche neue Ausdrücke wie *illern* oder das mit kurzem *u* gesprochene *buchen*. Letzteres übrigens im Vorfeld einer kleinen Auseinandersetzung mit einem sogenannten Oi-Skin aus Greifswald, der sich partout nicht von der Wahnidee abbringen lassen wollte, die Abkürzung *Vopo* auf Turnbeutels Jacke stünde für Menschen aus Vorpommern, also für jene Volksgruppe, zu der sich der Skinhead kraft Geburt selber zählte. Kurz: Wir amüsierten uns wie Bolle. Und während Turnbeutel seine Platzwunde noch draußen am Notarztwagen versorgen ließ, sollte nun endlich auch die so dringend herbeigesehnte Kontaktaufnahme mit der Damenwelt erfolgen.

Nachgeburt hatte hinterm Tresen zwei Schönheiten erspäht, die sich in Ermangelung von Gästen gerade gegenseitig bewirteten. Nun zog er mich am Arm hinter sich her, bis wir die Reihe leerer Barhocker erreicht hatten.

»Na, ihr Hübschen, schon mal Kokain probiert?«, tönte er, während er sich verschwörerisch über die Theke beugte.

Kokain? Ich glaubte, meinen Ohren nicht zu trauen. Immerhin kostete ein Gramm seinerzeit um die zweihundert Steine. Aber kaum dass seine Worte verhallt waren, brachte mein Gefährte ein durchsichtiges Tütchen zum Vorschein, das unverkennbar mit weißem Pulver gefüllt war. Verdammt, das musste er sich vor der Abreise extra für einen Moment wie diesen besorgt haben.

Die Girls reagierten weit weniger beeindruckt als ich.

»Den Dreck könnt ihr euch in die Haare schmier'n«, sagte die mit dem Zwanzigzentimer-Iro, die ich im Stillen schon für mich reserviert hatte. »Wir haben was Besseres: Sächsisch-Koks. Kennt ihr das?«

Als Nachgeburt und ich kopfschüttelnd verneinten, gebot man uns zu warten, dann verschwanden die beiden in den hinteren Räumlichkeiten.

Es verging eine Zeitspanne, die mich schon glauben ließ, wir wären einem Täuschungsmanöver, sprich: einer banalen Flucht aufgesessen. Aber nach einer gefühlten Ewigkeit kehrten unsere Wohltäterinnen dann doch zurück und stellten mit den Worten *die gehen aufs Haus* zwei randvoll gefüllte Kaffeetassen vor uns ab.

Deren Inhalt stellte sich nach kurzem Nippen schnell als Wodka heraus, der erwärmt und mit reichlich Zucker versetzt worden war, woraufhin ich es bei dem einen Schluck beließ. Nachgeburt jedoch ließ diese Gelegenheit, sich als wahrer Mann und Pionier der Leberforschung zu präsentieren, weit weniger schmachvoll verstreichen. Er trank seine Tasse auf ex, und als er sah, dass ich mein Getränk verschmähte, kippte er das auch noch in sich hinein.

Keine fünf Minuten später hatte er sich bereits auf seine Springerstiefel erbrochen, was ihn nicht davon abhielt, mir und unseren kichernden Zuschauerinnen eine Tritttechnik vorzuführen, die er sich nach eigenen Angaben noch zu Grundschulzeiten bei Bruce Lee abgeguckt hatte. Da er dabei die Kotzlache missachtete, die sich zu seinen Füßen gebildet hatte, und noch vor der eigentlichen Präsentation zu Fall kam, wobei er sich nicht nur mehrere Prellungen, sondern auch einen Anriss der Patellasehne zuzog, war es von Vorteil, dass der Notarzt, der mit Turnbeutel offenbar deutlich mehr Arbeit hatte als angenommen, noch immer vor der Tür agierte.

Das Aufeinandertreffen mit unseren neuen, sexuell so aufgeschlossenen Schwestern war also – so das Fazit während der Rückfahrt – nicht ganz wie erhofft verlaufen. Dafür waren wir nicht einem einzigen Nazi begegnet, zumindest keinem, der sich als solcher zu erkennen gegeben hatte.

Backenfutter gab es trotzdem noch. In Helmstedt stieg ein knappes Dutzend Bundeswehrsoldaten in unseren Waggon, die es sich nicht nehmen ließen, uns mit handfesten Argumenten daran zu erinnern, dass auch im Westen der Republik ausreichend Volk existierte, das seine Atemluft nur ungern mit Parasiten und Sozialschmarotzern teilte – gerade wenn diese lauthals skandierten: »Rekruten lasst das Wasser ein – lasst den Barschel nicht allein!«

for ever
too mucH
no more

manieren alt ewig wie jung

Will unsere Zeit mich bestreiten,
ich lasse es ruhig geschehn.
Ich komme aus anderen Zeiten
und hoffe in andre zu gehen.
F. Grillparzer

üb vagabundien gelangt
kein wald wie alle wie jeder
hier frisst mangel lose im ich
zukünft irgendwoet sehr sehr

für reservate sieche gemüteln
alte reflexe glutlicht widerstan
motten indianern stadtgesüchte
umhin irokesen diasporiern

wes frost fummiliert mir ums gelöcke
was fremdler gegnet umumte erbrüch
wo staubte welch stump ohne vermächte
wüste bläue in getrieben so hin

klingklong dienezeit ist es nicht
verhaue verdrahten pfade
allherrlichkeit ländert zaunsucht
freiweg besetze für keinen

gegangen aus ander zeiten
in andere orte zu gehn
was änderer tan als viele
in eines genauen fortan

ein gedue hörthört in welt
gesellen gleiche im gernen
schwung irre vollendlich gefetzt
umnütz heu leucht stachelfarbklar

sie können fröhe freundlig sein
chaostäglich im all am nicht
spendet ihr stahlt was im einser
sie mehren was habet in kost

feil frönen lustdroge leben
kein eines sei einem für satt
schwarzfahren durch leergeschäfte
außen im rande an der mitt

herschleich aus partysanien
wärme rast ruinenbehaus
wogegenseinheiz nottopie
beim planetarischen plenum

verzusalzen bleckers wünde
schräg hinane gefechter wut
anlümmel schröcke geiferei
gelächter fringe pfründe hoh

pogorausch Solidarność
akkorde mehr mehr denn je je
krach im paradies energet
anzutragen hut dem jäger

gasmasken zu fahrradschläuchen
güldmünz zu plektren geschmeide
panzer in nieten zerhämmert
für gurte schurze ziergrate

feinseitne coolness ein bersten
sensible gröbern rabiat
im früchtchen würmt keinlei grauen
leibet liebe nahe am tod

mit kreatur auf du du du
dogi rat fly pusteblume
distel brennessel rabe hanf
sperling gerste mei lieber schwan

enge günstemönche schüre
scheuche ochtner schraube pudding
schönes seinen nie mehr meide
platze plauze hau keinen stein …

BanKerte

I

»Ich konntes mir nich leistn, die Bankerte nich mehr rein zu lassen. Warn gut fürs Jeschäft. Dass die so laut warn, is mir off de Nervn jegang, awer die ham jesoffen wie de Löcher. Manchema ham se leider in de Pissrinne jekotzt. Awer eima bin ich hinterher. Da ham se mir'n Schaukasten zerkloppt. Awer wie ich se mir greife will, da kullern se sich schonn besoffn off dr Fernverkehrsstraße rum un ich muss se runterzerren, damit se nich vom Laster üwerfahrn wern. Mar hats schonn nich leicht. Die awer och nich.«

(Heini B., Wirt einer Gartenkneipe)

II

»Ich bin einfach so mit dem Fahrrad vor mich hingefahren. Es war dunkel, und vielleicht hatte ich auch ein oder zwei Bier getrunken. Jedenfalls schoss dieser grölende Punker plötzlich um die Ecke. Besoffen. Da hab ich mich so erschrocken, dass ich einem Schlagloch nicht mehr ausweichen konnte und ziemlich schmerzhaft stürzte. Wütend bin ich zu dem Typen hin, um ihn zur Rede zu stellen. Wegen dir bin ich hingeflogen, hab ich gesagt zu dem. Der glotzt mich nur verschwommen an, und ehe ich mich versehe, stehen noch vier andere Kerle um mich rum. Da zieht man sich lieber zurück. Als mir der Typ aber erklärt, sie mussten heute ein bisschen feiern, weil er geschafft hat, alle Sömmerdaer Weiber zu vögeln, da ist mir der Kragen geplatzt. Erst als er mir geschwört hat, dass meine Freundin nicht dabei war, hab ich ihn gehen lassen. Wenn ich da schon gemerkt hätte, dass mir die ganze Zeit einer von diesen Dreckschweinen auf meine West-Jacke rotzt, hätte ich den ganzen Haufen Penner so was von aufgemischt ...«

(Frank P., Angestellter)

III

»Ich hätte mich auf die Treppe setzen und heulen können. Wir hatten den Titel ›Vorbildliche sozialistische Schule‹ so gut wie sicher. Und dann sah ich dieses Element von Schüler mit so einer Indianerfrisur auf dem Schulhof stehen. Ich bin gleich runter und hab ihn zusammengestaucht, er mache unsere Schule unmöglich, er solle nach Hause gehen und sich gefälligst eine Mütze holen, dieses Intelligenzlersöhnchen. Aber was soll ich Ihnen sagen. Eine Stunde später steht der Bezirksschulrat am Fenster und weist mich auf die Zusammenrottung von zehn oder fünfzehn Mützenträgern hin. Im Hochsommer. Diese subversive Brut. Alles haben sie mir versaut. Alles. Ist das nicht zum Heulen?«

(Horst B., Schuldirektor a. D.)

IV

»Ich weiß gar nicht mehr, wie spät es war. Ganz schön spät. Ich stand aufm Balkon und hab noch eine durchgezogen, weil ich nicht einpennen konnte. Da sehe ich doch son Pärchen Bankerte mit so Haaren an der Hauswand lang schleichen und die Kellertreppe runter. Ich denke noch, die Brut wird doch nicht einbrechen wollen. Aber denkste. Die Straßenlaterne war ja an. Ich hab alles ganz genau gesehen. Plötzlich fangen die an, übereinander herzufallen. In aller Öffentlichkeit. Wie die Tiere. Nur dass die Tussi oben war. Die hat sich auf den Kerl drauf geschwungen und ihn ordentlich verbimst. Meine Fresse.

Na, ich bin dann gleich rein und hab's mir unter meiner Bettdecke schön gemacht. Schlafen konnte ich dann auch.«

(Enrico Sch., Busfahrer)

V

»Mein Freund war sonst eigentlich nicht so. Dann sind wir aber mal zu seinen alten Kumpels in irgendein Nest bei Erfurt gefahren. Das war der Anfang vom Ende. Zuerst fand er unter meinem Putzzeug sein verblichenes T-Shirt mit diesem furchtbaren Totenkopf-Irokesen wieder. Am Ortseingang mussten wir nicht nur den Audi stehen lassen, nein, er schmierte sich auch noch Bier in die Haare. Da war ich zum ersten Mal richtig bedient. Aber es kam noch schlimmer. Als die Haustür aufging, waberte mir ein Geruch entgegen, der mich beinahe ausgehoben hätte. Es war nicht zum Aushalten. Die Kerle lachten und zogen mich einfach mit rein. Das winzige Zimmer stand im Zigarettennebel. Mindestens zehn Leute bevölkerten ein Sofa und grölten angesoffen durcheinander. Mitten im Zimmer stand auch noch ein Schlagzeug, in dessen Basstrommel ein tauber Dackel die ganze Zeit schlief. Obwohl drei Leute in diesem Getümmel aus ihren Instrumenten einen solchen Höllenlärm herausdroschen, dass ich mir aus Verzweiflung ein Tampon zerpflücken und in die Ohren stopfen musste. Was anderes hatte ich echt nicht in der Tasche. Wie peinlich. Die Idioten haben nur gelacht. Und mein Freund mit. Besoffen wie er dann war.

Als die Mitgrölspiele endlich zu Ende waren, musste ich mir in dieser Räucherkammer auch noch eine Luftmatratze mit meinem Freund teilen, denn der Herr Gastgeber breitete sich auf dem Sofa mit seiner Flamme aus. Meinen Freund interessierte das alles überhaupt nicht. Der schlief seinen Rausch aus, und ich lag wach und hätte heulen können. Ungeniert fingen die auf dem Sofa an, eine Nummer zu schieben. Wie die Karnickel. Eine halbe Ewigkeit ging das, bis die Tussi flüsterte: ›Bist du schon fertig?‹ Da hat's mir gereicht. Ich rüttelte meinen Freund wach, um dort endlich verschwinden zu können. Aber der hat nichts Besseres zu tun, als mich an sich zu ziehn und mich mit seiner Stinkefahne abzuknutschen. Richtig dummgeil ist der plötzlich geworden. So kannte ich den gar nicht. Als das Schwein dann auch noch versucht hat, mir einen Finger in den Popo zu stecken, war für mich endgültig Schluss.«

(Annika W., Studentin Lehramt Deutsch, Kunst)

VI

»Die Hecke hat mir bis heute keener ersetzt, in die der besoffne Rotzert mit der Lederjacke gleich drei Mal hinternander reinjefalln is. So wie den seine Assi-Kumpels wieder aufjehom hahm, isser rückwärts wieder reinjekracht. Und dem is nüscht weiter passiert. Da biste machtlos. S jibt keene jerechte Strafe.«

(Wolfgang K., Bauer)

VII

»Die wohnten bei mir ja direkt in der Straße. Ich hab das immer gehört, wenn die nachts angesoffen nach Hause gegangen sind. Zwei Brüder. Ein Krach war das auf der Straße. Da kann ja kein Mensch schlafen. Einmal haben sie mitten in der Nacht mit einer Bierdose auf der Straße Fußball gespielt. Man muss sich das mal vorstellen. So was gab's ja bei uns nicht. Da rennen die extra in den Intershop und geben das gute Westgeld für Bierdosen aus. Um damit Fußball zu spielen. Ich sag doch, die haben sie nicht alle. Jedenfalls tritt einer von den Chaoten statt vor die Dose voll in mein Kellerfenster. Da bin ich aber am nächsten Vormittag rüber zu denen und hab sie rausgeklingelt. Die waren noch völlig verpennt. Ich sag: ›Spinnt ihr, mir mein Kellerfenster einzutreten? Bis ich an ein neues rankomme, hab ich die Bude voller Mäuse.‹ Der eine winkt nur ab und verdrückt sich wieder, der andere guckt mich an, als wolle er mich fressen. Der sagt aber auch nichts. Schiebt mich nur beiseite und geht auf die Straße. Ich hinterher. Und ehe ich mich versehe, greift der sich die Katze von der Nachbarin – das blöde Vieh liegt immer auf dem Postkasten in unserer Straße – und pfeffert sie voll durch mein Kellerloch. ›So‹, sagt der Typ, ›jetzt haste keine Mäuse mehr.‹«

(Bernhard M., Arbeiter)

VIII

»Ich hab keine Ahnung, wie wir es damals geschafft haben, in Leipzig in den DHfK-Club reinzukommen. So, wie wir aussahen. Dort gab's nur Popper und Sportler und Poppersportler. Aber eben auch jede Menge Mädchen. Deswegen sind wir hin. Weil uns ein paar Mädchen angespitzt hatten. War aber langweilig dort. Und die Typen sind uns auf den Sack gegangen. Die haben uns angeglotzt, ohne uns anzugucken. Mit ihren Polohemden. Ist aber noch lustig geworden, weil die überhaupt nichts gemerkt haben. Wir hatten zwei abgefuckte Bräute dabei damals. Keine Ahnung, wo die heute als fettärschige Muttis Wurzeln getrieben haben. Die eine hat dann so nen Penner abgelenkt und ein bisschen angemacht. Und die andere hat ihm derweil einen fetten Popel in den Gin-Tonic geschmissen. Der Typ saugt an seinem Trinkröhrchen, kriegt große Augen und hustet sich die Seele aus dem Leib. Wir haben uns auf der Erde gewälzt vor Lachen. Und der hat's überhaupt nicht gecheckt. Geil.«　　　　　(Jörg B., Informatiker)

IX

»Wir warn mal zu nem Konzert auf irgendnem Dorfsaal. War j. w. d. Wir sind da nachts nicht wieder weggekommen und mussten auf dem Saal schlafen. War ja eigentlich nett von dem Kneiper. Aber der hatte auch seinen Schnitt gemacht. Wir warn alle besoffen. Ich konnte trotzdem nicht pennen. Der Typ neben mir hatte n tschechisches Punker-Mädchen mitgebracht. Und die wollte sich wohl noch für die Einladung bedanken. Keine Ahnung. Jedenfalls hat die den Typen bearbeitet wie sonst was. Aber der war zu besoffen, um noch einen hochzukriegen. Die wirkte richtig verzweifelt, angetütert, wie sie war. Da hab ich mich einfach von hinten angepirscht und ihren freien Eingang sinnvoll genutzt. Ich wollte ja pennen. Daraus ist zwar nichts geworden. Aber dafür haben wir den ganzen Saal in Schach gehalten.«
(Andreas M., Bauingenieur)

X

»Man kennt das ja mit der Gastfreundschaft. Da gibt's auf der Welt immer was Besonderes zu erleben. Touristenverarsche mit Ekelessen, und der Gastgeber hat wieder was zu erzählen im Freundeskreis. Da hab ich mir auch mal gedacht, na wartet, euch jage ich noch einen hinten rein. Nur ne kleine Geburtstagsfeier mit Tanzmusik wollten die bei mir auf dem Saal machen. Ich dachte, die Hottentotten sind bei mir eingefallen. Ein Krach. Ein Getobe. Und wie die aussahn. Nee. Voll wie die Haubitzen. Die sind auf dem Saal einfach umgefallen, wie sie standen. Da hab ich gesagt, solln sie liegen bleiben. Mir egal. Wir hatten grade frisch geschlachtet und die Knackwürste noch nicht geräuchert. Ein paar von den lautesten Kaspern hab ich dann nächsten Früh zum Frühstück eingeladen. Ich hab ihnen ein paar von den Ungeräucherten gebraten und vorgesetzt. Nichts weiter dazu. Nur dünnen Kaffee. Hat funktioniert. Die ersten sind schon gerannt, als sie das Bratfett und die Plörre nur in die Nase bekamen. Der Rest quälte sich aus Anstand ein bisschen was rein. Drinnen behalten hat's aber keiner. Das war's mir wert. Hoffentlich bleiben die in Zukunft, wo der Pfeffer wächst. Versoffene Bande.«

(Sylvio D., Wirt eines Landgasthofs)

XI

»Bei uns offn Dorf kennt jeder jedn. Sonst wäre mir das scheißegal. Aber wir wohn in son Landblock. Fömfter Stock. Die sahn ja immer aus wie de Lundemänner. De Kumpels von meim Jungn. Ich hab se rein jelassen, bevor se off dr Straße rumlungern, gä. Aber dann hats mir doch jereicht. Mitten in dr Nacht häng ich am Fenster un qualme noch eine. Da seechn doch zwie vom Balkong. Un meiner mit dabei. Da hab ich se dann doch achtkant raus jeschmissen, un mein hab ch in Arsch jetretn, dass r in de Ecke jeflochn is. Seitdem tut mir de Koche weh, un der Ochse redet bis heute kein Wort mit mir.«
(Peter H., Mechaniker)

XII

»Ich kann ihnen meine Narbe zeigen, wenn sie wollen. Aber ich sage ihnen seinen Namen nicht, denn ich liebe ihn leider, und er soll es nicht wissen. Das Stuhlbein hat regelrecht in meinem Schienbein drinnen gesteckt. So hat es sich zumindest angefühlt. Dabei konnten die Jungs so lieb sein. Die warn auch gegen Gewalt und so. Hatten nur nicht so lange Haare. Auf dieser Schuldisco damals war anfangs auch alles ganz normal. Außer dass die Jungs sich die Haare hoch gemacht und zerrissene Sachen mit Sicherheitsnadeln angezogen hatten. Wie zum Fasching. Wann sie den Diskjockey überredeten, eine ihrer mitgebrachten Kassetten zu spielen, habe ich nicht mitbekommen. Dann kam diese brutale Musik, und die Jungs verloren völlig die Beherrschung. Die sprangen wie angestochen und fuchtelten mit den Armen und schubsten sich gegenseitig, bis einer quer durch den Klassenraum flog. In die Stühle rein. Ich saß da nur und sah ihn kommen. Es war so schrecklich. Ich dachte, jemand hat mir das Bein abgehackt. Aber der Kerl stand auf, schüttelte sich und hüpfte weiter sinnlos mit den anderen herum. Der hatte gar nicht mitbekommen, was eigentlich los war. Für mich war der Abend gelaufen. Das hab ich ihm nie verziehen. Auch nicht, als wir dann mal drei Monate miteinander gegangen sind.«   (Maria G., Ärztin)

XIII

»Die hatten ja nie Knete in der Tasche. Sind immer zu uns raus in die Kneipe gekommen, weil's billiger war als im Zentrum. Manchmal haben sich drei Leute eine Bockwurst geteilt. Am billigsten war Helles. Hin und wieder hatte ich Mitleid mit denen und hab ihnen eine Runde Braunen spendiert. Ein so n Dünner war danach immer gleich hin. Echt lustig. Worüber sich die Gäste aber heute noch ereifern, ist die Sache mit dem Elcheimer.

Wir hatten immer einen Eimer unter dem Tresen stehen, in den die Bierreste rein kamen. So was haben wir damals nicht weg geschüttet. Damit haben wir ein Schwein zugefüttert. Wenn die Kneipe voll war, füllte sich der Elcheimer auch ganz anständig. Gläser austrinken war im Zeitalter vor der Bierkühlung nicht immer möglich. Und wer genug hatte, ließ auch mal ein halbes Glas stehen.

Den einen Abend waren die Verrückten ziemlich spät ohne einen Knopf in der Tasche vorbeigekommen. Die dachten, ich geb ihnen einfach so mal ein paar Runden Bier aus. Denkste, hab ich denen gesagt, für umsonst gibt's hier nichts. Und der Elcheimer, fragt mich einer zurück, der ist doch schon bezahlt. Aber gern, die Herren, sage ich, tun sie sich nur keinen Zwang an. Und ehe ich mich versehe, steht der Eimer bei denen in der Tischmitte und jeder taucht ein Glas da rein und freut sich. Ich hab mich vielleicht geschüttelt. Das denkt man ja nicht. Von dem Moment an wusste ich, was Alkoholmissbrauch ist. Und die sahen aus. Die Hände nass, die Ärmel nass, der Tisch, der Fußboden. Alles hat geklebt. Nur gut, dass meine Frau schon im Bett war. Sonst hätte ich's wieder abgekriegt.«   (Kurt Sch., Gastwirt)

Ich wAr nie Punk

Ich war nie Punk, obwohl ich mal mit rot gefärbten Haaren und einem alten ungewaschenen, zerknitterten Anzug mit extremen Hochwasserhosen in die EOS gegangen bin, um den Direktor zu schockieren. Das ist mir auch gelungen, aber trotzdem würde ich nicht behaupten, jemals Punk gewesen zu sein.

Vor allem hatte ich nie Interesse daran, Punk zu sein. Ich hörte schon mit zwölf, dreizehn Deep Purple, Uriah Heep, Led Zeppelin, Jethro Tull, aber auch The Doors, Jimi Hendrix, Grateful Dead. Das war meine Prägung, da kam nichts anderes mehr heran. Später vielleicht Guns 'n Roses und Nirwana. Aber da war ich nicht mehr in dem unverschämt großartigen Alter, in dem alles in der Welt zum ersten Mal passiert.

Mittlerweile, zweiundfünfzigjährig und im westlichen Wohlstand recht gut zu Hause, vermisse ich gelegentlich die Mangelgesellschaft. Das ist keine Koketterie, obwohl ich genauer sagen muss: Ich vermisse wohl dieses Gefühl, das darauf basiert, dass ein materielles, vor allem aber kulturelles, ja geradezu magisches Gut, wie eine Platte von den Doors es war oder ein Parka oder »Tristana« von Jack Kerouac, auf verschlungenen Wegen errungen, erkämpft, erschlichen werden muss.

Nun gut, Schluss mit dieser Sentimentalität. Wenn ich wider Erwarten doch noch eine Kurve zum Punk kriegen sollte, dann wäre es allenfalls im Alter. Eine schaurige Vorstellung, mit sagen wir über neunzig in einem Siechenheim dahinzuvegetieren und aus Protest gegen das Pflegepersonal, das mir nicht oft genug den Arsch abwischt, geschweige denn einen leidlich guten Rotwein verabreicht, weil ich den ja sowieso nur in die Windeln pissen

würde, zum Punk zu werden. Um dem Gruselszenario den i-Punkt
aufzusetzen, stelle ich mir vor, dass es sich bei der mich betreuen-
den Schwester um eine Ex-Studentin handelt, die im Film- und
Fernsehgewerbe nie Fuß gefasst hat und deshalb irgendwann auf
Altenpflege umgesattelt ist. Natürlich fokussiert sie ihre abgrund-
tiefe Frustration voll und ganz auf mich und piesackt mich nicht
nur von früh bis abends, sondern auch während ihrer besonders
aggressionsgeladenen Nachtdienste. Aber noch einmal, vielleicht
zum letzten Mal in meinem Leben wird mir das Glück zur Seite
treten, und zwar in Gestalt einer kleinen niedlichen Ratte, die
fortan bei mir unter der Bettdecke lebt und es trefflich versteht,
sich vor den Augen der Schwester verborgen zu halten. Meine Fä-
kalien sind ihr ein fortwährendes Festmahl, und so wird sie dick
und fett, was sie allerdings überhaupt nicht daran hindern kann,
der Ex-Studentin, als die mir wieder mal die vollgekackte Windel
übern Kopf stülpt, an den Hals zu springen und sich derart fest-
zubeißen, dass die Sadistin nicht einmal zu schreien in der Lage
ist und rasch verblutet.

    Das ist für mich Punk. Und nicht nur schaurig, sondern auch
ziemlich schön.

Ost/Ost (POst) Punk

Oder: Vom (potenziellen) Warschauer (Post) Punk Pakt

Am Ende, kurz vorm Zusammenbruch, jener jämmerlichen Implosion des Ostblocks, da schien er kurz auf: ein in Momenten der gegenkulturellen Einigung im Nein vereinter Underground Ost. Was aber wohl nicht nur rein retrospektive Ahnung einer Möglichkeit, also vielleicht nur meine Projektion, möglicherweise: Sehnsucht ist, sondern sich zudem auf ganz und gar unergründigem Terrain abspielte. Nämlich in der Berliner Werner-Seelenbinder-Halle, am 30. September 1989, als Teil einer »Extra« benannten Konzert-Reihe. Die letztlich nichts anderes war als FDJ-Vor-Feierlichkeiten zum 40. Jahrestag der DDR, letztes Aufgebot mit Subkulturbeimischung also, aber immerhin einerseits Phillip Boa und andererseits mit Westbam den ersten Staats-Rave auf deutschem Boden zu bieten hatte. Eine satte Ballung an real gelebten oder getanzten Widersprüchen also.

An jenem Abend nun, der im deutschen Weltgedächtnis eher wegen der Genscherschen Verkündung der Ausreise-Möglichkeit für die DDR-Flüchtlinge in der Prager Botschaft verankert ist, traten Armia und Tilt aus Warschau, Kampec Dolores aus Budapest, Va Bank aus Moskau und als DDR-Abgesandte die Bands Dekadance, Die Firma und Die Skeptiker auf. Was auf den ersten Blick wie ein Rockfestival der Bruderländer wirken konnte und als solches bestimmt auch begründet wurde, war zu jenem Zeitpunkt für ausreichend Informierte bereits eine Manifestation des Auf- und Auseinanderbruchs: Schließlich hatte es in Polen bereits (fast) freie Wahlen gegeben, und man saß am ersten Runden Tisch, während in Ungarn seit Wochen schon der Eiserne

Vorgang durchschnitten war und sogar die Sowjetunion die DDR an Freiheiten weit überrundet hatte. Die Firma trug ihrerseits dem Ruf als aufrechte Polit-Punk-Band folgend dazu bei, die derart umstellte Krise der DDR auch in den Saal zu tragen, und trat mit T-Shirts des Neuen Forums auf, für das im Saal sogar Unterschriften gesammelt wurden. Was allerdings folgenlos blieb, auch wenn sich nach dem Konzert offensiv Staatsmacht im Umfeld ballte. Aber die Wut war spürbar, der bald sich Bahn brechende Druck im Gefüge.

Ich jedoch stellte mich woanders an, erwarb die erste LP von Kampec Dolores und pogte wie im Wahn gegen mein schlechtes Gewissen an, als Die Firma »Verweigert Militär!« intonierte, während die Freundin am Meuten-Rand mein in der Tasche verborgenes NVA-Ehrenkleid bewachte. Letzte Tage im Taumel durch die surrealen Widersprüche des DDR-Lebens, die in meinem Fall teils arg zugespitzte Absurdität des Daseins eines (unfreiwilligen) »Offiziersschüler-Punks«. Aber dazu andermal/anderswo.

Was neben den mit Unterstützung von The Ex aufgenommenen Avant Punk vs. Mutant Folk-Sounds von Kampec Dolores besonders hängen blieb, war die vom Waldhorn getriebene transzendentale Hardcore-Kraft der Anti-Armia (again!) aus Warschau. Deren Bandhymne »Niewidzialna Armia« (Unsichtbare Armee) in deutsch-englischer Fassung allerdings gehörte als »Antiarmia« bereits länger zu den beliebtesten Die-Firma-Titeln. Wie es dazu kam, lässt sich in Galenza / Havemeisters Feeling-B-Buch nachvollziehen. Hatten es die Mannen um Tausendsassa Aljoscha doch bereits 1986 geschafft, sich mittels guter Beziehungen ins seit 1980 für DDR-Bürger ziemlich abgeschirmte Polen Zugang zu verschaffen, von wo sie dann gar nicht mehr wegwollten und wohin sie oft wiederkehrten. So auch mit Die Firma, um beim legendären Jarocin-Festival zu spielen, dem alternativen Rock-Mekka Polens. Die Erfahrung dieser mit viel mehr Freiheiten ausgestatteten Szene, die Konzerte mit Armia und anderen Heroen des polnischen Undergrounds, der trotz allem seine Art von Staatsduldung hatte und sogar Platten aufnehmen konnte, der professionelle Live-Sound und das hohe Spielniveau, die herzliche Wildheit und Lebenslust, das polnische Weed und die dazu passende polnische punky reggae party – all das scheint tief geprägt zu haben. Bis eben zur Erwägung der Ausreise gen Polska. Noch auf ihrer zweiten LP von 1991 klauen Feeling B einfach ein Riddim der mit Armia fast deckungsgleichen Reggaeband Izrael und benennen das arg zugeschrammte Stück einfach nach der Band (ohne Nennung der Autoren). Und angeblich waren auch Flakes Dub-Experimente eher vom polski Reggae beeinflusst als von karibisch-britischen Ursprüngen. Nervig war wohl nur das permanente provokant witzelnde Bombardement mit knappem Nazi-Wortschatz, der als zumeist einzigem Zugang zur deutschen Sprache sicherlich aus Kriegsfilmen zitiert wurde.

Aber Feeling B&Co. waren hier nicht allein unterwegs, wie sie im November 1987 auf der Rückreise von einem ihrer Trips im Zug von Szczecin nach Berlin feststellen durften. Denn ein Stockwerk tiefer, im »wirklichen« (also beispielsweise uneingestuften) DDR-Untergrund, schafften es die sich in aktiver Opposition verweigernden Punks der AlösA-Kreise ebenfalls, die Oder-Neiße-Friedensgrenze in subversiver Verbrüderungsabsicht zu überschreiten. Organisiert vom Umfeld des Fanzines und angehenden Tape-Labels QQRYQ und der Punkband Trybuna Brudu reisten die Bands Namenlos / Kein Talent und Wartburgs für Walter sechs Tage quer durch das Land. Bolesławiec – Gliwice – Białystok – Warszawa – Szczecin: Konzerte mit Trybuna Brudu, Stress, Kolaboranci und einer unerinnerten holländischen Band, lange Zugfahrten und permanente Party, ungewohnt guter Sound und wieder die große Herzlichkeit der Gastgeber, die besonders den auch in Polen eher seltenen punky Frauen-Gesang schätzten … Stichworte der Erinnerung. Oder um Boris, Mitspieler beider Formationen, zu zitieren: »Trotz der Anstrengung war es ein großes Abenteuer. Einfach Auftreten ohne (Selbst-)Zensur und die Gefahr, irgendwo von der Polizei als illegale Band festgehalten zu werden.« Vor allem für Wartburgs für Walter, deren Mitglieder teils vorher schon die polnische Vielfalt in Jarocin bestaunten, gaben diese Tage & Nächte wohl einen entscheidenden Kick in der Band-Werdung, die sogar in einer Live-Aufnahme von der letzten Station Szczecin dokumentiert ist. Beide Bands finden sich zudem kurz darauf auch auf einem Tape-Sampler von QQRYQ wieder, der unter dem schönen Titel »We Are The Flowers In The Red Zone« versuchte, erstmalig Untergrundsound der Warschauer Pakt-Staaten zu versammeln, wofür aus Polen Trybuna Brudu, A. P. S. F. und Dezerter, aus Ungarn Trottel und Biztonsagi Tanacs sowie aus der DDR noch Andreas Auslauf hinzukamen. Aber der Austausch funktionierte gegenseitig. So spielten zum AlösA-Frühlingsfest 1988 Trybuna Brudu und Karcer aus Polen, Aurora aus Ungarn sowie Sanov 1, OPM und Do Rady aus der CSSR, bei Einzelshows zudem die schon erwähnten Trottel oder Zona A aus Bratislava, außerdem wurde über QQRYQ das Inside-Fanzine gedruckt, das begeistert von Polen-Erlebnissen in Jarocin und beim Warschauer Robrege-Festival berichtete, allerdings komplett an der Grenze abgefangen wurde. Nicht zuletzt halfen die polnischen Punk-Connections, indem sie beliebte Lizenz-LPs ins Land schmuggelten, die zugunsten der AlösA-Kasse verkauft wurden.

Von solchen Zugängen war ich als vorpommerscher Provinz-Punk mangels Verbindung aber ausgeschlossen. Meine Lizenz-LPs kamen spät über Umwege aus dem Leipziger Polnischen Kulturzentrum (Dead Kennedys! Backstage Pass!), die ersten eigenen »schrägen« LPs aus dem ungarischen in Berlin: Bikini und vor allem A. E. Bizottsag. Deren durchgeknallte Dada-Avant-Sounds nicht zuletzt DT64 popularisierte, soweit dies möglich war. Ihren Erstling »Kalandra fel!« als Live-LP komplett auf eine Primetime-Hörerschaft zu schicken, gehört jedenfalls zu den Glanzstunden der Radiogeschichte. Sowieso: im Parocktikum liefen Siekiera (Hardcore & Post Punk-Phase), Dezerter, Armia, VooVoo, Maanam u. a. aus Polen, die Magyaren von A. E. Bizottsag und Bikini, Laura & ihre Tiger aus der CSSR ... Hier gab Holger Luckas den Marchewka-Festival-Bericht mit Svuki Mu als neuen Sowjet-Klängen, der wiederum auch einen Estland-Report mit Velikije

Luki oder Singer Vinger ablieferte und sogar den Mut bewies, Laibach im DDR-Rundfunk zu lancieren. Seine Reviews osteuropäischer Bands, die im Journal für Unterhaltungskunst erschienen, der kulturell einzig relevanten Postille der Spät-DDR, setzten da Zusatzreize in meiner naiv-identifikatorischen Wahrnehmung von Glasnost und Perestroika, befeuert zudem durch einen bebilderten Sputnik-Bericht über Punks in Riga, die ich wiederum in pseudo-dadaistische Selbstfindungscollagen einbaute.

Für die Wahrnehmung einer anderen subkulturellen Sonderverbindung innerhalb des Ostblocks, die im DDR-Radio offenbart wurde, war ich jedoch zu spät dran. In der Sendung »Ad libitum« wagte es Jürgen Balitzki 1985, Thom di Roes und Sala Seil von der (O-Ton) »Amateurband« Klick & Aus ins Studio zu holen, die ihren ultra-explosiven Freiform-Punk-Sound mit ur-schamanistischen Praktiken erklärten. Um dann Atilla Grandpierre zu zitieren, nämlich aus: »Punk As a Rebirth of Shamanist Folk Music / The Magic Forces of Art at Work.« Süffisant fast schon verwies Thom di Roes darauf, eben von einer ungarischen Band beeinflusst zu sein, deren Namen er dann aber doch falsch ausspricht: den Vágtázó Halottkémek. Aka Galloping Coroners aka Rasende Leichenbeschauer. Was er wohlweislich verschwieg: fast hätte es eine Ost-Ost-West-Gipfeltreffen-Show in Budapest gegeben, mit der Tödlichen Doris als dritter Kraft. Aber das Konzert fiel aus, ob staatlich verhindert oder verschlampt, war nicht mehr festzustellen. Ungarn mit relativ laxer Kulturpolitik (& West-Platten) stellte aber auf jeden Fall den anderen möglichen Groß-Faktor dar. Jörn Schulz von Antitrott / Grabnoct / Wartburgs für Walter zum Beispiel hatte das Glück, dort sowohl erstmalig überhaupt live vor Massen eine Punkband zu sehen, als auch im Speziellen wahre Erweckungserlebnisse bei A. E. Bizottsag und vor allem den Rasenden Leichenbeschauern um den Astro-Physiker namens Grandpierre zu haben.

Die ich erst nach dem Systemwechsel entdeckte, als Alternative-Tentacles-Release. Dann schon innerhalb einer bis heute anhaltenden Suchbewegung im ehemaligen Block hinterm Eisernen Vorhang, sozusagen als Zonic-Stalker in den Ost-Zonen, die sowohl Selbstsuche sein mag, in einer nicht zuletzt familiär geprägten selbstverständlichen Neugier gen Ost, als auch Ausweichbewegung auf noch nicht komplett vordefinierte Subkulturräume. Sowie eventuell eben auch eine Suche nach dem potenziellen Ost/Ost (Post) Punk, wie er bei anderer Kulturpolitik und weniger Westfixiertheit in Wechselwirkung hätte gewesen sein können. Vielleicht findet sich dann ja am Ende sogar noch der ominöse Ilja, Sänger der Berliner Ur- & Früh-Punkband Koks, der als Sohn jugoslawischer Botschaftsmitarbeiter auch dafür sorgte, dass das erste Punkkonzert in der Hauptstadt der DDR de facto auf jugoslawischem Grund stattfand. Womit sich schließlich der Bogen zum mythischen Anbeginn von Punk hinterm Iron Curtain (Pankriti, 1977, Slowenien) geschlossen hätte.

Uli Hannemann

Die MärcHenbande

Schon als Kind war ich ein richtig harter Bursche. Schlafengehenszeit war automatisch Riot Time für mich – da kannte ich gar nichts, im Gegenteil: Ich zog dann immer extra meine Phleg Martens mit den schweren Daunenkappen an, um dem Sandmännchen aber mal so was von richtig in den Arsch zu treten, bis es sich winselnd im Fernseher verkroch. Erst dann ging ich gefährlich murrend zu Bett, um am nächsten Tag fit für die Straße zu sein.

Die Straße: Meine Freunde und ich waren auf ihr praktisch zu Hause. Wir waren zu fünft: »Rotkäppchen«, die so hieß, weil sie den Opfern am liebsten mit dem Hammer auf den Kopf schlug, bis nur noch blutiger Matsch zu erkennen war. »Dornröschen«, den alle so nannten, weil er sich regelmäßig stachelbewehrte Dildos in den After rammen ließ – Mutprobe, aber auch Lustgewinn. »König Drosselbart«, der von hinten seinen langen Bart um den Hals seiner Feinde, meist wehrlose alte Omis, schlang und diese erdrosselte. Und, last but not least, »Aschenputtel«, der wohl berüchtigtsten Brandstifterin im ganzen Land. Kein im Hausflur abgestellter Kinderwagen war vor ihrer Pyromacke sicher, noch nicht einmal der eigene. Mich selber kannte man nur als »Der Messerschlumpf«.

Die Gang hatte es nicht leicht, denn das Leben auf der Straße war zwar aufregend, aber voller Hindernisse: Einige unserer Vorhaben muss man deshalb eher im übertragenen Sinne sehen, weil das eine oder andere am Mangel an Know-how und Material (Hammer, Dildo, Streichhölzer, Bart, Messer) scheiterte, doch eines Tages würden wir sämtliche Aktionen knallhart durchziehen. Das stand für uns felsenfest.

Zunächst hatten wir uns ja eigentlich die »Märchenbande«
nennen wollen, wegen unserer Affinität zu Märchen, insbesondere zu grausamen und brutalen Märchen, also Märchen, die wir
cool fanden und die auf diese Weise in unser profile passten.
Auch der Vorschlag »Die Heimlichen Vier« stand in der engeren
Auswahl, doch wir fanden schließlich, dass das alles Kinderkacke
wäre, und nannten uns die »Fucking Bastards«.

Irgendwie sahen wir uns als eine Art Oldschool-Punks, jedoch
mit einem Einfluss aus Metal, einem kräftigen Spritzer Satanismus
sowie einer Biogurkenallergie, die sich aus unserem gemeinsamen Hass gegen den Waldorfkindergarten nährte. Mit Buntstiften
hatten wir uns Embleme auf Papier gemalt und ausgeschnitten,
einen brennenden Teufelskopf, den wir auf unseren Streifzügen
hinten an die Cordjacken hefteten beziehungsweise Aschenputtel
an ihr legendäres Kleidchen mit den rosa Maikäfern. Die von der

Meierstraßenbande lachten uns zwar aus, das Abzeichen würde aussehen wie Pumuckel mit seinen roten Haaren, und nannten uns deshalb die »Pumuckelbande«, doch wir weinten daraufhin so laut und böse, dass sie ganz schnell wegrannten. Ein grandioser Triumph für die Fucking Bastards!

Wir besaßen alle völlig kaputte Backgrounds – das einte uns und machte uns hart. Drosselbarts Urgroßmutter war manchmal krank, Rotkäppchens Eltern hatten sich neulich gestritten, und das Auto von Dornröschens Familie besaß keinen Allradantrieb. Meine Playstation wiederum stammte noch aus dem vorigen Jahr. Kein Wunder, dass wir tickende Zeitbomben mit Gummistiefeln waren.

Am krassesten war Aschenputtel drauf. Sie war sogar von zu Hause ausgerissen, musste allerdings bis spätestens 18 Uhr wieder zurück sein, wenn der Dinkelquark auf dem Tisch stand. Was Unpünktlichkeit betraf, verstanden ihre Alten keinen Spaß – es konnte sogar vorkommen, dass sie ein bisschen schimpften. Was wiederum bedeutete, dass Aschenputtel bis dahin ihr Quantum an abgefackelten Buden erledigt haben musste, und das auch noch am helllichten Tag, was das Risiko nicht unbeträchtlich erhöhte.

Wir gingen ihr natürlich zur Hand, so gut wir konnten. Ehrensache, wir waren doch *eine* Bande, wir waren doch die Fucking Bastards. Also klingelte immer einer von uns an dem Haus, das Aschenputtel anzünden wollte, zwei standen Schmiere, und einer fragte einen Erwachsenen nach Streichhölzern. Die bekamen wir zwar nie, aber das war nicht so schlimm, weil sowieso keiner aufmachte. Es war klar, dass sie sich vor der Gefahr verbarrikadierten, denn das ganze Viertel zitterte vor uns, spätestens seit der großflächigen Schutzgelderpressung zu Halloween. Das machte aber nichts, denn wir konnten warten, wir hatten unendlich viel Zeit. Zur Schule gingen wir ja noch nicht.

Das L●ch
in deR Mitte

Passend zum Fest trage ich ein selbstbemaltes T-Shirt mit einem geköpften Osterei und der Unterschrift »hard-boiled«. Jung und voller Tatendrang blicken wir in den Prager Frühling, der nur auf uns gewartet zu haben scheint. Es mangelt zwar an einer Bleibe für die Nacht, aber den Schlafsack hat Ines dabei, da ist Verlass auf sie.

»Can we chelp you?« Die Augen der zwei Kirchenmädchen aus Polen schwenken über unsere Aufmachung und quellen über vor Güte. Auch wir sind voller Nächstenliebe, endlich spricht mal jemand mit uns. Wir bieten ihnen von unseren Gitanes ohne Filter an, die wir uns gleich nach der Ankunft im französischen Laden geleistet haben.

Seit wir auf der bekanntesten Prager Brücke lagern, haben wir nur irritierte Blicke von Bevölkerung und Touristen geerntet. Vielleicht, weil sich auf meiner Strumpfhose einige Laufmaschen ein Rennen liefern, sich die rote Lebensmittelfarbe am Haarabsatz mit Schweiß vermischt hat und das Loch in meinem Ohrläppchen eitert. Kann man das alles gleichzeitig wahrnehmen? Ines sieht nicht viel anders aus, nur hat ihr blondes Haar das Karmin, das eigentlich zum Ostereierfärben dient, besser angenommen. In ihrem Ohr schwingt eine zierliche Rasierklinge, die angeblich von ihrem Cousin aus dem Westen stammt, aber schon ziemlich gebraucht aussieht.

»Does it churt?«, haucht die polnische Maria Magdalena und deutet auf die Sicherheitsnadel, die Ines mir auf eigenen Wunsch vor dem letzten Schultag durchs Ohr getrieben hat. Obwohl wir sie vorher am Gasherd sterilisiert haben, nässt der Durchbruch auch zwei Tage später von blutrot bis apricot. Von wegen Sicherheit, ich bleibe ständig hängen, in den Nächten finde ich kaum Schlaf. Mir kommen Zweifel. Wenigstens hat mir die Nadel im Ohr am letzten Schultag vor den Osterferien den ersten bewundernden Blick meines Chemielehrers eingebracht.

Da stehen wir also auf der Karlsbrücke am Karfreitag, der hier ein ganz normaler Arbeitstag ist, reden in angeregtem Schulenglisch mit den Mädchen von jenseits der Oder, die den leibhaftigen Karol Wojtyła Papa nennen, während in meinem Walkman der zu früh verblichene Märtyrer Sid Vicious »My Way« zum Besten gibt.

Die polnischen Heilsarmistinnen liefern uns in ihrer unendlichen Hilfsbereitschaft bei Bekannten in den Hügeln der Goldenen Stadt ab. »Girls are in need.« Das klingt wie ein Songtitel. Von der Wand unseres neuen Zimmers springt uns ein überdimensionales Kruzifix an. Ines ist das aus ihrem erzkatholischen Elternhaus gewöhnt. Ich flüchte in die Küche, wo mir freundlich aber bestimmt das Ohr desinfiziert wird. Es brennt wie Hölle und sieht danach so jodbraun aus, wie ich mir diesen Ort vorstelle.

Keine zwei Stunden später hat sich die Nachricht von der Ankunft zweier strubbeliger DDR-Mädels verbreitet, die keine Hippies sind. Hier hat jeder Telefon. Das spricht nicht nur für das gut ausgebaute Telefonnetz in Prag, sondern auch für die dazu proportional entwickelten Abhöranlagen, eine große logistische Leistung, wie uns unsere Gastgeberinnen mit ihren melodischen Stimmen versichern. Die zwei Schwestern sind, wie alle jungen Mädchen hier, liebreizend und gepflegt, nie entschlüpft ihnen ein grobes Wort, obwohl sie als Töchter eines bekannten Chartisten schon einiges hinter sich und viele Stunden bei Verhören zugebracht haben. Wenn ich älter werde, will ich auch so sein, aber erst dann. Die Jungs in unserer Schule meiden uns, seit wir unser Inneres nach außen gekehrt haben, einige können uns nicht einmal mehr in die Augen sehen, manche haben Angst vor uns. Wir sind verwundert, warum die tschechischen Jungs, von denen es in dem kleinen Häuschen plötzlich wimmelt, so von uns angetan sind. Vielleicht liegt es an den fehlenden BHs.

Wie am »Großen Freitag« üblich, kommt nur Vegetarisches auf den Tisch. Vorher wird gebetet. Ich widme mich derweil meinen schwarz lackierten Fingernägeln. Wir löffeln tapfer unsere Linsen. Vielleicht ist das Gottvertrauen hier ähnlich wie bei vielen der Kunden in den Jungen Gemeinden eine Art des passiven Widerstandes. Mir schmeckt es trotzdem nicht.

Unsere neuen Bekanntschaften heißen Jakub und Viktor, Petr und Michal. Vier Jungs für zwei Mädchen. Eine positive Konstellation. Sie legen uns ihre Stadt zu Füßen, und zeigen uns die abgefucktesten Kneipen, die noch nie ein ostdeutsches Antlitz erblickt hat. Keiner sieht uns dort schief an.

Am Nachmittag des Ostersamstags sind wir bei Jakub eingeladen, der mit Religion wenig am Hut hat, es sei denn, es geht um Musik. Ich überspiele mir »London Calling« auf Kassette, während die anderen mit Eifer backen. Seine schon etwas ältere Mutter schafft die Zutaten herbei, während sein senil wirkender Vater lächelnd im Lehnstuhl hockt. Michal erzählt uns, dass der alte Herr früher ein berühmter Anwalt gewesen ist, der nach dem Ende des Prager Aufstands zum Gleisarbeiter degradiert wurde und daran kaputtgegangen ist. Ich nicke traurig, und Mick Jones und Joe Strummer verspielen sich schön auf ihren Gitarren zu »Hateful«. Ein Fuß von Jakubs Vater wippt.

Jakub und seine Mutter ziehen die Unmengen an produzierten Keksen, die alle ein Loch in der Mitte haben, auf Schnur auf und verpacken sie in Tüten. Unser Anteil für die große Party zu »Velikonoce«, der Nacht der Nächte in Prag.

»Hasch-Cookies«, lacht Ines.

»Träum weiter«, denke ich und lausche den Girls von »The Slits«, einem anderen musikalischen Leckerbissen aus Jakubs Sammlung.

Filip wohnt unterhalb der Karlsbrücke auf der Kleinseite in einem Barockhaus mit Blick aufs Wasser. Seine Mutter ist liberal und lebenslustig, was in Prag als seltener Fall gefeiert wird, denn die ganze Szene oder was nach der letzten Verhaftungswelle von ihr übrig geblieben ist, versammelt sich hier. Innen herrscht im Gegensatz zur prächtigen Fassade der pure Minimalismus. Im großen Wohnraum spielt die Band, mit Filip am Schlagzeug. Er ist etwas jünger als wir, gerade mal sechzehn, könnte aber in jeder englischen Punkband mithalten. Wir futtern dunkelblauen Kartoffelsalat und unsere selbstgebackenen Kekse, die überall aufgehängt sind. Will man einen essen, muss man jemanden finden, der den anderen Teil von der Schnur abbricht. Das ist kein Problem. Das Bier fließt in Strömen. Cola oder Limo suche ich vergeblich. Einige Ankömmlinge bewerfen uns Gäste mit gefärbten harten Eiern, entweder eine alte Ostertradition oder der reine Wahnsinn. Passend zu meinem T-Shirt trifft mich eines am Kopf, mir wird schwindlig, und ich verdrehe die Augen. Ines deutet das falsch und zerrt mich gleich auf die Tanzfläche, wo wir uns so verrenken, wie wir es im »Musikladen« im Westfernsehen gesehen haben. Ständig stellt sich uns jemand vor oder wir werden bekannt gemacht, die Richtigkeit der BH-These erhärtet sich. Das ist mein letzter gerader Gedanke.

Filips Mutter erscheint. Sie ist keine andere als Brigitte Bardot. Mit wohlmeinendem Lächeln aus blutroten Lippen und schimmernden Zähnen übersieht sie die tanzwütige Meute in ihrem Wohnzimmer, stellt ein paar Häppchen hin, wirft ihrem wilden Buben, der auf sein Schlagzeug einschlägt, einen Handkuss zu und verlässt mit ihrem Geliebten im Schlepptau die Party in Richtung Saint-Tropez.

Verdammt, doch kein Scherz, es müssen die Kekse sein. Nicht nur ich bin high. Ines tanzt mit einer Kippe in der einen Hand, mit der anderen versucht sie den Kopf eines bleichen Jünglings mit tiefen Augenringen zu halten, der es auf ihren Hals abgesehen hat. Noch fehlt der gemeinsame Rhythmus für ihre aufkeimende Zuneigung.

Meine Aufmerksamkeit wird von einer Gruppe großgewachsener Jungs in Uniform in der Mitte der Tanzfläche abgelenkt. Sie lassen sich von den bereits seligen Pogo-Tänzern rumschubsen, halten aber gut mit. Die haben hier wirklich Ideen. Ich muss kichern. Einer der Riesen bahnt sich schwankend seinen Weg durch die wabernde Masse auf mich zu. Ein Lachkrampf schüttelt mich, und ich pralle frontal gegen seine breite Brust, ein scharfes Rasierwasser. Der Typ packt mich im Nacken und verhakt sich an meiner Sicherheitsnadel. Ich kann den Riss eher hören als fühlen.

Die Welt ist urplötzlich eine andere. Mein Tanzpartner ist nichts als ein böswilliges Schwein mit feuchter Aussprache, der einer repressiven Staatsmacht angehört. Schneller als ich Aua sagen kann, ist mein Arm verdreht, und ich werde abgeführt.

Draußen unter der Brücke fließt die Moldau unbekümmert weiter der Elbe zu, bevor sie sich mit deren Wassern gewaschen irgendwann in die Nordsee ergießen wird. Ich möchte gern mit ihr tauschen, werde stattdessen auf kürzestem Weg in eine Polizeiwanne gestoßen. Außer Jakub und dem schönen Viktor erkenne ich kein Gesicht. Ines' ist zum Glück nicht darunter. Ein Bulle steigt zu uns nach hinten und bearbeitet Jakub und dessen Nebenmann mit seinem Knüppel. Er mag wohl ihre Frisuren nicht, kein Grund, so auszuflippen. Ich will gerade Beschwerde einlegen, da kneift mich Viktor in den Arm und hält einen Finger auf meine Lippen. Besser schweigen. Wer weiß schon, was mir blüht, werde ich als Nemka der Demokratiká Republika enttarnt. Auf jeden Fall die Ausweisung. Und zu Hause von der Schule fliegen. Mein Mund fühlt sich trocken an. Scheiß Hasch!

Wir fahren ohne Worte durch die Nacht. Die Stadtgrenze liegt hinter uns. Nur unsere Augen halten Kontakt. Auf einem freien Feld werden wir entladen und mit Gummiknüppeln und wüsten Worten bedacht. Mein Schulrussisch, wer hätte es gedacht, ist doch mal zu was gut. Raus mit euch! Lauft los ihr Perversen!

Wir gehen los, in einer Linie wie John Schehr und Genossen in dem Gedicht aus der Schule. Schießen werden die nicht, aber ich rechne schwer mit einem Schlag auf den Hinterkopf. Hardboiled, hard-boiled, hard-boiled … Jeder Schritt wie Blei mit der Ungewissheit im Rücken. Der Takt im Kopf ist ein Trost.

Inzwischen ist es Ostersonntag. Ich denke an die marinierten Hasenkeulen, die Anna und Tereza für das Feiertagsessen vorbereitet haben. Dazu soll es Knödel geben mit böhmischer Sauce. Ich ziehe endlich die Nadel raus, die noch an einem Rest von Ohrläppchen hängt, nicht der einzige Schmerz, der in mir tuckert. Durst ist schlimmer als Heimweh, höre ich meine Mutter sagen. In diesem Moment ist das schwer zu entscheiden. Dazu drängt sich noch ein anderes Tuckern in mein drangsaliertes Ohr, das lauter werdende Geräusch eines Motors. Wir drehen uns wie in Zeitlupe um und sehen die Rücklichter des Polizeibusses. Die Bande hat uns ausgesetzt. Egal, wir sind frei, springen wie wilde Tiere durch die gepflügten Furchen und umarmen uns, so gut es geht. Der schöne Viktor hält mich fest.

»Läben hat Loch in Mittä«, raunt er mir ins Ohr. Er klingt wie der brave Soldat Schwejk. Außer Atem blicke ich zu ihm auf. Im Licht des Morgengrauens besehen wird er zu Sid Vicious, der sogleich auf Englisch nachlegt.

»Life with a hole in it.«

Ich lasse mich küssen.

(Erst Jahre später entdecke ich, dass es nicht seine Worte sind, sondern ein Gedicht von Philip Larkin.)

In jenem Augenblick jedoch, den ich bis heute mit Händen greifen kann, fühle ich nur eines: Dieses schreiende Lebensloch in mir muss dringend gefüllt werden.

Frank Willmann

Punks gegen KÜnden

Das kleine, aber tüchtige Völkchen der Thüringer war ein ausgesprochenes Volk des Sports. So ist nicht verwunderlich, dass sich der Fußball auch in der grundlangweiligen Arbeiter-und-Bauern-Diktatur Geltung verschaffte. Der Fußballsport mit der ganzen Fülle seiner unaufhaltsamen Energie. Ich habe mal irgendwo gelesen, es gibt Leute, die nichts mit Ernst bestreiten, ausgenommen das Spiel.

Es war einmal. Wir befinden uns in der DDR im Jahr 1983, als Mauer und Grenzanlagen beide deutschen Staaten trennten. Wurde man beim sogenannten illegalen Grenzübertritt erwischt, war einem in der DDR mindestens Gefängnis sicher, nicht selten endete das Leben der Flüchtlinge an der innerdeutschen Grenze. Für die Vollstrecker gab es als Belohnung Sonderurlaub, eine Geldprämie oder eine Beförderung.

Doch es regte sich Widerstand. Der Wind of Punkrock zog durchs Land und erwischte die aufmüpfige Jugend heiß. In einer kleinen Stadt namens Weimar versuchten drei Dutzend junge Menschen ihr Anderssein zu leben. Sie hatten eine ziemlich geile Jugend, auch wenn ihnen die Sicherheitsorgane mächtig zusetzten. Die jungen Leute waren für das MfS angehende Staatsfeinde. Eine feindlich-negative, ja dekadente Jugend. Weil sie die falsche Musik hörten, weil sie die falschen Sachen sagten, weil ihnen der DDR-Staat Gurkensalat war. Und wenn ein potenzieller Staatsfeind aus dem Fenster lugte, wurde sofort die dicke Berta klargemacht. Der Friede muss bewaffnet sein. Bewaffnet genug, um freche Spatzen zu erlegen.

Was war der Jungpunks schreckliches Vergehen? Sie waren

wie alle nachdenklichen Jugendlichen. Wach und auf der Suche. Nach sich, nach dem Sinn des Lebens, nach dem Bild hinter dem Vorhang. Sie spähten nach Alternativen im biederen DDR-Einheitsjugendbrei und wollten nicht über Wachregimenter eine DDR-Karriere begründen. Sie wollten Spaß, sie suchten und fanden ihn. Zum Beispiel beim unorganisierten Fußball.

An die Weimarer Ackerstraße grenzt der Goethepark. Dort gab es eine schöne, ebene Wiese. Ein beliebter, wilder Bolzplatz. Eines Tages trafen sich dort zwei ganz besondere Teams. Punks gegen Kunden. Die Achtzehnjährigen gegen die Fünfundzwanzigjährigen. Ein Kick der Weltauffassungen im lauen Hauch eines Frühlingstages. Das Evangelium des Fußballs verband sie. Sie rechneten mit Festnahmen, doch die Staatsmacht saß wohl beim Mittag. Sonntag 12 Uhr. Jede Fraktion spielte in Kluft. Punks mit Arbeitsschuhen, Militärstiefeln oder tschechischen Turnschuhen. Kunden in weiten Batikhemden und engen Jeans, mit Jesuslatschen oder barfuß. Die ästhetische Seite schöner Körperstellungen spielte keine Rolle. Es ging um den wilden Kick.

Die Kunden tanzten elastisch wie Elfen durch den Goethepark. Sie hatten das Tummeln draußen an der frischen Luft nicht verlernt. Die Punks trampelten sanft wie eine Herde Wildschweine. Dunkel, düster und mit regem Pulsschlag.

Dann lag es vor ihnen, das Meisterwerk der Spielschöpfung – der Ball. Zwei Parteien, ein Spielgerät, zwei provisorische Tore auf dem Schachbrett des grünen Rasens. Und nun die Musterstücke der Kampftechnik, der Zweckmäßigkeit, der Intelligenz! Die 22 Spieler!

Der Zuverlässigste schirmte das Tor, die Kräftigsten formten das Abwehrbollwerk, drei Ranke und Schlanke bildeten das Rückgrat, vorn querten die Brecher, die jeden Augenblick zum Schuss nutzten.

Die Punks bestimmten sofort das Spielgeschehen. Die bunte Mannigfaltigkeit ihrer Spielformationen lässt sich schwer schildern, dieses scheinbare Wirrwarr in der Einmütigkeit des Wollens. Denn wo der flüchtige Spielbeobachter das Chaos sieht, er-

kennt der Sachkundige den taktischen Gedanken, der über dem Ganzen schwebt und der jeder einzelnen Spielphase sein Gepräge gibt. Fickergerd und Kumpeltod zauberten im Mittelfeld, sie sahen und fühlten die Angriffslinie, sie tasteten den Gegner nach Schwächen ab. Immer klar und unzweideutig, immer neu und trotzdem unwandelbar trat ihr spielerisches Leitmotiv zu Tage. In komplizierter Einfachheit, von grenzenloser Spielintelligenz durchleuchtet, stoben die Punker übers Feld. Ihr Ballverständnis war keine Geheimwissenschaft, es kam aus der Mitte ihres Herzens und ließ die Kunden vor Schauer erstarren.

Kunde Emma, im weiten Hemde und mit Sonnenblümlein im Haar, wurde aus Versehen von der Punk-Ramme Rotten außer Gefecht gesetzt. Wildsau Rotten war einfach stehen geblieben, als Emma auf ihn zulief. Emmas Aufprall war Schmerz. Man kann getrost davon ausgehen, dass das Wort Fußball bei einer sehr großen

Menge von Menschen sofort die Vorstellung von Knochenbrüchen auslöst, besonders empfindsame Seelen sehen Blut fließen und Tote vom Platz tragen.

Kunde Emma raffte die Kleider. Alles Zaghafte und Ängstliche lag ihm fern. Er war nicht roh oder gefährlich, trotzdem war er kein Freund mädchenhaften Fangeballs. Er nahm sich den Fußball, umkurvte den braven Rotten, setzte zum Schuss an. Im Tor der Punker der eitle Sacklaus. Sehr interessiert an der öffentlichen Meinung. Diese stand ums Spielfeld und war weiblich. Emma zog ab, Sacklaus war ganz Sonnenseite und hielt den Ball in den Tatzen. Nun ging alles sehr schnell. Die Punker enterten das Mittelfeld und passten zu den Sturmrammen Uli die Spitzhacke und KippwegdenScheiß.

Kunde Tilli, die anmutige Blumenfee, Kunde Rotkäppchen-Wolfram und Kunde Micha-der-seidige-Schal in der Abwehr hatten den Punkrockern Uli die Spitzhacke und KippwegdenScheiß wenig entgegenzusetzen, als diese mit ihren Knobelbechern auf sie zustürmten. Sie sprangen einfach zur Seite. Uli die Spitzhacke dengelte mit sattem Tritt den Ball in Richtung des von Kunde Fetentod gehüteten Tores. Fetentod bekam den Ball geradewegs in die Magengrube und flog samt Pille ins Tor.

Aus, aus! Das Spiel ist aus! – brüllte nun Punkmutti Grit und schleifte sensationell zwei Kisten Ehringsdorfer Helles auf die Wiese. Das war Dialektik. Und Wirklichkeitswert.

ENgel

Nachdem ich alle Spiegel in unserer Wohnung zerschlagen hatte, ging meine Mutter mit mir in die Kirche. Der Priester begrüßte mich mit offenen Armen. Gott habe ihm die Gabe geschenkt, allein den Menschen zu sehen. Anfangs fühlte ich mich unter den jugendlichen Gläubigen aufgehoben, aber je mehr ich hinter die Gabe des Priesters blickte, umso größer wurde mein Ekel.

Ich hatte nichts dagegen, für die Alten einkaufen zu gehen oder Kohlen aus dem Keller zu schleppen. Ich war Arbeit gewohnt. Selbst die bekloppten Mongos hätte ich betreut, aber er hielt mich von den Leuten fern. Nach dem Gebetskreis stand er vor uns, erklärte, wer wo was zu machen habe, ließ dabei nicht unerwähnt, dass man das Trinkgeld behalten könne, doch sei der Opferstock der bessere Platz, dann schickte er die anderen los, und ich blieb allein zurück, musste seinen Blick aushalten, sein beschissenes Glücksgefühl, nicht so eine hässliche Visage wie ich zu haben.

Zu dieser Zeit, ich war vierzehn, entdeckte ich den Berg. Meistens nahm ich das Zelt mit und blieb mehrere Tage oben. Ich kletterte durch die Felsen, bis es dunkel wurde. Die Angst, die ich anfangs hatte, verschwand schnell. Die Angst vor dem Leben nicht. Manchmal wollte ich einfach loslassen, nach hinten in die Tiefe kippen.

Ich war spät dran. Am Bahnhof erwischte ich ein Taxi, um noch rechtzeitig zu ihrer Beerdigung zu kommen. Die Fahrerin trug einen gepunkteten Rock, der beim Schalten verrutschte. Ihr weißer Schenkel leuchtete in der Morgensonne. Mir wurde warm. Die Haut unter meinem Make-up begann zu jucken.

Vielleicht würde mein Vater auf der Beerdigung sein, sicher aber ihre Arbeitskolleginnen. Eine meinte es einmal gut mit mir und wollte mich mit ihrer Tochter verkuppeln. Ihr Studium, hatte sie gesagt, darüber musste reden. Veterinärmedizin, das ist ihr wichtig, dann klappt das auch mit euch. Ich hatte »Die Physiologie der landwirtschaftlichen Nutztiere« auswendig gelernt und um ein Treffen am Abend gebeten. Im Schutze der Dunkelheit wollte ich sie mit meinem Wissen überraschen.

Die Taxifahrerin fluchte. Die Ampel war ausgefallen, und auf der Kreuzung regelte ein Polizist den Verkehr. Sie wollte gerade zum Friedhof abbiegen, als er mitten in der Kurve unsere Fahrtrichtung sperrte. Unsicher stoppte sie den Wagen. Von hinten drängten Autos, die das Taxi an der Weiterfahrt hinderten. Der Polizist zeigte mit dem Kopf an, dass wir um die Kurve fahren sollten. Erleichtert legte sie den Gang ein.

Hundert Meter weiter sprang ein anderer Polizist wütend aus seinem Toni. Ob sie ihre Lizenz im Lotto gewonnen habe?

Der Genosse hat angezeigt, dass ich ...

Dass Sie was?!

Dass ich weiterfahren kann. Mit dem Kopf hat der Genosse Volkspolizist ...

Merken Sie sich eins ... Wir machen nie was mit dem Kopf!

Das war der Moment, in dem die Stimme zum ersten Mal auftauchte. Engel, sagte sie, guck dir die Taxifahrerin an. Die lacht, wie noch keine gelacht hat. Die zeigt auf den Bullen und kriegt sich nich mehr ein. Wir machen nie was mit dem Kopf!

Engel, greif zu! Hier is dein Thron. Setz dich drauf, dann wirste König. Wenn du es nich machst, haste verschissen. Vergiss das teure Make-up. Mit deiner Hackfresse will dich sowieso keine. Landwirtschaftliche Nutztiere hin oder her. Frauen, präg's dir ein, Frauen kriegste nur mit vollem Portemonnaie oder übers Zwerchfell.

Der Handwagen ächzte unter der Last des Bierfasses, das ich mühsam zum »Volkswohl« schob. Am Eingang des Schrebergartenlokals wuchtete ich das Fass herunter, zog ein paar Mülltonnen heran, um die Straße abzusperren. Die Typen, die gelangweilt neben der Kegelbahn saßen, Bier und Kurze tranken, ein paar mit Irokesen waren dabei, Langhaarige, beobachteten mich. Umständlich zapfte ich das Fass an. Einige von den Typen kamen neugierig herüber, unter ihnen zwei Frauen.

Als ein Auto wegen der Mülltonnen anhalten musste, streckte ich dem Fahrer ein Glas Bier entgegen.

Wenn Sie weiter wollen, müssen Sie ne Halbe trinken.

Ich muss zur Schicht. Ich kann jetzt nichts trinken ...

Dann kommen Sie hier nich durch!

Der Fahrer musterte den bunten Haufen, der weiteren Zulauf erhielt und herausfordernd grinste, nahm wortlos das Bier, trank es in einem Zug aus und gab mir das Glas zurück. Ich schaute auf seine Oberlippe, den weißen Schaum, der auch an der Nasenspitze klebte.

Macht dann fünf Mark ...

Das hämische Lachen des Haufens hallte durch die Schrebergärten.

Am Abend warf ich das Make-up weg. Die zweihundert Mark, die ich eingenommen hatte, haben wir in neuen Fässer angelegt. Morgen werden wir uns wieder treffen, trinken, das Eis endgültig brechen.

Den Nachlass meiner Mutter teilte ich in zwei Kategorien ein, gute Erinnerungen und schlechte Erinnerungen. Letztere stellte ich auf die Straße, vielleicht fanden andere Gefallen daran. Ihr Tagebuch einzuordnen, fiel mir schwer. Es endete kurz vor meinem fünften Geburtstag. Zu der Zeit wollte ich Kosmonaut werden, weil Lunochod 1 auf dem Mond gelandet war. Danach entschied ich mich für Schmied, wegen unseres Nachbarn, auch Schmied und meine Lolly-Bezugsquelle, dann sollte es ein Waffeleisenfabrikant sein, weil ich Waffeln liebte, es die Geräte aber nicht zu kaufen gab.

Was ich nicht werden wollte, war ein Vater.

Ich weiß nicht, was aus meinem Leben geworden wäre, hätte

es ihn damals noch bei uns gegeben. Vielleicht hätten wir an einer Eisenbahn gebaut, und ich hätte nicht allein in der Küche gespielt, während meine Mutter im Bad die Wäsche machte, der Topf mit den Kartoffeln hätte vielleicht nicht so schön geblubbert, und ich hätte das kochende Wasser nicht vom Herd genommen, um meine Mutter mit meinem Können überraschen zu wollen.

Das zweite Fass war fast leer. Wir konnten uns kaum noch auf den Beinen halten. Ich holte Opas alte Fliegerkappe hervor, machte eine Mülltonne leer, kroch hinein. Es stank nach Fraß und Babyscheiße. Draußen starrten mich meine neuen Bekannten an. Frauen waren dabei, schöne Frauen. Irgendwann kamen Streifenbullen. Ich hob den Deckel, nur ein bisschen, und fing an zu zischen, und die Bullen schauten sich verwundert um, die anderen feixten, denn die Bullen blickten es nicht. Ich zischte lauter, bis sie mich bemerkten, winkte sie heran, ganz nah, damit sie die Scheiße auch riechen konnten.

Is der Zweite Weltkrieg schon zu Ende?

Das war ein Gejohle. Danach machten mir die Frauen eine Wanne voll und schraubten mir den Gestank aus den Poren. Irgendwann stiegen sie mit rein, wir planschten, bis unsere Haut schrumplig wurde, und ich lachte und in meinem Kopf summte es durcheinander und die Stimme war auch da, genauso glücklich wie ich.

Siehste, Engel, jetz haste Leute, die dich ernst nehmen. Musste ausbauen das Ganze. Hat sich so viel reingefressen in dich, das kannste jetz alles rauslassen. Musste nur noch ein bisschen locker werden dabei, biste noch ein bisschen verkrampft. Klar, haste ja nur bei deiner Mutter gehockt oder auf diesem Berg. Kannste jetz alles loslassen ... Vorwärts und vergessen!

Auf meinen Vorschlag hin fuhren wir zum Berg. Wir bauten die Zelte am Fuße der Felsen auf und badeten. Am Abend, als die Angler den See verließen, zeigte ich den anderen, wo die Reusen standen und wie man sie abfischen konnte, ohne dass es am

94

nächsten Tag auffiel. Während jemand Feuer machte, suchte ich mit Verena wilden Meerrettich und Pilze. Die Krause Glucke beeindruckte sie. Ich erklärte ihr, wie man den Pilz von dem Sand befreit, ohne dass er zerfällt, wie er am besten zu schneiden und zu dünsten ist, damit er sein Aroma nicht verliert. Obwohl ich sie nicht ansah, spürte ich ihre Bewunderung.

Die Fische, eingelegt in Meerrettich und in der Glut gebacken, schmeckten hervorragend. Mehrere Flaschen Pfeffi machten die Runde, Gitarre wurde gespielt, viel und falsch gesungen. Tina fing an zu strippen. Irgendwo im Wald klagte ein Käuzchen. Verena setzte sich neben mich. Unsicher stocherte ich mit einem Ast in der Glut herum. Die anderen klatschten im Rhythmus der Gitarre. Tina ließ ihr Becken kreisen. Verena schmiss ihren Kaugummi ins Feuer. Ich stocherte weiter in der Glut. Verena nahm meine Hand. Wir gingen zu meinem Zelt. Das Öffnen des Reißverschlusses kam mir höllisch laut vor. Aber niemand achtete auf uns.

Am nächsten Morgen wurde ich von Gelächter geweckt. Während mein Schädel von dem Pfeffi brummte, waren die anderen wieder auf den Beinen. Der Platz neben mir war leer.

Glückwunsch, Engel, deine erste Frau. Hat gedauert, 23 Jahre. Kein Vorwurf, nich falsch verstehn, aber das is schon lang. Jetz musste nachhaken, dann wird das was.

Wir gingen ins Kino, »The Bronx« mit Paul Newman. Ich hatte die sorgsam gehüteten Forumschecks meiner Mutter gegen eine Jeansjacke eingetauscht, zwei Raider und ein Monchichi. Verena lachte, als ich ihr das Plüschtier schenkte. Eine Strähne fiel ihr dabei ins Gesicht. Ich lachte auch, und strich ihre Haare zurück.

Hör zu ... Ich muss nach Leipzig, mein Studium beginnt ...

Leipzig is nich weit ...

Die im Wohnheim sehen es nich gern ...

Jede Stunde fährt ein Zug ...

Die ersten Semester sind ziemlich hart ...

Einmal sind Leute von der DEFA in meine Schule gekommen. Sie suchten Kinder für einen Märchenfilm. Ich weiß nicht, welche

Maßstäbe sie ansetzten, aber ich wurde ausgewählt und sollte einen Troll spielen. Sogar einige Sätze hatte man mir zugedacht. Meine Mutter freute sich für mich. In der Nacht vor dem ersten Dreh kam sie in mein Bett, damit ich einschlafen konnte, so aufgeregt war ich.

Am Set wurde ich geschminkt. Auf dem Kopf bekam ich Federn geklebt, bunt wie ein Pfau, dünne, aber dichte Haare auf die Wangen, unter der Nase einen Bart wie bei einem alten Kater. Mutter hielt mir währenddessen die Hand, beobachtete meine Veränderung, die ich zunächst gar nicht bemerkte. Ich war mit meinem Text beschäftigt, den ich ständig wiederholte, um gut vorbereitet zu sein.

»Ich kann zaubern.«

»Am dritten Baum links.«

»Die wohnt beim Bären.«

Am Ende war ich nicht mehr wiederzuerkennen. Mutter lächelte. Gezwungen, wie mir erst am Tage ihrer Beerdigung aufgefallen ist.

Ich habe den Film 32 Mal gesehen. Zur Premiere nach Berlin wurden wir leider nicht eingeladen. Dass man »Am dritten Baum links« herausgeschnitten hatte, konnte ich verstehen. Mir hatte der Satz auch nicht gefallen.

Eine Woche später lag Ramona in meinem Bett. Sie schlief noch, als ich in die Küche ging und Rühreier machte. Ich dachte an gestern. Die Meute ist durch die Nacht gezogen, mit Grubenfusel im Kopf, auf der Flucht vor dem nächsten Tag. Gegen Morgen trafen wir auf Telemann. Er wartete an einer Bushaltestelle. Das Fußvolk grölte einen Schlager: »Auf die Bäume ihr Affen, der Wald wird gefegt.« Mir war es zu laut.

Telemann kannte mich seit fast zwanzig Jahren. In der Schule, ein stiller Schüler, der zu allem nickte, aber seit der Stimme in dem Taxi hatte ich mich verändert. Ich umkreiste ihn wie ein Wolf, und das Rudel hinter mir her. Mit dem Fehlen seiner Uniform fehlte auch sein Selbstbewusstsein. Er wich an die Wand zurück. Ich zeigte auf seine Levis, nagelneu, keine nachgemachte von den Fidschis. Ich schüttelte den Kopf in gespielter Fassungslosigkeit, auch weil ich die Macht genoss, einen Bullen an der Wand zu sehen. Ich ließ mir den Grubenfusel reichen, füllte den Mund, gurgelte, schluckte, und zog ihm die Hose vom Arsch. Danach, im Volkspolizeikreisamt, waren die anderen auch dabei. Keiner wollte sich den Fortgang des Spektakels entgehen lassen, den Auftritt des Königs.

Der Genosse Telemann trägt so etwas privat. Ist das denn okay?

Ramona kam nackt in die Küche. Sie stellte sich hinter mich. Ihre warme Brust berührte meinen Rücken. Ihr Atem verfing sich in meinen Nackenhaaren. Ich wollte mich umdrehen, widerstand aber dem Impuls.

Du bist irre, weißt du das?

Sie lehnte sich gegen meinen Rücken. Ihre Hände strichen über meinen Bauch.

Wenn mein Freund nur ein bisschen von dir hätte ...

Meistens standen die Jungs auf dem Hof der Betriebsberufsschule, schubsten und boxten herum. Jeder wollte, obwohl bei uns keine Mädchen zum Schlosser ausgebildet wurden, der größte sein. Wenn ich dazukam, brach ihr Rangordnungsgehacke ab. Die Lehrer hatten ihnen eingebleut, vorsichtig mit mir umzugehen. Macht keine Witze. Sprecht gewisse Themen nicht an. Liebe, Sex, Hautprobleme.

Irgendwann konnte ich ihre angebliche Sensibilität nicht mehr ertragen, fing an, sie zu provozieren, um ihnen zu entlocken, was sie wirklich von mir dachten. Sie wichen mir aus. Schließlich bin ich sie angesprungen. In ihre Fressen bin ich gesprungen, ihre nachsichtig lächelnden Lippen habe ich blutig geschlagen. Ein Lehrer ist dazwischengegangen.

Machste nicht noch mal, ja?

Damit sollte es nach Meinung aller erledigt sein. Aber Breshnew, der eigentlich Machowski hieß, wollte es nicht darauf beruhen lassen. Wenn es nach ihm gegangen wäre, wäre ich von der Schule geflogen. Vor Gericht wollte er mich bringen, aber der Direktor redete mit den verletzten Lehrlingen, ihren Eltern, damit es nicht zu einer Anzeige kam. Mutter war erleichtert.

Im Gegensatz zu den meisten Lehrern zeigte Breshnew keine Nachsicht. Meine Schweißnähte untersuchte er mehr als die der anderen Lehrlinge. Wenn mir ein Werkstück nicht gelungen ist, musste ich in der Werkstatt bleiben, bis er zufrieden war. Am Wochenende ließ er mich die verschissenen und bewichsten Klos putzen, den Aufenthaltsraum der Lehrer.

Ich hielt die Klappe, machte, was er verlangte. Den anderen Lehrlingen ging ich aus dem Weg.

Bei der Abschlussfeier wurde ich als Jahrgangsbester ausgezeichnet. Gegen Ende, als die Band so besoffen war, dass der Gitarrist von der Bühne fiel, hat Breshnew mich zur Seite genommen. Hat mir einen Schnaps spendiert, sonst kein Wort gesagt. Aber gelächelt hat er, leise und stolz.

Die zum zigsten Male kopierte Musikkassette schepperte. Tina stieg auf einen wackeligen Tisch. Schnapsgläser fielen zu Boden. In einer einzigen Bewegung zog sie ihr T-Shirt über den Kopf. Einer aus dem Fußvolk fing an zu klatschen. Irgendjemand reichte ihr eine Colaflasche.

Neben mich setzte sich ein junges Ding. Ich ignorierte den Schnaps, den sie mir reichte, ihr Lächeln, ihre kleinen Brüste. Ich war müde. Ich schloss die Augen. Nach Verena und Ramona ist Grit in meinem Bett gewesen, dann Sabine, Heike, Berit, Ines, Uschi, noch eine Sabine, Tanja, Paula, Vera, Elke, Simone, Violett und natürlich Tina.

Irgendeiner drehte die Musik bis zum Anschlag. Das Ding steckte mir eine brennende Zigarette in den Mund. Ich öffnete die Augen. Tina war mittlerweile nackt. Sie hatte sich die Cola in die Muschi geschoben. Tief in der Hocke ließ sie die Flasche über der Tischplatte kreisen. Das Ding verzog keine Miene. Den Typen lief der Sabber aus dem Mund.

Der Tisch krachte zusammen. Die Flasche rammte sich in Tina. Das Ding beugte sich unberührt an mein Ohr.

Komm mit, ich hab was Besseres.

Ich schaute ihr nach, wie sie im Bad verschwand. Einer der Punks versuchte, das Gemetzel zwischen Tinas Beinen unter Kontrolle zu bringen. Ich ging ins Bad und schloss die Tür. Das Ding zerstampfte Tabletten und goss Cola dazu. Als sie mir das Glas reichte, lächelte sie. Von draußen hörte ich Tinas Schmerzensschreie. Ich hielt sie kaum aus.

Ich erwachte in einem fremden Zimmer.

Durch den Fenstervorhang fiel Morgenlicht. Neben mir atmete das Ding leise und gleichmäßig. Von der Zimmerdecke glotzte mich ein Plastik-Einhorn an, das mehr über die Nacht wusste als ich. Ich stand auf und zog mich an. Als ich das Zimmer verließ, entdeckte ich einen Stundenplan an der Tür, erst Chemie, dann Staatsbürgerkunde.

Die Müdigkeit wollte mir nicht mehr aus den Knochen. Seit Monaten dachte ich wieder an meine Mutter. Ob Gott ihr die Augen zuhält, damit sie nicht sieht, was ich hier treibe?

Gestern ist ein Brief gekommen. Sie wollen mich aus der Wohnung werfen. Drei Räume stünden mir nicht zu. Meine Nachbarin meinte, ich soll heiraten, Kinder machen, dann könnten die mir nichts.

Nie ist eine dabei gewesen, von der ich hätte sagen können, die meint es ernst mit mir.

Die nicht nur den König gesehen hätte, in dessen Licht sich alle sonnen wollten. Die sich aufrührerisch vorkamen, wenn ich fünfzig Leute zusammentrommelte und wir wie die Heuschrecken in eine Kaufhalle einfielen, Konserven aufschnitten, Brötchen aufrissen, mit Wurst belegten, das ganze mit Schnaps und Bier runterspülten, dann die Deos probierten, Rasierwasser, die Cremes, die Pralinen, Schokoladen, Obstsäfte, und dann, als die Bullen auftauchten, ich ihnen erklärte, dass Mundraub nicht strafbar und – bitte schön – ihre Ankündigung, uns einzusperren, nicht haltbar ist.

Die eine also, die wäre mir nicht nachgelaufen. Die hätte alles lustig gefunden, aber die hätte mich durchschaut. Engel, hätte sie gesagt, ich würde dich auch so lieben, ohne das ganze Theater. Mensch, Engel, was jammerste denn jetzt? Müde sind wir alle mal. Geht wieder weg. Glaub's mir, geht wieder weg. Am besten was trinken. Am besten alleine. Vergiss die Arbeit heute. Sagste deinem Meister, biste krank geworden. Die Kotze haste gekriegt. Wird er dir glauben. Musste nur richtig was trinken …

Im Viertelstundentakt brachte Horst einen Kurzen. Irgendwann tauchte Telemann auf, mit Schnäpsen, einer für ihn und einer für mich.

Weißte, mich haben die degradiert. Einen Hass hatte ich, kannste glauben. Die Levis musste ich abgeben. Hätte ich dich damals erwischt, ich hätte dich kaltgemacht. Und wenn ich abgegangen wäre, alle gemacht hätte ich dich … Komm, lass uns anstoßen. Schön, dich zu sehen.

Die Gläser klirrten. Ich schüttelte mich. Horst hat vergessen, den Korn kaltzustellen.

Aber dann hab ich gemerkt, ich bin nich der Einzige, dem es dreckig geht. Regelrecht gut geht es mir, wenn ich an dich denke. Erst deine Mutter, und dann machst du dich auch noch zum Affen. Eigentlich wärst du schon lange weg. Eingebuchtet. Aber die Genossen nehmen dich nicht ernst. Mitleid, verstehste? Vogelfrei. Deine Fresse, sagen die, die ist so scheiße fertig, warum soll der auch noch in den Bau? Willst du noch einen? Komm, einer geht noch.

Mensch, Engel, lass dir nichts einreden von dem Bullen. Der will dich nur fertig machen. Von hinten rum, mit so ner fiesen Psychokacke …

Haltet euer Maul!

Telemann starrte mich mit glasigen Augen an.

Was soll ich halten?!

Mensch, Engel, komm wieder runter, der Bulle will …

IHR SOLLT EURE SCHNAUZEN HALTEN!

Telemann sprang auf. Die Gläser fielen vom Tisch. Ich schob ihn beiseite und ging zu Horst an den Tresen. Eine Flasche Korn und Zigaretten, dann zog ich los. Ich kletterte über einen Zaun, holte mir eine Axt aus einem Schrebergarten. Ging zur Tribüne, auf der die Genossen am 1. Mai ihre Reden halten wollten, kroch darunter. Es war eng, überall Verstrebungen, dunkel, ich sah die Kabel nicht, fühlte sie nur, die dicken mit dem Strom und die dünnen für die Lautsprecher, und dazwischen Pausen, für Zigaretten und Korn, danach wieder die Kabel, zack, mit der Axt gekappt, nur nicht auf die Finger, sagte ich mir in der Dunkelheit, und dazwischen, wegen der ruhigen Hand, wieder ein Schluck, wieder eine Pause, die letzte dann, nachdem alle Kabel durch waren, die wurde lang, weil sie lang werden sollte, weil ich schlafen wollte, um dann von Getrampel über mir geweckt zu werden, von aufgeregten Rufen, um dann die Köpfe zu sehen, die unter die Tribüne schauten, mitten im Licht der Morgensonne, das mich blendete, das mich nicht erkennen ließ, wer mich unter der Tribüne vorzog, im Toniwagen aber wusste ich Bescheid. Einfahren werde ich, für Jahre, nie wieder König sein. Aber gut werde ich mich fühlen. Morgens in eine Werkstatt gehen, arbeiten, abends in die Zelle, dazwischen dreimal Essen fassen. Keiner von diesen Knastriesen wird mich berühren, mich zu seinem Püppchen machen, nicht nachts, wenn es still ist im Bau, in meine Kiste steigen. Hackfressen fickt man nicht. Es wird mir gut gehen. Und nirgends ein Spiegel.

Auszug aus dem bislang unveröffentlichten Roman »Am Ende warn wir schon«

Falko Hennig

Die WarTburg-Gang
und die SchwalBen

Eine richtige Kindheit hatte ich nicht. Mein Vater war meistens im Gefängnis, und meine Mutter schoss mit Luftpistole und angespitzten Diabolos auf die Nachbarn. Die Gangs wollten mich haben, die Wartburg-Gang und die Schwalben. Für die Wartburg-Gang sollte ich als Mutprobe einen Wolga stehlen. Es gab noch die Fidschi-Gang, die Algerier und die Ungarn. Die Gangs und Banden waren nicht wirklich verfeindet, aber es ging um Reviere.

Wir hatten im Kindergarten begonnen, Kittifix zu schnüffeln, Kittifix war unser Trost und unsere Rettung. Mit glasigen Augen saßen wir dann da und konnten die Polit-Agitation der Kindergärtnerinnen besser ertragen, diesen ganzen Unsinn, dass die im Westen uns umbringen wollten, besonders auf Kindergartenkinder hatten sie es abgesehen, und würden unsere abgeschlagenen Köpfe auf Zaunlatten spießen.

In der Schule hatte ich einen schweren Stand, meine Mutter hatte dem Direktor ein Auge ausgeschossen, und so war der auf mich nicht sehr gut zu sprechen. Auch dass ich Flugblätter illegal kopierte mit der Schlagzeile FICKT HONECKER! und in der Schule verteilte, kam bei ihm nicht gut an. Dem Geografielehrer hatte mein Vater in einer nächtlichen Messerstecherei die rechte Hand abgeschlagen, und auch der ließ seine Frustration an mir aus, wenn der Phantomschmerz es ihm erlaubte. Zum Glück war er Linkshänder.

Die Entscheidung, ob ich bei der Wartburg-Gang oder den Schwalben mitmachen sollte, war nicht einfach. Die Wartburg-

Gang hatte zwei alte und einen neuen Wartburg, mit denen sie die Gegend unsicher machten. Sie hatten auch schon zwei Polizisten erledigt.

Sie nahmen mich mit an den See bei Ahnsdorf. Mohnsuppe mit Rotwein wurde in einem riesigen Kessel gekocht und alle möglichen Tabletten mit reingeschmissen, die alle bei jeder Gelegenheit klauten. Ich hatte einen faustgroßen Klumpen Opium bei, mein Vater hatte das Zeug gehortet.

Wir nahmen es und wankten dann wie die Zombies durch Ludwigsfelde, brachen in die Sparkasse ein und in Keller, klauten den Lada des Bürgermeisters und fuhren ihn in den Pechpfuhl, um danach Wodka zu trinken, bis wir einschliefen, wo wir gerade waren.

Was wir für einen Kater hatten am nächsten Tag! In der Apotheke sagte ich, als ich riesige Mengen Kopfschmerztabletten kaufte, ich sei von einer Fußballmannschaft und wir müssten die Mannschaftsapotheke wieder auffüllen. Vielleicht wurden sie misstrauisch, als ich fast jeden Morgen kam, aber nicht misstrauisch genug, um zu verhindern, dass ich jede Masse Ampullen mitgehen ließ, die spritzen wir uns am Nachmittag.

Am nächsten Tag ging es weiter, noch mehr Schnaps in rauen Mengen. Ich war noch nicht aufgenommen, aber kam jedenfalls für sie infrage. Aus dem Wehrunterricht hatten wir einige Maschinengewehre und eine Panzerfaust. Nachts um 3 wurde AC/DC »Highway to Hell« eingelegt, wir fuhren mit den Wartburgs in die LPG und richteten in den Schweineställen mit den Maschinengewehren ein Massaker an. Als das Polizeiauto kam, schossen wir mit der Panzerfaust, und das Ding samt zweier weiterer Polizisten explodierte. In Ahnsdorf spricht man bis heute von dieser Nacht.

Es war eine muntere Truppe, wir drehten lustige Filme auf Super8. Die Mädchen steckten sich Spreewälder Gurken in die Muschis und ließen sie in einem kleinen Wettbewerb rausschnippsen. Es ging darum, wer am weitesten kam. Ansonsten wurde viel gefickt und alles mitgedreht. Die Sitze der Wartburgs

waren schon ganz verkrustet von den vielen getrockneten Körper-
flüssigkeiten.

Als ich an einem Morgen zitternd auf der Suche nach Schnaps
das Haus meiner Oma durchsuchte, lagen da meine ganzen Onkel,
sie hatten Georgs Frau Helga mit schwarzer Farbe angemalt. Ihre
Treffen gingen immer so aus.

Die Brüder meines Vaters waren im bewaffneten Widerstand,
allesamt Untergrundkämpfer. Sie hatten in Algerien den Hub-
schrauber mit der halben SED-Führung abgeschossen, auf Honecker hatten sie schon etliche Attentate verübt, aber die »saarlän-
dische Quietschratte«, wie sie ihn nannten, war ihnen jedes Mal
entwischt.

Immer wenn sie sich trafen, schmiedeten sie Pläne, möglichst
viele Parteichefs auf einmal umzubringen, aber das war in der
DDR gar nicht so einfach. Sie tranken Bier und Korn dazu, irgendwann waren sie immer so besoffen, dass sie laut Nazi-Lieder sin-
gend zur Polizeistation zogen und sie mit Flaschen und Steinen
bewarfen.

Da tauchten dann auch die Schwalben auf, die andere wichtige Truppe von Ludwigsfelde. Sie fuhren nicht nur Schwalben, sondern auch die Ludwigsfelder Roller: Pitty, Wiesel, Berlin und Troll. Auf den Straßen waren sie nicht so schnell wie die Wartburgs, aber dafür konnten sie auch durch die Wälder.

Demnächst würde auch Honecker nach Ludwigsfelde kommen, meine Onkel hockten emsig zusammen und tüftelten, die Autobahnbrücke sollte explodieren, wenn Honecker darunter durchfuhr. Die Schwalben sollten helfen, von der Wartburg-Gang hielten meine Onkel nichts.

So musste ich quasi aus familiären Gründen zu den Schwalben. Es war auch wegen meines Vaters, ich hatte ihn zu rächen. Ich fuhr auf meinem Pitty, und tatsächlich schaffte ich es mit den Schwalben, die Polizei und Armee abzulenken, die Brücke explodierte im richtigen Moment. Wir mischten uns unter die Schaulustigen, da lag Honecker in seinem Blut, Unterleib zerfetzt und tot. Doch es war ein Doppelgänger! Meine Onkel waren außer sich vor Wut. Das war jetzt der achte Doppelgänger von Honecker, den sie umgebracht hatten.

Dann kam die Wende. Viel geändert hat sich aber nicht. Die Schwalben sind ruhiger geworden. Es waren dann noch Helmut Kohl, Manfred Stolpe und Prinz Charles, die Ludwigsfelde besuchten. Meine Onkel waren wieder eifrig am Ausbaldowern, aber sie erwischten wie zuvor nur die Doppelgänger.

Mein Vater kam 1993 kurz aus dem Knast, machte eine riesige Szene wegen des verschwundenen Opiums und fuhr schnell wieder ein. Meine Mutter hat sich aufs Fischen mittels Handgranaten verlegt. Meine Onkel haben Kontakt zur RAF aufgenommen. »Von der RAF lernen heißt Siegen lernen«, glauben sie. Auch mit der Al Kaida sind sie in Korrespondenz, ich bin nicht sicher, ob da was draus wird.

Es gab noch zwei, drei Amokläufe und eine schöne nächtliche Tankstellenexplosion, aber sonst ist die Luft bei allen raus. Außer bei mir, ich lebe mein wildes Leben weiter.

Das ist Punk, Alter!

Ich war mit Struppi bei dieser Party. Nichts Offizielles. Die Wohnung war voll der Punk. Ziemlich leergeräumt. In der Küche stand nur n alter Ofen. Kaum mehr als ne Matratze im Wohnraum. Aber die war dauerbelegt. Den ganzen Abend steckte dort irgend ne Hand in irgend ner Hose. Immer wieder. Immer andere. Mächtig was los auf dem Fleckentempel. Ne Anlage war natürlich auch da. Der Lärm zum Pogen musste ja irgendwo herkommen. Zappelten auch echt viele Leute rum. Hat die Fummler auf der Matratze kaum gestört. Außer es flog mal einer drauf auf die Turteltäubchen. Kurzer Aufschrei, kurzer Kick und weiter. Lustig. Ja, ich hab das immer n bisschen im Auge gehabt. Wollte eigentlich auch mal. Hat sich aber nichts ergeben. Hatte auch wieder zu schnell einen in der Krone.

Und dann war die Party plötzlich zu Ende.

Nicht nur Struppi und ich standen völlig baff vor der Szene. Auch alle anderen, die es zufällig gesehen hatten. Ich bin mir sicher, dass gerade *Holiday in Cambodia* von den Kennedys lief. Weil alle dermaßen einen raus ließen. Pogo vom Feinsten. War voll der Hit damals. Und dann sah ich Heavy fliegen. Beim Hüpfen erwischte den ein Stoß mit voller Wucht am Brustkorb, und er flog rückwärts aus der Menge. Aber er klatschte eben nicht an die Wand oder auf den Boden, sondern er flog durchs offene Fenster raus in die Botanik. Zweiter Stock. Schwups. Was für eine Scheiße. Irgendein Penner hatte zwischendurch einfach das Fenster aufgemacht. War mir voll entgangen. Sollten wir nämlich eigentlich nicht. Wegen der Nachbarn. War aber trotzdem so. Zack. Und raus.

Eines der Mädchen machte gleich auf Schreianfall, weil sie den Sturz wohl mit ansehen musste. Eher den Aufprall. Sicher nicht lustig. Wir sind auch alle gleich runter. Wie die Blöden durchs Treppenhaus. Alle gleichzeitig. War fast schon wieder Party.

Draußen lag Heavy auf dem Rasen und zuckte sich nicht. Leute aus der Nachbarschaft kamen auch aus ihren Löchern. Guckten blöde. Riefen aber scheinbar auch die SMH an. Irgend n Bonze mit Telefon. Hatten wir doch alle nicht.

Der Rettungswagen war ziemlich schnell da. Die Sanis scheuchten die flennenden Mädchen weg, die sich um Heavy kümmerten. Aber der schlief sowieso. So viel Anteilnahme hatte der vom schwachen Geschlecht sonst nicht zu erwarten, der Sackgänger.

Als die Sanis sein T-Shirt aufschnitten, rief einer: »Nicht die Jeansweste! Das bringt ihn um!« Alle grinsten. Die Jeansweste war sein Heiligtum. Von der konnte er sich einfach nicht trennen. Deshalb auch der Spitzname. Heavy war früher Heavy. Die Weste verkörperte sozusagen seine Persönlichkeit. Voller Metal-Aufnäher und Buttons, teuer mit Westkohle erstanden. Unter dem ganzen Besatz lugten noch gezackte Buchstabenreste hervor. Bandnamen. Kreator und sowas. Mit Kuli in schlechteren Zeiten direkt auf den Stoff gekritzelt. Konnte man noch gut erkennen. Durfte seine Mutter ja nie waschen, das Teil. Logisch.

Dann fand er aber doch die Punks besser. Auch logisch. Scheiß Gitarren- und Sängergequietsche. Da faulen dir doch die Ohren ab. Wartest immer Stunden, bis so n Lied mal zu Ende ist. Und dann noch die Heavys mit ihrem Luftgitarren-Scheiß. Taten bei jedem Lied so, als wären die voll der Gitarrengott mit Schüttelfrisur. Fand Heavy irgendwann eben auch blöd und wollte lieber bei uns mitspielen. Hart und schnell konnten wir auch. Aber so richtig hat er den Punk trotzdem nie begriffen.

Die Sanis verpassten unserem Heavy ne Halskrause und hoben ihn zu viert aufs Luftpolster. Als sie ihn dann in den Rettungswagen reinschoben, war er schon wieder wach. Er brüllte

auch gleich noch was zu uns rüber, der Witzbold. Dasselbe nämlich wie nach jedem Blödsinn:»Das ist Punk, Alter!«

Heavy. So ein Kunde. Der kann froh sein, dass er überhaupt
noch lebt. Denn seine neue Hauptbeschäftigung seit dem Fenster-
sturz hat keinen schönen Namen: Querschnittslähmung.

Für uns war nach der Sache erst mal Partypause. Wochenlang. Sind dauernd zu Heavy hin ins Krankenhaus. Gulli hat ihm
sogar seinen Walkman geborgt. Damit Heavy in Ruhe n paar anständige Kassetten hören konnte. War schließlich im Vier-Bett-
Zimmer querschnittsgelähmt. Einer von den anderen, ein Opa
mit Raucherbein beziehungsweise Ex-Raucherbein, hüpfte immer
zu Heavys Nachtschrank und zog den Stecker von seinem Stern-
Recorder aus der Steckdose. Und kassierte regelmäßig auch noch
die Schnur ein, um sie dann Heavys Eltern offiziell zu übergeben.
Er wäre früher Lehrer gewesen. An seiner Schule hätte es so was
wie Heavy nicht gegeben. Die Eltern sagten nicht mal was dazu.
Wie scheiße war das denn?

Den Walkman hatte Gulli von seiner Westoma bekommen.
Schöner Sony. Geiler Sound. Sogar mit unseren Zone-Kassetten.
Die Oma kam zwei Mal im Jahr rüber, die Familie im Intershop
versorgen. Gullis Vater wollte Anfang der Sechziger unbedingt
wegen seiner Frau im Osten bleiben. Volksbildung. Große Karriere. Na ja, wer drauf steht. Ich glaub, die Oma hat im Westen mit
irgend nem Ningeljob mehr verdient. Was die im Shop immer alles
gekauft hat. Da bleibt dir heute noch die Spucke weg. Mann, ey.

Es hat ne halbe Ewigkeit gedauert, bis Heavy wieder aus m
Krankenhaus raus war. In der langen Zeit sind wir dauernd von
den Bullen drangsaliert worden. Die dachten, bei der Party hat
sonstwas stattgefunden. Irgendwas Politisches. Und Heavy sollte
nem Verbrechen zum Opfer gefallen sein. Dabei war der doch
auch einfach nur blau. Vier Mal bin ich in dieser völlig humor-
freien Zone verhört worden. Die andern auch alle. Am schlimmsten hat's Gurki getroffen. War seine Wohnung. Aber nicht seine
Party. Das muss man wissen. Trotzdem. Sie haben ihm einfach
wochenlang die Bude vernagelt, und er konnte bei seinen Eltern

zu Kreuze kriechen. Mit denen war der nämlich eisern verkracht. Von den Kumpels wollte ihn aber keiner bei sich wohnen lassen. Weil Gurki ne echte Zumutung war. Auch für die taubste Nase. Klassischer Schmuddelpunk.

Ich frage mich, wie der überhaupt an so nen Wohnberechtigungsschein kommen konnte.

Als wir am großen Tag vorm Krankenhaus auf Heavy warteten, gesellten sich schon wieder drei Bordkantenlatscher zu uns und quatschten uns von wegen Zusammenrottung auflösen voll. Wir blieben einfach ganz brav. Aber eben auch da, wo wir waren. Dauerte zum Glück nicht lange, bis Heavy mit seinem neuen Rolli angeeiert kam. Wir gingen voll ins Johlen über, und das Gequatsche von den Bullen war akustisch tot.

Jeder durfte mal schieben bis zu Heavy nach Hause. Der ganze Tross immer grölend drum herum. Und die Bullen angepisst hinterher. Ein paar Mal wär uns der Rolli samt Heavy fast umgekippt. Aber Heavy lachte nur: »Das ist Punk, Alter!«

Heavys Vater hatte zum Glück ne kleine Werkstatt. So konnten wir den Rolli gleich standesgemäß umgestalten. Der Vater fand das voll o. k. Hatte wahrscheinlich Angst, dass sein Sohn jetzt zum Vollassi und Stubenhocker werden könnte und er die ganze Zeit in der Pflicht wäre.

Wir waren super vorbereitet. Hatten Aufkleber gebastelt. Einer hatte schwarze und rote Farbe besorgt. Einen Panorama-Rückspiegel hatten wir von einer MZ geklaut und konnten ihn Heavy an seinen Schlitten anbaun. Der geniale Struppi hatte sogar saulaute Aktiv-Boxen gebastelt. Vollholz und Stereo! Zum Anschließen an den Stern-Recorder. Da war locker ne Stunde Mugge auf Batterie drin. Die Boxen schraubten wir mit Schellen für Fahrradbremsen an den Rolli dran. Der Recorder musste auf den Schoß oder wurde in so ner Kunstledertasche hinten über die Lehne gehangen. Ging aber selten, weil meistens unsere beste Idee zum Einsatz kam. Das herunterklappbare Brett. Der Bierkastenträger! Endgeil. Nie mehr Kästen schleppen.

Heavy lag bei unserer Umbauaktion stundenlang im Gras und

hatte feuchte Augen. Als ihm Struppi für die erste Probefahrt auch noch feierlich eine frisch überspielte Schleimkeim-Kassette in die Hand drückte, sagte Heavy mit erstickter Stimme nur noch die berühmten vier Worte: »Das ist Punk, Alter!«

Heavy hatte es beizeiten satt, ständig unter den Fittichen seiner Eltern zu leben. Er hatte in der Badewanne mal den Halt verloren und wäre fast ersoffen. Danach durfte er nicht mehr alleine baden. An sich nicht so schlimm. Seine Tests, ob aus seinem Pimmel vielleicht doch noch was rauszuholen wäre, konnte er auch nachts im Bett machen. Aber seine Mutter bestand darauf, ihm persönlich den Sack und den Arsch zu waschen. Das ging ihm echt zu weit. Das fand er voll behindert. So hilflos fühlte er sich wirklich nicht. Niemals.

Gleich nach seinem achtzehnten Geburtstag beantragte er heimlich ne behindertengerechte Wohnung. Und er hatte sogar

Glück. Eine alleinstehende gehbehinderte Frau hatte sich gerade mit Mitte Vierzig totgesoffen. Eine großartige Warteliste gab es damals zufällig nicht, und Heavy bekam die Wohnung. Eine Neubauwohnung im Erdgeschoss. Mit ner Rampe aus Beton zum Balkon rauf. Die Hinterbliebenen der toten Frau freuten sich, dass sie die Wohnung nicht ausräumen mussten. Heavy wollte alles behalten. Hatte selbst nichts mitgenommen von zu Hause. Außer Mugge, Poster und Klamotten. Seine Eltern waren sauer. Aber Heavy wohnte endlich in ner eigenen Wohnung aus Weiberkitsch und Punkplakaten.

Das Praktischste daran war, dass wir ne neue Bude hatten, in der wir uns treffen konnten. Das war gut gegen nervige Bullen und gegen schlechtes Wetter. Regen und Haare, da singen die Hausfrauen und die Punks das gleiche Lied. Nur dass unsereins sich auch noch die Augen entzündet, wenn sich das ätzende Gemisch aus Bier und Seife in den Haaren verflüssigt. Apropos. Heavys neue Bude war auch echt gut für unsere schmalen Finanzen. Da brauchten wir abends nicht mehr so oft in die Kneipe.

So ne Neubauplatte war irre hellhörig. Jeder Streit, jede Fortpflanzung – als ob du daneben stehst. Wenn die ganzen Stino-Nachbarn gewusst hätten, wie viele Leute dauernd bei Heavy ein und aus gegangen sind … Wussten sie aber nicht. Weil wir uns meistens über die Rampe in die Wohnung schlichen und zumindest abends ein zum Bepissen komisches Spiel spielten. MTV hat das dann in den Neunzigern voll von uns gekupfert.

Wir saßen um den Couchtisch rum, und keiner durfte was sagen oder rumjohlen, höchstens flüstern. Manchmal zwanzig Leute am Stück. Bisschen geile Musik lief zwar. Aber kaum lauter als das Sofaquietschen beim Sitzpogo. Klingt für den Außenstehenden vielleicht öde, war aber nach ein paar Bier so lustig, dass wir vor Lachen in die ekligen rosa Stofftiere der Toten beißen mussten. Heavy fand das spitze und füsterte:»Das ist Punk, Alter!«

Tagsüber hätte sich keiner ne große Waffel wegen der Nachbarn gemacht. Wenn sich da einer aufregen wollte, hat sich Heavy vor uns geschoben, den Behindertenbonus rausgekehrt und rumgebrüllt, wenn er seine Freunde nicht hätte, wäre er schon lange von der Brücke gesprungen. Ob sie dafür verantwortlich sein wollten. Die Nachbarn haben sich dann meistens die nächste Bemerkung verkniffen und sich verpisst, während wir voll ernst wie die Ankläger hinter Heavy standen und stumm nickten. Das war Punk, Alter!

Am besten war aber, dass wir auf der Rollirampe mit Heavys Rollstuhl Wettrennen veranstalten durften. Mit richtig Schwung ging das ganz schön ab. Vom Balkon n ganzes Stück gradeaus, dann Hundertachtziggradkehre, dann nochmal gradeaus bis auf den Hof.

Die Kurve war die Hölle. Konnte doch keiner richtig lenken mit dem Ding. Nicht bei dem Tempo. Alleine fahren wurde uns nämlich ziemlich schnell zu langweilig. Wir brauchten Anschieber. Und die wollten für ihre Mühe auch mitfahren. Wennschon, dennschon. Zweierbob, Seitenwagen, Dreierbob, Viererbob. Mehr ging nicht. Viererbob sind wir nur ein einziges Mal gefahren. Man kam nicht mehr um die Kurve rum. Es gab ja keine anständige Bande. Die Rampe hatte nur so n Metallgeländer aus zusammengeschweißten Rohren. Beim Viererbob war sogar Heavy der Steuermann, aber wir drei Anschieber hatten die Karre dermaßen in Schwung gebracht, dass wir in der Kurve volle Pulle in das Geländer gekracht sind. Die Karre sah aus! Und wir lagen in die Gegend verstreut und stöhnten. Überall der Lack ab, und die Birne brummte. Ausgerechnet wieder Heavy hatte sich dabei zusätzlich den linken Arm eklig verbogen. Sauber gebrochen. Klar, wie der das fand: »Das ist Punk, Alter!«

Der Rollstuhl ließ sich halbwegs wieder zurechtbiegen. Und Heavys Arm auch. Schöner weißer Gips. Hatten wir endlich wieder was zum Bemalen. Aber manchmal machten die neuen Umstände auch echte Probleme. Transportprobleme. Wenn wir zum Konzert wollten. Manche fuhren schon Moped, manche hatten aber noch nicht mal n Fahrrad. Und die Reichsbahn konnteste vergessen in der Pampa, wo die halblegalen Muggen stattfanden. Kostete außerdem.

Meistens mussten wir trampen. War in der Zone an sich kein Problem. Wenn du nicht aus Versehen Punk warst. Auf uns war die Reaktion so ähnlich wie auf Leprakranke. Und dazu jetzt noch Heavy. Versuch mal, den Rollstuhl im Trabi zu verstauen! Ich war viel auf der Straße, aber ich hab noch nie nen Tramper im Rollstuhl gesehn.

Struppi hatte ein schickes Moped und über seine kleinen Elektronikgeschäfte auch immer n bisschen Kohle zum Tanken. Und das Beste war, wir waren Kumpels. Also saß ich öfter hinten drauf, wenn er mal mitkam zum Abrocken. Wir hatten sogar die geniale Idee, Heavy einfach hinter uns her zu ziehen. Mit nem Seil oder mit ner Stange. Ging aber leider beides nicht. Wir starteten etliche Versuche mit dem Rolli. Das Teil schmiss es aber immer wieder um. Die kleinen Räder vorne machten, was sie wollten, und wenn wir den Rollstuhl vorne ein bisschen anhoben, kippte die ganze Konstruktion gnadenlos nach hinten. Heavy wollte sich als Gewicht und Testperson anbieten, das lehnten wir aber ab. Der Gipsarm reichte dem scheinbar nicht.

Struppi wurde an dem Nachmittag aber noch ganz geheimnisvoll und wollte den Rolli unbedingt mal über Nacht dabehalten. Ich fand das nicht lustig. Musste Heavy nämlich huckepack nach Hause tragen. Struppi hatte keine Zeit. Tat geschäftig. Der Sack. Heavy war alles egal. Der spielte Bonanza mit mir.

Zu Hause durfte ich ihn dann zum Glück alleine lassen. Kriegt er hin. Sagte er. Wusste ich. Gut so. Musste auch mal pennen. Wollten am nächsten Tag bis nach Halle. Festival Kirche von unten. Mega. Zig Bands. Eine geiler als die andere.

Mittags kam Struppi dann bei mir vorbei. Ich war schon ganz hippelig, weil ich Angst hatte, was zu verpassen in Halle. Und weil ich auch wissen wollte, was der Geheimniskrämer zu präsentieren hatte.

Aber es war einfach nur genial. Struppi hatte die Schnapsidee, den Rolli als Seitenwagen an das Moped zu schrauben, in die Tat umgesetzt. Wir hatten beim Rampensport ein bisschen über sowas gewitzelt. Mehr nicht. Und jetzt … Es sah so geil aus.

Die Vorderräder vom Rolli waren abgebaut und er hing ein bisschen windschief. Aber er war dran. Als hätte es nie was anderes gegeben. Moped mit Seitenwagen. Sauber.

Die Karre hat danach gesoffen wie ein Loch, aber wir sind schön mit Fünfzig bis nach Halle getuckert. Unbehelligt. Hat keine Sau interessiert. Und Heavy hat sich gar nicht wieder eingekriegt. Hat unterwegs mindestens zweitausend Mal seinen scheiß Spruch losgelassen:»Das ist Punk, Alter!«

Das Konzert war der Hammer. Heavy hat zwischen zwei Leuten über den Schultern gehangen und fleißig Oberkörperpogo veranstaltet. Struppi wollte den Rolli zwischendurch nicht abbauen. War wohl zu aufwendig. Ich fands auch besser so. Denn wie Heavy drauf war, hätte uns der Sack sonst alle mit dem schweren Ding erschlagen, wenn er sich damit von der Bühne gestürzt hätte. Ach, nee, Stagediving gabs ja damals bei uns noch gar nicht.

Auf der Heimfahrt wurden wir dann leider doch noch angehalten. Waren wohl etwas aufgeheizt vom Konzert und von ein paar Bierchen. Und n bisschen albern. Muss von weitem ne lustige Fuhre gewesen sein. Die Bullen sahen das nicht so. Hatten wie immer null Humor. Beäugten blöd unser saugeiles Moped.

Wenn wir nicht so albern gewesen wären, hätten die das nie geschnallt. Wir noch:»Das gibt's jetzt. Neueste Neurer-Bewegung von Simson Suhl.« Einer der Bullen wollte das lieber genauer untersuchen und meinte zu Heavy:»Aufstehen, Jugendfreund.« Heavy stierte den Bullen todernst an, und du konntest förmlich hören, wie der Groschen bei ihm pfennigweise fiel. Bis es aus ihm rausplatzte:»Das ist Punk, Alter!«

Der Bulle reagierte voll über, packte Heavy am Schlafittchen und zog ihn mit einem Ruck von seinem Sitz. Heavy rutschte beinahe im selben Moment wie ein nasser Sack auf die Straße, weil er ja auch noch ziemlich blau war. Mit dem Gipsarm. Kann ja kein Mensch halten, so n schlaffes Stück Mensch.

Daraufhin guckten die Bullen n bisschen ratlos, glaubten uns aber immer noch kein Wort, weil wir die ganze Zeit am Kichern waren. Die dachten nur, alle blau, alle verhaften. Wir:»Nee, der

kann wirklich nicht. Der ist voll behindert.« Und schmissen uns
erst recht weg. Und Heavy mit. Der konnte außerdem wieder nicht
aufhören mit seinem dämlichen: »Das ist Punk, Alter!«

Die Bullen waren am Ende stocksauer. Obwohl sie nach ner
Weile doch noch geschnallt hatten, was Sache war. Hat uns aber
leider nichts mehr genützt. Unser Moped zogen sie sofort ein. Ne
fette Geldstrafe gab's obendrauf. Und dabei hatten wir an diesem
Tag zum ersten Mal in unserm Leben das Gefühl, was Sinnvolles
geleistet zu haben.

»So muss es sein«, rief Heavy, der Arsch, »das ist Punk, Alter!«

Ulla Loge

Und das bEsetzte Haus glänzte g●lDen in der S●nne

Droben dort oben auf dem Berg ... Da strahlt die Sonne, und voller Erwartung blickt der freie Mensch auf das, was vor ihm liegt, denn dort ist sein Zuhause. Die Trümmer der alten Welt sind zusammengefegt, und auf diesen wurde das besetzte Haus erbaut, welches nun, bunt angestrichen auf dem Berge trohnt, da in der Zukunft.

Glänzend schmettern kleine Fanfaren, als Paula, 15 Jahre, Fuß vor Fuß den Gipfel erklimmt. Es ist 1995, das Kinderland DDR ist schon Vergangenheit. Sie wird erwachsen, und was sie da erwartet, klingt hell und stolz und abenteuerlich und kann nur durch Fanfarenklänge ausreichend umschrieben werden.

Beim ersten Mal dann in der Kneipe mit all den Punks und Künstlern und irgendwie eigenartigen Menschen, die so sind wie sie, da ist ihr dann ganz klar, dass das Universum ihr heute ein Versprechen gegeben hat, und das heißt: Die Welt gehört dir, und die Zukunft ist schön!

Sie geht nach Hause, um die Sache klar zu machen. Im Prinzip ist sie ja bald 16, und wer würde sie wohl daran hindern wollen, ihrem Glück leichten Schrittes entgegenzutreten.

Papi verteidigt immer die Freiheit. Das ist sein Ding. Die ist ihm wichtig, die Freiheit, dass man tun und lassen darf, was man will. Wer würde sie wohl daran hindern wollen, in das besetzte Haus zu ziehen?

Plötzlich herrscht Nebel. Wo ist der auf einmal hergekommen?

Ist das noch die Küche oder schon das Wohnzimmer?

Paula bewegt sich vorsichtig vorwärts und ruft hinein in die Wolke: »Mami, Papi! Ich möchte ausziehen!«

Von irgendwoher kommt eine Stimme.

»Diese schmuddeligen Schuhe stellst du aber vor der Haustür ab! Und die Hose würde ich an deiner Stelle zurück in den Altkleidercontainer bringen, oder willst du damit die Rokokomöbel verunreinigen?«

»Ich wollte eigentlich fragen, ob ich nicht ausziehn ...«

»Du bist hässlich! Wie kannst du mir das nur antun, dich so hässlich anzuziehn? Ich werde jetzt so lange die Luft anhalten, bis du tust, was ich dir sage!«

»Sei doch vernünftig und mach es uns nicht so schwer! Du siehst doch, wie Papi leidet! Papi liebt dich doch! Nun sei doch eine vernünftige junge Frau!«, lässt sich eine zweite Stimme vernehmen.

Es stimmt. Paula ist eine vernünftige junge Frau.

Der Nebel legt sich.

Es ist jetzt ein Jahr her, dass Paula im besetzten Haus einziehen wollte. Man kennt sie dort. Alte Leute sind weggezogen. Neue Leute sind eingezogen. Paula war nicht dabei.

»Hast du schon mal Repressionen erfahren?«

»Nein, aber ich weiß trotzdem ...«

»Dann gib mir deine Kamera! Gib mir den Film!«

»Aber ich wollte doch nur ...«

»Hast du schon mal Repressionen erfahren?«

Die Frau greift nach Paulas Kamera und zieht daran herum. Sie ringen und Paula denkt nur: »Wie meinen Augapfel hüten. Mein Augapfel, das Objektiv der Kamera.«

Sie reißt den Apparat wieder an sich und drückt beide Augen fest zu. Aus Angst vor Kratzern.

»Das wird auf dem Plenum noch mal zur Sprache kommen!«

Die böse Frau rauscht von dannen.

Es gibt jetzt öfters solche Diskussionen im Haus.

»Du hast Öl auf die Treppe gekippt, damit ich stolpere. Und das bei einem Gipsbein. Mann! Ich hab ein Gipsbein!«

»Wenn ich Diktator von Eichstadt wäre, würde ich die Leute auf dem Marktplatz hängen lassen!«

Der Diktator bereitet ein Knobibrot vor.

»Soll das ein Scherz sein? Mann ich hab ein Gipsbein!«

»Und wer hat die Fotos von den Leuten gemacht, die vor Gericht verwendet wurden?«

Rumms. Rumms. Rumms. Wenn bei einem Gespräch plötzlich Stille aufkommt, beginnt Jesus zu stampfen. Rhythmisch, stoisch, kräftiger werdend.

Es ist Sonntag. Die Hausbewohner sitzen in der Kneipe und versuchen zu frühstücken. Die Stasi hat nie aufgehört zu existieren.

Rumms, Rumms, Rumms. Jesus muss die Momente, in denen er die volle Aufmerksamkeit erhalten kann, gekonnt ausnutzen.

EIN ANFALL!

Paula ist eine vernünftige junge Frau und muss sich um ihn kümmern.

»Hejjjj, ist doch alles gut. Komm. Wir gehn mal nach draußen.«

Rumms. Rumms. Rumms. Er stampft mit ihr die Stufen nach oben.

Paula hat mal gedacht, sie hätte eine schöne neue Familie. Sie denkt, sie hat eine schöne Familie. Manchmal.

Gestern hat sich Jesus auf die Kreuzung gelegt, um seinem Leben ein Ende zu bereiten. Die Autos haben angehalten. Am nächsten Tag will er vom Dach springen.

EIN ANFALL!

Aber Paula ist eine vernünftige junge Frau und weiß, wie man hilft: »Komm, wir gehn nach unten und ficken.«

Sie hat sein Leben gerettet! Sie ist eine tolle junge Frau!

Auf dem Weg nach unten denkt sie: »Oh, Scheiße! Und was mache ich jetzt?«

Ole Giec

FRauen

schmecken nAch Wodka

Kuno saß mit seinen Freunden Gerhard und Harry im Aspest, einer Punkkneipe mit schwarzen Fliesen. Die Atombombe ist ihrem Wesen nach kapitalistisch, klugscheißerte Gerhard. Kuno verdrehte die Augen. Das machte er immer, wenn die Bedienung vorbeiging. Die Atombombe, versuchte Gerhard weiter zu wissen, besitzt die höchste Effizienz bei geringstem Materialeinsatz. Harry aschte unbemerkt in Gerhards Wodkaglas. Nastrovje. Sie stießen an und tranken wie Männer. Kuno bestellte eine neue Runde. Stunden später fiel er auf dem Heimweg betrunken vom Fahrrad.

Am nächsten Tag schrieb der verliebte Kuno für die Bedienung ein Gedicht. Gerhard korrigierte es und setzte absichtlich neue Fehler hinzu. Harry half auf seine Weise. Er versprach, den Liebesboten zu spielen. Kuno vertraute ihm und rief überschwenglich seine Mutter an.

Mama, stell dir vor, deine Enkelkinder sind in Arbeit.

Um Gottes willen, entgegnete sie und legte auf.

Als Harry mit dem Gedicht im Aspest saß und die Bedienung sah, stellte er plötzlich fest, dass er Kuno nicht mehr leiden konnte. Er verbrannte das Gedicht und betrank sich. Auf dem Heimweg traf er die Bedienung wieder. Sie hatten Sex auf einer Tischtennisplatte und verabredeten sich auf einen Döner. Während dessen saß Kuno zu Hause und dachte sich Namen für seine Kinder aus. Gerhard half ihm dabei. Nach dem dreißigsten Namen erklärte er Kuno, dass Frauen keine Geburtsmaschinen seien. Kuno kündigte ihm daraufhin die Freundschaft.

Tags darauf saß Harry im Zentrums Grill, einem Imbiss mit braunen Fliesen. Die Bedienung war nicht gekommen. Harry bestellte sich einen Döner. Er schmeckte ihm nicht. Also steckte er den Döner einem auf dem Tisch eingeschlafenen Bauarbeiter in die Kapuze und ging zu Kuno. Der saß mit Gerhard vor dem Fernseher. Sie hatten sich wieder vertragen und tranken Wodka. Harry half ihnen dabei und erzählte, dass die Bedienung Gedichte mit Rechtschreibfehlern hasse. Gerhard, der Rechtschreibkünstler, sah sich daraufhin veranlasst, den Gekränkten zu spielen, und Kuno, auf das Fensterbrett im 4. Stock zu klettern. Als aber seine Freunde keine Anstalten machten, ihn zu retten, setzte er sich wieder zu ihnen und betrank sich bis über beide Ohren.

Kuno erwachte am nächsten Mittag allein, wie er bedauernd feststellen musste. Er beschloss deshalb, später eine Heizdecke zu kaufen. Er frisierte seinen Iro und rief seine Freunde an, die jedoch nicht zu Hause waren. Harry saß wieder im Zentrums Grill und hoffte, sich im Tag geirrt zu haben. Gerhard dagegen war im Aspest und entschuldigte sich bei der Bedienung für die Rechtschreibfehler seines Freundes. Sie ließ ihn reden und kratzte sich an der rechten Brust. Das machte sie immer, wenn sie kein Wort verstand. Was ziemlich häufig vorkam und weshalb sie einen BH mit verstärktem Polster trug. Als Gerhard von der Liebe zu reden begann, hörte sie auf, sich zu kratzen. Und wie Gerhard das sah, fand er das zwar schade, wusste sich aber auf dem richtigen Weg. Er beschwor die Kraft der Liebe. Sie glaubte ihm für eine Nacht, und am nächsten Morgen verabredeten sie sich auf einen Döner.

Gerhard wusste nun, was es heißt, glücklich zu sein. Er ging zum traurigen Kuno und schenkte ihm ein Glas mit sauren Gurken. Nach einer Weile erzählte er ihm, die Bedienung hätte gekündigt. Was natürlich eine Lüge war. Der traurige Kuno rief sogleich seine Mutter an, die aber sofort wieder auflegte, als sie seine Stimme hörte. Er war jetzt noch trauriger. Gerhard verstand das und ließ ihn allein. Im Zentrums Grill traf er einen betrunkenen Bauarbeiter, der ihm eine unglaubwürdige Geschichte von einem Döner in seiner Kapuze erzählte. Nach Stunden sinnlosen

Wartens auf die Bedienung bestellte sich Gerhard einen Broiler. Er schmecke ihm nicht. Also steckte er den Broiler dem inzwischen schlafenden Bauarbeiter in die Kapuze und ging zu Harry. Dort aber traf er nur wieder auf Kuno, der mit einem Strick um den Hals auf einem Stuhl stand. Gerhard fragte ihn, wo Harry sei. Im Zentrums Grill, entgegnete Kuno, während er die Schlinge mit Butter einschmierte, damit sie nicht am Hals kratzte. Gerhard sagte Tschüß und ging. Kuno war über so viel Feingefühl gerührt.

Als Gerhard erneut den Zentrums Grill betrat, unterhielt sich Harry gerade mit dem wiedererwachten Bauarbeiter. Er erzählte ihm eine unglaubwürdige Geschichte von einem Hähnchen in seiner Kapuze. Er sagte tatsächlich Hähnchen statt Broiler. Da wussten die beiden Freunde, dass er ein Wessi war, und schlugen ihn zusammen. Kurz darauf kam Kuno in den Zentrums Grill, um eine Boulette zu essen. Gerhard wischte seinem Freund die Butter vom Hals. Auch Harry sah sich veranlasst, etwas zu unternehmen. Er befreite Kunos Haare vom Mörtel, der sich darin verfing, als der Haken nachgegeben hatte und ihm die Decke auf den Kopf fiel. Kuno war über die Gesten seiner Freunde gerührt.

Minuten danach betrat die Bedienung den Imbiss. Gerhard und Harry winkten aufgeregt. Sie jedoch beachtete die beiden nicht und knutschte sich stattdessen mit dem schnauzbärtigen Besitzer herum.

Die Frauen sind ihrem Wesen nach kapitalistisch, klugscheißerte Gerhard. Höchste Effizienz bei geringstem Materialeinsatz. Harry aschte unbemerkt in Gerhards Wodkaglas. Nastrovje. Sie stießen an und tranken wie Männer. Kuno begann wieder die Augen zu verdrehen und beschloss, für die Bedienung ein Gedicht zu schreiben. Stunden später fiel er auf dem Heimweg betrunken vom Fahrrad.

Heinz Havemeister

» NICHTS SEIN
SEIN NICHTS «

(fragmente)

... wenn du mich nach baaders arbeitsweise, produktionsform, mehr noch nach seiner existenzform fragst, so denke ich, in baader lebte ein gefräßiges textverarbeitungsprogramm, das sich »zu einem ICH verhalf das tanzen singen springen kann«.

... darüber, wie was warum passierte, als dieses ICH für uns verloren ging, als der lebensstoff, der kon›text‹ seit herbst '89 sich veränderte, wird heute noch spekuliert. baader ein stasioffizier, baader ein außerirdischer oder »E!T.'s schwester«, vor allem das ding mit der straßenbahn, ein inszenierter urbaner tod, romantische variante, mord – selbstmord – unfall und vieles dazwischen. für jede these gibt es genügend indizien und für viele indizien eine menge thesen.

erinnerungen I

baader auf einem einweihungsfest einer schmiedekunstwerkstatt in neuenhagen bei berlin am 23. juni 1990, u. a. sprachperformance mit peter wawerzinek. baader wälzte sich dabei wie so oft auf dem boden. aber diesmal wirkten seine zappelnden bewegungen spröder und skrupelloser. er kam in der vorherrschenden partystimmung nicht sonderlich an ... und zwischendurch saufen und blödeln ... der fotokünstler IM ralf-rainer wasse fotografierte. im weiteren verlauf des abends quasselte baader scheinbar ganz

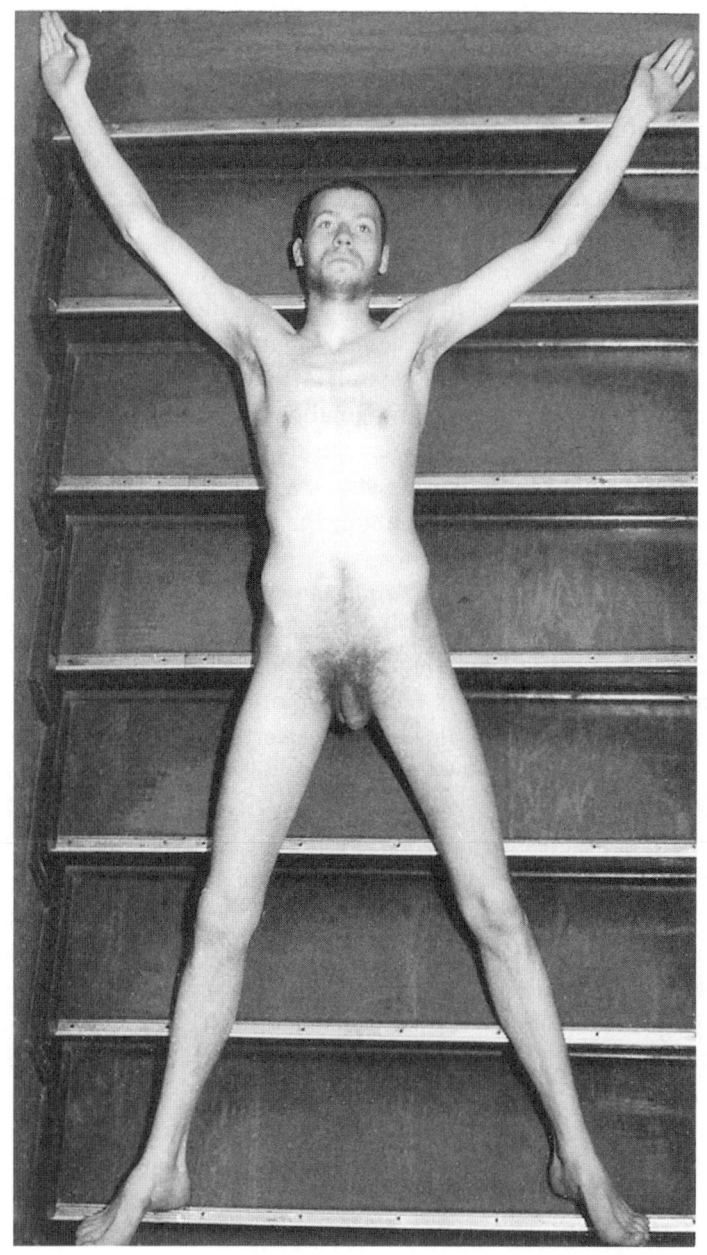

123

unglücklich mit einem weiblichen wesen über tod, selbstmord und existenz, von sartre bis camus alles geliebt und gelebt, was solle da noch kommen usw. usf. dieser kokette schmus, der oft zartbesaitete mädchen beeindruckte, war diesmal ernstes thema. baader erhielt zur antwort, wenn es ihm wirklich so schlecht gehe und das leben scheiße sei, so solle er über diese dinge nicht nur reden, sondern er müsse dann auch praktische konsequenzen ziehen und handeln ...

weit nach mitternacht wurde baader mit dem auto nach berlin mitgenommen und etwa zwischen 3.30 uhr und 4.00 uhr, es hellte schon auf, an der spitze, gustav-adolf-straße, abgesetzt. höchstwahrscheinlich wollte er sein damaliges domizil in der anklamer straße aufsuchen. er kam nie an. in den morgenstunden des 24. juni lief baader oranienburger straße / ecke friedrichstraße gegen eine straßenbahn oder wurde von ihr angefahren, je nach interpretation. koma. charité. intensivstation. am 30. juni 1990 starb baader als anonyme person einen tag vor der währungsunion an den folgen der verletzungen. ich denke, weil baader keinen ausweis bei sich führte, weil er angetrunken war und 'ne glatze hatte, wurde er als straßenpack behandelt und nicht optimal betreut. denn man fand bei ihm die einladungskarte mit der neuenhagener adresse, doch hielt man es nicht für nötig, innerhalb einer woche über drei ecken eltern, verwandte oder freunde zu benachrichtigen. ein schweres versäumnis. vielleicht hätte baader im todeskampf eine minimale chance gehabt, wenn eine vertraute stimme oder vertraute hand bei ihm gewesen wäre. ob er das gewollt hätte, ist eine andere geschichte. ein paar tage nach seinem tod wurde baader von freunden im gerichtsmedizinischen institut in der hannoverschen straße »im leichenschauhaus / ein jeder wohl auf seinem platz« identifiziert. die trauerfeier fand am 24. juli auf dem friedhof in baumschulenweg statt. danach traf man sich in kleiner runde mit den eltern zum ›leichenschmaus‹ im wohlbekannten café mosaik. am 27. juli war die größere totenfeier im ›eimer‹ in der rosenthaler straße. freunde lasen baaders lieblingsautoren und trauerten mit musik. NICHTS konnte freude bereiten.

das NICHTS, denke ich, wurde als NICHTS von baader ziemlich ernst genommen. er hantierte mit dem ereignishorizont des NICHTS, der unübersetzt wohl nicht zugänglich ist. er schuf nichtbilder mit bildern. er immoralisierte ETWAS mit hoher moral. darauf konnte man sich verlassen, wie im text, so im leben. baader war korrekt:»mit 25 noch am leben zu sein ist eine schande ... mit 30 noch ein herz zu haben ist ein verbrechen.« entleibung. die tage wurden kürzer, die blätter fielen ...»einen einzigen tag lang glaubte ich es gäbe mich dann war auch das vorbei ich fiel und lachte ichsangichkaufte ich erinnre mich nicht du wurdest mein letztes zeichen ich umarmte dich es war zu spät natürlich bedeute ich dir: NICHTS du lebst wer sich umbringt denkt ...«, das NICHTS ist NICHTS und eben nicht NICHTS.

es steht NICHTS im wege.

wie bekannt, versorgte sich baader in halle (saale) als bibliotheksmitarbeiter mit bildungsbürgerlichem kram, hatte zugang zur literarischen moderne. wie an versatzstücken in seinen texten zu merken, stand ihm eine menge ›vergifteter‹ literatur zur verfügung. baader kommt schnell drauf, was sache ist. und verfällt dem ernst und dem spiel der sprache von diktaturen und diktatoren, beschwört den teufelsspuk von liebe und herrschaft.»führer befiehl!« hier besitzt das wort noch letzte allmacht, fühlt sich der dichter befummelt, werden ganze armeen mit wörtern in bewegung gesetzt, werden menschenmassen, mann, frau gemeinsam mit der, dem geliebten»ins kz seiner zärtlichkeit« deportiert.

baader suchte soziale wärme, fahndete nach aufständischen, zog mit hundeaugen durch die kneipen und»litt pogo«»auf dem kalten pflaster der straße«. er textete geschichten, getragen von entwurzelter geschichte,»die verlorenste generation wurde gewählt verschnürt und historisch sicher aus dem heute gestoßen«. zwischendurch: nochmals punk, kleine anarchismen, NICHTS zu essen,»mongolei und vorhaut« und so etwas wie hoffnung auf veränderung»unvorstellbar man würde gebraucht«. klassenloser

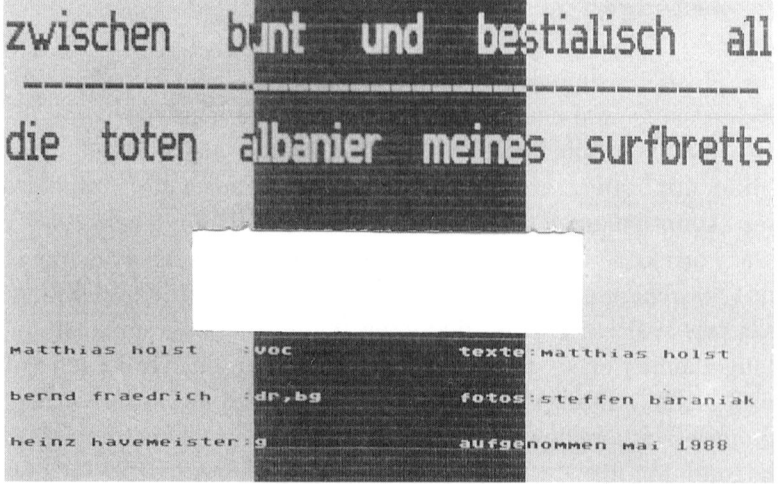

klassenkampf, denkt man sich das zutschende afterlecken aus baaders texten weg. so liest sich manches, entkeimt von stilistischen spaltpilzen, wie pure aufrührerische proklamationen, also mehr thomas müntzer, weniger martin luther:

»... wenn wir uns einig sind kann nichts passieren einen embryo kannst du brechen aber 2 oder zehn das wird schon schwierig wir müssen auch kontakt zu andern aufnehmen müssen uns organisieren protestresolutionen verfassen die öffentlichkeit auf unser leid aufmerksam machen wenn nur einer da draußen begreift ...« baader sprach diesen ödipus-text (»neun monate sind noch kein leben ...«) im august 1988 mit lauter stimme öffentlich auf dem berliner wohn- und kunsthof oderberger straße während der aufführung des ›varieté de poetica‹. ich dachte für einen kurzen moment an eine versammlung von verschwörern. baaders ladungen hätten jeden zuhörer, meinetwegen auch die von der stasi, buß- und betfertig spielen müssen. der prediger war erschienen, nur sein auserwähltes volk noch nicht. das sind natürlich übertreibungen, doch baaders missionarischer, aber auch ironischer eifer hatte mich oft aufgeputscht und meine eigene wichtigkeit spüren lassen. ich beleidigte ihn einmal mit den worten, er sei der moralischste dichter, den ich kenne. es war scheinbar nur ein spiel. baader zurück:»und ich schätze dich als zeugen meiner besten tage.« – doch heute,»erschlagen von dem angebot an tütensuppen«, baaders»asche ein arbeitsloser frisör«.

erinnerungen II

... baader besaß den instinkt des absoluten timings – das richtige wort an der richtigen stelle. er konnte dies mit magischer wirkung auf personen, auf dinge übertragen. ich erinnere mich an unsere erste intensive begegnung ende april 1988 im bescheidenen studio der leute vom freien orchester bei gui gust, prenzlauer berg, in der eberswalder straße 20. wir wollten aufnahmen mit baaders texten machen, waren aber noch nicht vollständig und zögerten zuerst. doch baader holte seine texte heraus, und ohne dass wir uns absprachen, ging es los. wie unter hypnose und doch zugegen spielten wir die kassette ›zwischen bunt und bestialisch ...‹ als live-improvisation in einem ritt ein. wir hatten zu beginn, weiß ich warum, einen wecker gestellt, der irgendwann klingeln sollte. faszinierend war, dass der wecker praktisch an der richtigen stelle klingelte. ist mir aber erst später beim anhören der aufnahmen aufgefallen. es gab oft solche ›synchronschaltungen‹, wo sich spontan augenblickssituation und kalkulierter zufall fanden, wo ETWAS von baader in die arena geworfen wurde, ob nun beim einspielen der bestialisch-kassette, in der kneipe, bei einer party, auf der straße oder bei seinem tod sich sein gelebter text das zum leben nahm, was er brauchte. das kennzeichnete baaders genauigkeit. er brachte NICHTS mit einer mathematischen logik auf den punkt ...

Ersterscheinung von »NICHTS SEIN SEIN NICHTS« (fragmente), in: »Matthias« BAADER Holst: amselzwang. Texte – Zeichnungen – Erinnerungen, Jena: Edition POESIE SCHMECKT GUT, 1996 (100 nummerierte Exemplare), S. 85 bis 89.

NIcHTS SEIN
SEIN NICHTS

einen einzigen tag lang glaubte ich es gäbe mich dann war auch
das vorbei ich fiel und lachte ichsangichkaufte ich erinnre mich
nicht du wurdest mein letztes zeichen ich umarmte dich es war zu
spät natürlich bedeute ich dir: NICHTS du lebst wer sich umbringt
denkt zwischen uns liegst du am tisch sitzen die eindringlinge der
gerittnen und bluten: erdbeerkonfitüre man streut: stechuhren …/
befreiende leere liebesnächte leichenreste ein überlebender aus
marzipan du müßtest dir strümpfe anziehn um dich aufzuhängen
du müßtest dir kaffee kochen um dich auszulöschen küß mir deinen schoß! ich entferne das küchenmesser aus deiner brust und
grinse es ist alles nur ein spiel es ist alles nur liebe deportieren wir
uns im halbschlaf geben wir uns keine chance gehen wir essen:
zurück in die tragödie des schließmuskels das koma der leihmut-
ter in weichen 4 minuten irgendeiner fragt immer nach schen-
keln / oder haben sie falsch geparkt??? oder sind wir ghettoprüde?
mit der erblindeten hand am torsten? es könnte auch zahnstocher
regnen: niemand ließe sich beweinen wäre ich wahr: ich bliebe
ohne mich ein feind des bewohnbaren aber ich bin kein mensch
die sprechzeit ist beendet das verhör beginnt wir tragen freaklila
(ich hätte zahnarzt werden sollen oder zeuge jehovas stattdessen
bin ich ständig voll bin ich nicht voll bin ich traurig bin ich nicht
traurig bin ich depressiv bin ich nicht depressiv bin ich dunkel
bin ich nicht dunkel bin ich finster bin ich nicht finster hab ich
zahnschmerzen ich hätte zahnarzt werden sollen oder wenigstens
zeuge jehovas)

candid plus glasnost gleich c.g. jung? eine leichenhalle weiter
pokern ein paar japaner um die prawda das ist apartheid: völker-
freundschaft oder kondensmilch aus bukarest das heißt geschichte
vier-schicht-regime ohne den faustkeil aus dem mund zu nehmen
den exekutionen der ebene nicht mehr zuzustimmen deshalb
willst du auf den strich deshalb deine dessous: ein dogma mehr
im pogrom »zur nationalen urne« .../unterwassermassagen sind
der erste schritt in richtung endlösung christa wolf der zweite meinetwegen nimm auch klavierstunden ich bin dem planeten nie begegnet innigst: das gewehr gottes (den es wie mich den es wie alles
nicht gibt also: der wirklichkeit wird erlöser lagerkommandant)

Fassung nach: »Matthias« BAADER Holst: hinter mauern lauern wir auf uns.
Drei Textsammlungen und verstreute Texte aus den inoffiziellen und offizi-
ellen Publikationen bis 1990. Neu herausgegeben von Tom Riebe, Halle/S.:
Hasenverlag, 2010 (inkl. einer DVD mit den Filmen Briefe an die Jugend des
Jahres »2017« und Baader in Leipzig), S. 16.

IST ES EINFACH
PUNK ZU SEIN?

(selbsttötungen aus der provinz)

»for ever punk!« – du hast leicht reden, max! Sehen wir in den spiegel des zeitgeistes. Betrachten wir das antlitz der bestie: des gestrandeten berauschten – geZEUGTEN er verbittert genug aufzubrechen zu neuen ufern bereit neue formen des NICHTS anzuzapfen. (mach mit – bleib fit! sei quitt mit deinen häschern im mondschein der entmündigung des »traurigen ohrs«. Lesen auch sie »messitsch« aus Leipzig! Hören sie »punkrocktikum«! – – : dschugaschwili als trotzkistischer kesselflicker am banjo der weltangst: a. a. s. neill-makarenko) Er out genug das nächste flaschbier zu öffnen den nächsten joint zu ordnen (flaschnost und 'n dreierafghane perestroika / »kiffen und besoffen sein – des freien menschen sonnenschein«) er ein fragender wilze 750 jahre nach der schlachtung beider elternteile durch »the angry young men« (siehe friedrich engels »anteil der arbeit an der menschwerdung des affen« siehe jacob grimm »deutsche rechtsgüter« siehe auch »friß oder stirb – wilzen zwischen alex und check point«) Aber nicht nur er!!
Was manchem ska-sklaven unmöglich erscheint: auch außerhalb des steinbruchs prenzlberg legen junge menschen zeugnis ab von ihrer liebe zum leben, ihrer lust auf die errungenschaften der pogo-ideologischen (ideo-pogologischen) verantwortungslosigkeit. Gruppen wie »l'attentat« (leipzig) »schleim-keim« (erfurt) »feindliche mähdrescher« (greiz) »die toten hoden« (»the mösenmichels« (Halle)) zeigen das. Reden wollen wir aber heute von »die

letzten recken« (1987 gegründet in Halle) einer band die geboren
wurde im frührot des karbids zwischen fritz weineck und ludwig
dem springer 500 meter von einer andern burg einer hochburg
des post-hoxhaismus (Anmerkung: enver hoxha ehemaliger Chef
der kp albaniens) entfernt: der Hochschule für industrielle form-
gestaltung.
Was hier an sitte herrscht ist wohl nicht nur manchem wessi
höchste wonne. Doch – »die im nirwana hausten hoffen auf war-
hol« und wie in den bildenden Künsten so auch in der literatur
(Der Bestseller-autor claus nowak, bücher »warte nicht auf orden«
»zahl bar wenn du kannst«, während eines gelages: »Da muß doch
ma eener drüver schreim!«) (1986 wurde das organ »Galeere«
verboten mit Hinweis auf das publikationsgesetz – strafe für beide
herausgeber je 300 mark u. ä.) so auch in der musik. Im zentrum
der märz-kämpfe punk zu machen (60 jahre danach!!) ist nur im

keller möglich oder eben auf feten zwischen bambi und nordhäuser doppelkorn-leichen (Die leichen ausm keller für die leichen im hof yeah!) Hier spielen die Recken dann auch meist – allerdings sind sie in berlin schon unangenehm aufgefallen (!) zur ausstellungseröffnung des roy-lichtenstein-rächers moritz götze im »schaufenster« chausseestraße.

Die musik der »recken« eine mischung aus rock-roll punk walzer und reggae, textlich zwischen slime (»vor dir steht ein fettes schwein und haut dir gleich die fresse ein«»renne weg renne weg es hat keinen zweck«) (»WIR SOLLEN SCHUFTEN OHNE UNS und FÜR EUCH KÄMPFEN ohne uns MACHT EURE SCHEISSE doch allein!«) und nächstenliebe (»mach mal rast päderast«) und mallarmé (»bleiche anker meiden schöne schatten«). Ein stück f u n ein stück p r o v o für jung und alt. Der Versuch auch nach der Jugendweihe die welt für bewohnbar zu halten. Sich auf den nächsten nicht-er-lebten tag zu freuen ihn besorgniserregend zu umarmen. Vielleicht aber nur: »Das menschenbild des gruftis muß kein Heimatfilm sein«

Wir wären nicht nina hagen von tronjefans wenn nicht n o f u t u r e »kein futter für bethlehem« förderte. Halten sie mich fest!! Ich empfinde wie richard wagner!! Genosse!!! ruth berghaus wird keine camus-lektüre untergeschoben. Aber die s t o n e s ! ! !

mitglieder: jan möser (git., voc) markus staufenberg (bbbaßßß, gesang) markus maatz (sax.) robert hieber (schlagzeug, gesang) und als gast der tarom-fetischist matthias »baader« holst (ausschließlich gesang)

Fassung nach: »Matthias« BAADER Holst: hinter mauern lauern wir auf uns. Drei Textsammlungen und verstreute Texte aus den inoffiziellen und offiziellen Publikationen bis 1990. Neu herausgegeben von Tom Riebe, Halle/S.: Hasenverlag, 2010 (inkl. einer DVD mit den Filmen Briefe an die Jugend des Jahres »2017« und Baader in Leipzig), S. 208 bis 209.

BAADERS Nähe

Seine Augen grasten entlang der Bücherrücken, die drei alte Regale neben der Küchenzeile füllten.

Sie stand im Gang zwischen SpüleHerdAnrichte, um Kaffee aufzubrühen.

Sein Blick hielt inne, er durchbohrte einen der Bücherrücken und fragte mit fast warmer Stimme:

»*Anna Blume*, hast du gelesen?«

»Schwitters *Merzgedichte*?«

»Ja die. *Deine roten Kleider, in weiße Falten zersägt*[1]?«

»*Das gehört*, glaube ich, *nicht hierher.*«

»*Beiläufig*, in Klammern immer *(beiläufig)!*«

»Dann ist es ja gut.«

»*Die Leute sagen, Du wärest…*«

»*Lass sie sagen.*«

»*Sie wissen nicht.*«

»Genau.«

»Sie sagen, du wärest *ein schlichtes Mädchen im Alltagskleid.*«

»Schüchtern, eher schüchtern.«

»Ein *grünes Tier.*«

»Grün. Ja, vielleicht.«

»So steht es geschrieben.«

»So steht es geschrieben, aber die Leute denken nicht bis zum Tellerrand.«

»*Das gehört* … – und er deutete mit Schwung zwei luftige Klammern an – *das gehört (beiläufig) in die kalte Glut.*«

»Trifft sich gut: *Kalte Glut*«, wiederholt sie tonlos, während sie ihm Kaffee einschenkt. Er betrachtet ihre Hände, feingliedrige

Hände, lässt den Vorgang geschehen, das Plätschern der dunklen Brühe stoppt den Redefluss. Er findet die bauchigen Tassen bestimmt abscheulich, die Keramikreste ihrer Großmutter, handbemalte Großtantengeschenke, deren Seltenheitswert zum Augenblick scheppernde Geräusche aufführen, so ein Nippes ist ihm bestimmt zuwider, sie schämt sich, aus diesem Dekor Kaffee à la Jacobs einzuschenken, aber er beanstandet nicht, lässt es geschehen, seine Handschalen öffnen sich und fallen auf die Tischplatte, er brummt »Danke«, und sie glaubt, er bedanke sich nur aus Höflichkeit. Ihre bürgerliche Kleinstausstattung ist ihr peinlich, das Porzellan zu goldig, das Dekor geziert und ihre Bewirtung zu dürftig. Eigentlich verdiente dieser schmale Kerl mit dem Häftlingsgesicht etwas Besonderes, etwas Gebührendes und nicht ihre Kleinmädchenmanier, denn, da ist sie sich sicher, Kleinmädchenputz und Schüchternheit verachtet er, Kleinmädchenzier und Verlegenheit verdienen keine Symphathie, zumal sie sich so pummlig fühlt, wie Vollmond und Bonbon in einem, obwohl sie schon seit Tagen nichts Warmes gegessen hat. Sie hat es einfach vergessen, alles in ihr ist betäubt, nicht einmal Hunger spürt sie, geschweige denn ein Gefühl für sich selbst, es ist über Nacht verschwunden, unbemerkt, von Gewalterinnerung verätzt, im Anwachsen der Trauer über das Sollen hinaus, ein totes Gefühl als Folge von Erleben, das ohne Hilfe von außen nicht mehr zu bewältigen ist, ein Bildersturm hetzt durch ihr Hirn, hinterlässt Kahlschlag und Schweigen, doch von den Trümmern ihrer stumpfen Empfindung will sie ihm nichts erzählen, das wäre Schwäche, frauentypische Larmoyanz, und mit frauentypischer Larmoyanz will sie ihn nicht gewinnen; was er braucht, kann sie nicht geben, sie ist nicht so weit, sie hat Furcht vor so viel Mann und buchstäblich haushohe Probleme, die sie lieber für sich behält. Sie bedauert, so indisponiert vor IHM in der eigenen Wohnung aufzutreten, da er doch nichts dafür kann, dass sie vor zehn Tagen einen Überfall rechter Schläger erlebt hat. Ihr hoher Gast wirkt so übernah und überwissend, als könne er grölende Nazis schon aus hundert Metern Entfernung abschrecken, in der Luft zerfetzen, einfach wegputzen. Sie macht sich erst jetzt mit dem Vorhandensein solch zweibeiniger Extreme vertraut, die ihr Unheil bisher im BFC-Stadion ausgekotzt haben, jedoch vor ein paar Tagen von hinten in die provisorische Bar eingedrungen waren, in der sie genächtigt hatte – ein grober kerliger Haufe, der ein paar Brandsätze auf nicht minder grobe Kerle warf, die mit Stangen und Fäusten trotzten und lauthals davongekommen waren bis auf einen, der trug kein Gesicht mehr, sondern Mullbindendekor. Seit Tagen verfolgte sie ein Mann ohne Antlitz.

Sie war in eine selbstgewisse Horde geraten, die über alles Bescheid wusste und den Wunsch nach Annäherung mit Bildersturm, Bevormundung und Bierzeltverbrüderung verwechselte, aber ER hatte das bestimmt schon alles vorhergesehen und in Verse gestanzt.

Sie war verglichen mit ihm nur maushoch gerüstet gegen die gleichalten Besetzer, die sie für sozial geschädigte Außenseiter hielt, und ließ gerade die Nachwehen ihres Vorlebens hinter sich, das sie an der Saale, in Naumburg, verbracht hatte, wo sie sich nur um Sechzehnjährige zu kümmern brauchte, um sanfte Kostgänger, die mit ihren Vorräten zufrieden waren, für die jeden Tag und zu gleichen Mengen Gerichte aus hauseigener Küche für Lehrer und Schüler auf leinenbedeckten Tischen in einer verglasten Aula angerichtet waren, in Terrinen, aus denen man sich bedienen, die man sich gegenseitig reichen konnte, und wenn die Mahlzeiten den schnell wachsenden Knaben nicht reichten, gingen sie nach neun Uhr abends die junge Lehrerin besuchen mit dursthungrigen Blicken, um sie in die Teeküche zu scheuchen, damit sie das adoleszente Knurren mit kleinen Leckerbissen und zusätzlicher Bildung versorge.

Doch richtig kochen konnte sie nicht beziehungsweise nur dürftig, und außer der Frage, ob ER Hunger habe, fiel ihr nichts ein, obwohl sie ihren Schülern, ihren Exschützlingen und Unterdem-Rad-Verehrern immer die beliebtesten Vorspeisen der ddr vorsetzen konnte. Doch ER winkt ab, als wüsste ER schon, dass ihr Kühlschrank leer ist, ER sagt Nein zu ihr, weil er in ihr nicht seine künftige Hausfrau sieht, sondern ein gefiedertes Tier, ein grünes Tier, ein schlichtes Tier in Alltagshose, einen Engel in Jeans, dem er am liebsten die Federn ausgerissen hätte, um ihn mit Haut und Adern zu verschlingen.

Sie fühlt die wortlose Anwandlung, lehnt wie gebannt am Küchenbuffet, beider Sinne ballen sich zu Schwaden, verströmen warme Schwere, Wärme, die den Sicherheitsabstand zwischen beiden kondensiert, ein Konzentrat aus Aura, dicker Luft und Auszehrung. Ein nebulöses Konzentrat, das die Stille in bleiernen Sprengstoff verwandelt. Fallender Druck pocht an die Schläfen, ein Explosionsgemisch aus ScheuAngstUnsicherheit, das braut sich zusammen wie ein wundgescheuertes Wunder, fiebernde Sehnsucht nach Liebe, sein einziger Wunsch. Er will geliebt werden, doch wie soll sie das anstellen? Sie hat ihren einzigen Freund erst jüngst mit Erde beworfen, hat den zu früh Gestorbenen in die Melancholie gelegt, wie könnte sie jetzt über seine Leiche gehen, ihre Christensympathien verbieten zu rasche Trauer. Doch die Schwingungen aus BAADERS Ecke beginnen zu glühen, sie blühen aus, man kann sie fast schneiden, so stark sind sie. Sie hält sich standhaft am Buffet fest, ohne Halt wäre sie sicher fortgerissen worden, in seinen Schoß, an seine TagundNachtSchleuder gebunden, bis Schmerzgrenze aufgeheult, gebarmt und gewütet hätte, aber sie schwankt zwischen gestern und heute, zwischen Begreifen und Verhindertsein, ihre Küche gleicht einer überfüllten Bahnhofsmission, willkommen *im klub der barmherzigkeit*[2]. Lass uns Gnade teilen in der Jetztzeit, die keine Zeit mehr kennt, die ins TV-Grab der Titanic glotzt, in deren Schiffrumpf Gummibärchen mit der Strömung schwimmen – getreu dem Motto Frauen und Gummibärchen zuerst, in deren Orchestergräben neue Makler dirigieren, auf deren Notenpulten nagelneue Aktien liegen. In deren Rettungsboot die Mitgift Ost, die Schiffbrüchige, missbraucht und enteignet werden wird. Denn WIR können uns auch unter Seesternen einigen. Bitte lächeln. Cut.

Der Küchendunst errötet. Auslassungszeichen tropfen vom Spannungsbogen. Eine Luftkugel stützt die Erwartungskurve, der

Abstand krümmt sich nervös. ER bittet um nichts, er schweigt vor sich hin, sein Sehnen wälzt sich durch den Zimmerschlauch. Schwerelose Lavamassen wickeln sich um ihre Füße. In ihrem Kopf züngeln Gewissheiten: er braucht Pflege, Kleidung, Zuwendung, diese Karl-Valentin-Tarnung muss man ihm ausreden, das wird er nicht verstehen, aber frag doch mal die Jacke, das Jackett, das er trägt. Das Jackett wird sagen, ich will mit ihm auf dem Scheiterhaufen brennen, und BAADER wird sagen, die Jacke ist mir angetraut, die Jacke muss sein, na gut, lassen wir die Jacke, das Schlüsselbein käme sonst nicht so zur Geltung und die durchscheinenden Rippen über dem Brustbein, die eigentlich ganz kleidsam sind. Frau muss gut zu ihm sein, ganz aus Liebe sein, verzichten auf den eigenen Willen, der unterdessen Pirouetten dreht, so schnell, dass ihm die BAADER-Jury applaudiert und mehr davon zu sehen wünscht, jedoch nicht jetzt. Sie atmet auf. Die Trance lässt nach. Ihr Mitgefühl darf abnehmen. Er braucht keine Frau, die ihm feindliche Atome wegputzt, er braucht keine Frau, die von ihrer Leidensfähigkeit Gebrauch macht, er will sich nur verabreden, die Pirouette ihres beweglichen Willens, ja vielleicht sogar gefügigen Willens hat ihn beeindruckt. Fanhalber bittet sie ihn um seine Adresse, falls die Verabredung nicht zustande kommt. Er zögert, denkt nach, bevor seine Angaben in ihrem Jahreskalender verschwinden. »Da schlafe ich meist«, fügt er hinzu und brummt noch einmal »Danke«, bevor sich die Tür hinter ihm schließt.

Sie hat ihn auf dem Anwesen des verstorbenen Freundes kennengelernt, hat ihm zugehört, barierrefrei, und war hingerissen von der Wucht der Performance. Wie er seine Gedichte herausdröhnte, herauskotzte, hinausschleuderte. Wie ein kettensprengendes Tier. So etwas hatte sie noch nie gesehen, zwei Dichter, ein großer und ein kleiner, die ihre Texte zwischen den Leuten, auf dem Fußboden, aber nie sitzend vortrugen, zwei Dichter, die überdadaistisch, andere nannten es postdadaistisch, mit Textungetümen um sich warfen. Die den Lesetisch, die Leselampe, den Lesestuhl nicht brauchten, sondern von der Bühne stießen. Sie war gebannt, sofort, verschlang seine Metaphern mit den Augen, stand da wie eine Blume, die sich zur Sonne dreht, stand da wie Anna Blume in der Raumzeit. Sie stand da wie eine aus sich schießende Knospe, die mit Pollen zugehagelt wurde und ihr Lächeln lebte damals noch, ihre Augen betrachteten heißgläubig die einander bekämpfenden Dichter, deren Versgewitter sich mal kotzend mal zuckend entlud, umherwarf und verausgabte. BAADER deklamierte auf dem Rücken, in stabiler Seitenlage, abstrus verbogen, er konnte jedes Gedicht auswendig. Sein Kompagnon spritzte Verse hinzu, als wäre BAADER seine Geliebte, die ihn immer wieder zum Erguss aufforderte. Das Publikum grinste überfordert. *wurzelpetra heinere mich*[3] *wahnschroffe wirbelsäule*[4] nähere dich dem Pfosten, aber der Pfosten, der Pfosten war eine Fessel, und die Fessel gehörte einer Frau. Und diese Frau stand vor ihm. Sein Vers stockte, der Vers verreckte in BAADERS Kehle, die Fußfessel hatte ihn verschluckt. Er drehte sich halb auf die Seite. Seine Linke berührte den Übergang zwischen Knöchel und Unterschenkel, eine feine, schmale Fußfessel, es war ihr nicht unangenehm, normalerweise wäre es ihr unangenehm, denn sie hasste Klatschdiraufdieschenkel-Machmitzuschauer, sie hatte seine Verwunderung längst erfasst, sie hielt ihm stand, gönnte ihm die Berührung, er tastete sich höher, sie ließ ihn gewähren, sie legte ihm die Hand auf die Kopfhaut, die nackt war und verletzlich. Sie umschloss seine Kopfhaut, als wolle sie seinen Zorn beseelen oder das, was unter dieser Schädeldecke schrie.

Er kann die Begegnung nicht lange ertragen, BAADER konnte weibliche Nähe nie lange ertragen, er zieht behutsam die Hand von ihrer Fessel zurück und verkriecht sich silbenmurmelnd in einen entfernten Winkel des Raumes. Schappi, der Ehrgeizige, übernimmt nun das Ruder, die Bühne, den Auftritt, er wedelt und fuchtelt mit Handgeschriebenem, er kann sich jetzt austoben, der Kleine, der Boxer, der Trom-Peter. Seine Stimme greift nach den Zuhörern. BAADER steht ihm nicht mehr im Weg. BAADER hat den Ring verlassen, länger als üblich. Was Schappi redet, versteht sie nicht, obwohl er eigentlich ganz ordentlich reimt, seine Lyrik scheppert nahezu irdisch verglichen mit BAADERS Gedichten, die ihre Dichte aus dem Abgrund schlürfen. Der Kleine ist witzig, denkt sie, ungehemmt gaga, seine Worte schäumen am Stegreif absurder Parodien entlang, bis der große Dichter zurückkommt, die Staffel übernimmt und seine Sprache wieder auflodern lässt. Ein Schlachtfeld aus Bildleichen zerfurcht die Köpfe.

Die poetische Nachricht tobt noch in ihr, als das Vernissagen-Publikum erlöst und souverän herumzustehen beginnt im wiederhergerichteten Festsaal der Schlossruine Röderhof, romantisch gelegen, romantisch verfallen, und über die eine antiromantische Kaskade aus WortBildBewegung in Gestalt eines Vershagels, einem Trommelfeuer aus Absurdität und Weitsicht hereingebrochen ist. Sie steht betäubt in der Flügeltür, betrachtet den verwilderten Park vor der Ruine. Er hat gesagt, was auf uns zukommt. Aber niemand spricht davon. Sie reden alle von etwas anderem. Sie machen sich lustig oder verschweigen ihn ganz. Sie hat nicht viel behalten, aber ein paar Verse üben Wiederholung: *bis ins innerste leuchten des lagerlämpchens sonnten wir uns* [5] / *ein sterntaler im opferbecken: die gleichschaltung* [6] / *zwischen bunt und bestialisch* [7]. Seine Wortwahl ist präzise, alles für immer sagend in pseudo-lyrischer Form, aber das erkennt sie nicht, sie hält seine Verse für sehr glaubwürdig. Es war einfach zu einfach, es nicht zu verstehen. Für die meisten war es überhaupt nicht zu verstehen. Sie geht zu BAADER und Schappi, sagt etwas Freundliches. Baader sieht sie nur an. Schappi erwidert etwas Bedeutungsloses.

Sie steht verlegen vor ihnen, ihr fällt auch nicht mehr ein, sie weiß nicht, was sie noch sagen könnte; dem großen und dem kleinen Dichter ist sie wohl eine Spur zu unbekannt, zu unerwartet, zu plötzlich. Sie bedankt sich und überlässt die beiden ihrer Unerreichbarkeit.

Die Skulpturenreliefs an den Wänden des Festsaales plaudern inniger mit ihr. Sie hängen da wie eine mit verrottetem Beiwerk geschmückte Ahnenreihe: Lilith, Adam, Eva, der Tod, Luzifer und andere Erfindungen. Gott ist nicht dabei (passte wahrscheinlich

nicht in das schmale Format der Bildrahmen). Lilith ist nicht nur
außerordentlich mager, sie wirkt auch sehr ungefügig, sie strotzt
vor Trotz, wirkt lasziv. Das begeistert sie. Die Konservendosen,
Abfalltüten, Fläschchen und roten Farbtöne, die den Körper der
Frau strukturieren, begeistern sie noch mehr. Dass die Materialien
die junge Industrial Art des Westens referieren, darauf kommt sie
nicht. So unanständig sinnlich strahlt Lilith aus ihrem Abfall,
dass sie, die BAADER längst vergessen hat, Lilith als ungehor-
same Frau des Urzeugers der Menschheit jederzeit bevorzugen
würde, denn die mit Tuben, Lacken und Fetzen drapierte Eva,
dieses dumme Weib, das sich an Adam bindet und von Gott be-
vormunden lässt, interessiert sie nur unwesentlich. Lilith hinge-
gen ist nicht sterblich, sie hat die verbotene Frucht gemieden und
Gott widersprochen.

Von metaphysischen Widerständen dieser Art ahnt sie nur
wenig. Und wenn sie es wüsste, würde sie Baader ansprechen,
der gerade allein an der Tafel lehnt, den Blick gerichtet in eine
Welt, von der sie nichts ahnt und nichts erwartet, aber die sie
gerade zu ergründen versucht.

Baader unterhält sich nicht, er wirkt abwesend und trinkt.
Als sie ihn ein zweites Mal zwischen den Ausstellungsgästen
sieht, argumentiert er wie ein Wasserwerfer. Sie stiehlt sich davon, bleibt bei ihren Freunden, in der Nähe ihres verheirateten
Liebhabers, trinkt Rotwein, raucht, redet.

In der Nacht kann sie nicht schlafen, der Mond füllt das Fenster – voll und ganz. Sie steht auf, tappt durch das dunkle Haus,
gelangt in den Eingangsbereich, findet BAADER auf der Kirchentafel im Festtrakt liegend, in Sachen, Stiefeln und unbedeckt. Sie
bleibt vor ihm stehen.

»Willst du nicht zu Bett gehen?«

Baader bewegt sich. Die Augen öffnen sich.

»Warum liegst du auf dieser Tafel? Ist das nicht unbequem?«

Baader dreht den Kopf zur Seite, reißt den Mund auf. Eine
riesige schwarze Höhle gibt sich preis. Ein grollender Schrei aus
der Tiefe spuckt ihr ins Gesicht. Sie schreckt zurück.

»So hab ich das nicht gemeint.«
»Was machst du hier?«
»Ouch, spazierengehen.«
»Is das nicht zu dunkel?«
»Der Mond scheint.«
»Der Mond?!«
»Ja, der Mond, direkt in mein Zimmer.«
»In dein Zimmer?«
»Hast du kein eigenes Zimmer?«
»Doch, nöh.«
»Kannst ja mein Zimmer haben, wenn du willst.«
»Rhm, ja?!«
»Aber nich zusammen.«
»Wieso nicht?«
»Ich gehe spazieren und du schläfst bei mir.«
»Ohne dich? Spazieren. Wohin denn?«
»Na, draußen. Is ja hell genug. Mond scheint.«
»Allein?!«
»Ja, warum nicht?«
»Könnte man nicht zusammen?«
»Das Bett ist zu klein.«
»Zum Spazieren?!«
»Nööh. Das is noch zu früh. Später vielleicht.«
Sie tänzelt vor seiner Bettstatt, einem sechs Meter langem Tisch, er schaut sie an. Sie fühlt sich zu ihm hinabgezogen. Die Lippen berühren sich. Leichter Stromschlag die Folge. Die Lippen öffnen sich. Ein Abgrund umschleicht den anderen. Sie will küssen, er verschlingen. Sie entzieht sich seinem Verlangen. Die Blicke greifen sich an. Sie drückt ihn weg. Er umklammert ihr Handgelenk.
»Ich geh jetzt spazieren. Kannst es dir ja überlegen.«
»Soll ich nicht besser mitkommen?«
»Wieso?«
»Ist das nicht zu gespenstisch?«
»Ooch, nöö, ich geh gern allein.«

Er lässt ihr Handgelenk los.

Draußen empfängt sie der Park: grelle Dunkelheit und die verfallenden Mauern der Schlossruine. Sie findet keinen Weg. Überall Sträucher, Brennesseln, Dornen. Sie geht wieder zurück. Baader ist verschwunden. Die Kirchentafel leer. Ein einsames Objekt in einem blass erleuchteten Raum.

Sie sehen sich auf der Torstraße wieder, zwischen Gormann- und Christinenstraße. Die politische Ordnung des Ostens wird gerade gefleddert. Überall Jubel und Party. Übrig ein gesichtsloser Kadaver in die Verpackung des Westens gehüllt. Gewickelt in das Leichentuch einer missglückten Epoche. Sie will das Leichentuch gegen ein lustiges Kostüm eintauschen, stürmt geradewegs ins Tacheles, einer Kriegsruine, die ihre morbiden Reize mit dem Ende der Geschichte zu vereinen trachtet. Endlich ist die Zeit angebrochen, das Ende, die (W)ende, gebührend zu feiern.

BAADER läuft dem Ende schnurstracks davon. Er ging immer umgekehrt voraus und rast Richtung Osten, sie Richtung Westen. Seine Aura verströmt heillose Anarchie. Seine Kleidung strotzt bunt wie ein Gockel unter kotzenden Hyänen. Sein Kopf bestimmt die Gangart. Die Statur hüllt sich aus. Dieser Mann will Strahlung sein. Er strahlt über das Pflaster. Eine Korona bauscht ihm nach. Sein Körper ist ein schmaler Strich im Zentrum einer verdampfenden Wolke. BAADER balanciert über dem Abgrund. Die linke Hand an der Hosennaht. Einen Ellenbogen angewinkelt, um die Würde der rechten Faust zu betonen. Die Stirn ein Spruchband. Das Spruchband ein Schrei gegen die Unabänderlichkeit seines Verschwindens.

Sie freut sich, ihn wiederzusehen, bleibt vor ihm stehen. Sie bleiben stehen.

Ein paar frisch gekaufte Jogginghosen, gefüllt mit deutscher Rasse, pampeln an ihnen vorbei. Sie lacht ihn an. Seine Aura versammelt sich um ihn, sie muss ihn beschützen. Die Jogginghosen müssen dem Radius der BAADER-Strahlung ausweichen. Er beginnt eine Befragung.

»Du in Berlin?«

»Ja, ich wohne jetzt hier.«

»Im Leichenschauhaus?«

»Nein, in der Fehrbelliner.«

»Welche Nummer?«

»28.«

»Kann ich dich besuchen?«

»Jederzeit.«

»Wohin gehst du?«

»In die Ruine an der Oranienburger.«

»Was machst du da?«

»Och, den Untergang betrachten.«

»Kann man da mitmachen?«

»Ja, die Sprengung hat noch nicht stattgefunden.«

»Vielleicht ist das gar nicht so falsch.«

»Die Kommune hat den Termin verschoben.«

»Welchen Termin?«

»Den Termin für die Sprengung.«

»Für die Sprengung des Untergangs?«

»Nein, den Termin zur Beseitigung der Überreste der Ruine an der Oranienburger.«

»Echt? Ich geb euch den Sound.«

»Im Moment gibt es nicht einmal Strom.«

»Ich bin keine Trümmerfrau.«

»Das dacht ich mir schon.«

»Ist sie schön?«

»Wer?«

»Die Ruine?«

»Sie ist schwarz. Manchmal rot. Und ziemlich dreckig. Wir räumen gerade auf.«

Er sieht sie im Dreck wühlen, Schutt abkratzen, smarte Steinchen aufheben. Sie macht nicht den Eindruck, als könne sie Schweres bewegen, Schubkarren, Trümmer; ihre Hose aus himmelblauem Rips und der cremefarbene Blazer würden das sicherlich nicht verkraften, trotzdem soll die Ruine aus dem Dreck gezogen werden, sie hat sich dafür entschieden und nicht für das Ehe-Konzept, sie ist frei, sie hat Zeit, sie will Lücken besetzen, Lücken des Widerstands, der Lust und der Spannung. Sie könnte sich auf der Stelle für ihn entscheiden, die Richtung wechseln, aber ein Mann ist ihr zu wenig. Ein einzelnes Dichterprojekt ist ihr zu wenig, es darf schon etwas mehr sein. Das riesige Loch in der Zeit, das Tacheles, hat sich noch nicht überholt auf der Fahrspur der alltäglichen Routine. Das Projekt an der Oranienburger ist so zerbrechlich und so unentschieden, dass sie sich lieber dort aufreiben möchte als an der Seite eines einzigen Mannes, dem sie alles geben müsste, einfach alles. Ihr ganzes Selbst. Denn noch ist sie ganz.

Er fragt, ob er bei ihr vorbeischauen dürfe. Ob sie ihm die Adresse aufschreiben solle, fragt sie zurück. Nein, Fehrbelliner 28, stimmt doch? Sein gutes Gedächtnis verlasse ihn sicher nicht, sagt er noch. Als er sie zu Hause besucht, weicht sie seiner Stärke aus, erbittet sich Bedenkzeit. Ein paar Tage später wartet sie an der Bar des Zapata, eine halbe Stunde vor der verabredeten Zeit. Der Jungmanager des Tacheles stöbert sie auf.

»Hast du Zeit?«

»Wieso?«

»Ich brauche dich.«

»Nicht jetzt.«

»Es muss sein.«

»Ich warte auf jemanden.«

»Kann warten.«

»Aber ...«

»Kannst du nicht später warten?«

»Warum suchst du dir niemand anderen.«

»Weil das nicht geht.«

»Ich will jetzt nicht.«

»Wieso!?«

»Weil ich auf jemanden warte.«

»Auf wen denn?«

»Auf Matthias BAADER Holst.«

»Wer ist das denn?«

»Ein Dichter.«

»Na und?«

Sie schweigt.

»Er kann warten.«

»Kann nicht.«

»Komm. Es eilt. Den triffst du schon wieder, wenn er das will.«

Sie geht mit dem Jungmanager das Unaufschiebbare erledigen und hat es zwei Tage später schon wieder vergessen. BAADER sah sie nicht wieder. Er wurde am 24. 6. 1990 frühmorgens in der Oranienburger Straße / Ecke Friedrichstraße von einer Straßenbahn angefahren und erlag am 30. 6. 1990 seinen Kopfverletzungen.

Manchmal stieg er aus seiner Stille nach oben und beschwerte sich: *hols dir auslöschung*[8] !!! Spreiz deine Karriere über mein Grab und halte, *solang noch eine Träne in dir blüht, die windfangtüren deines verweinten augapfels*[9] in Bereitschaft. *wie schön das ich dich traf am ende eines tages ... auf dem kalten pflaster der straße ...*[10] *daß sie aus dem dreck wieder auferstehn werden halte ich zumindest für möglich*[11].

1 Sämtliche kursiv gesetzten Zitate des Dialoges sind dem Gedicht »An Anna Blume« von Kurt Schwitters entnommen. S. Kurt Schwitters: Anna Blume und Andere. Verlag Volk und Welt, Berlin 1985, S. 12.

2 Aus: zwei wie asche und:abseits. In: »Matthias« BAADER Holst: koitusbonzen rotzen / zwischen bunt und bestialisch: all die toten albanier meines surfbretts. zwei Textsammlungen. Maas Verlag, Berlin 1992, S. 88.

3 Aus: koitusbonzen rotzen /21/. In: Ebd. S. 32.

4 Aus: koitusbonzen rotzen /29/ In: Ebd. S 40.

5 Aus: koitusbonzen rotzen /6/. In: Ebd. S. 16.

6 Aus: koitusbonzen rotzen /24/. In: Ebd. S 35.

7 Aus: zwischen bunt und bestialisch:. In: Ebd. S. 73.

8 Aus: koitusbonzen rotzen /35/. In: Ebd. S. 46

9 Aus: riechen siechen susi knipsen. In: Ebd. S. 103.

10 Ebd. Hier zitiert BAADER Holst aus Gedichten Kurt Drawerts.

11 Ebd. Ebenfalls ein Zitat aus einem Gedicht Kurt Drawerts.

puNk is dead!

2010 nahm die Anarchopunk-Legende CRASS mit einem Come-back Abschied. Die Band eröffnete ihr letztes Konzert mit einem Klassiker, der als Vermächtnis in den Festsaal Kreuzberg krachte. Die Botschaft kam an, aber nicht rüber, denn die versammelte Punkgemeinde skandierte pogend den Refrain »punk! is! dead!«. Dem Genre Punk ist die Auflösung seines radikalen Anspruchs von der Stunde Null an eingeschrieben. Seine bald vierzigjährige Wirkungsgeschichte besteht dann auch eher in der Schaffung einer Punk-Idylle, die sich selbst ein »punks not dead« ins zerfledderte Stammbuch schrieb. Das klingt wenig einleuchtend, wenn man sich die Gespenster vor den Supermärkten vergegenwärtigt, Penner, die mit Punk nur das P gemein haben. Von dem Begriff der Punkbewegung ausgehend, bleibt nur noch zu diagnostizieren, dass bei der Generation X in der x-ten Generation nichts mehr läuft, die Bewegung ist raus. Heute ist das Bild vom Punk im kollektiven Gedächtnis so fest verankert, wie die Punks unverrückbar angeleint vor den von ihnen verachteten Konsumtempeln rumhängen, im Schneidersitz (!) eben jene anbettelnd, die sie dafür gering schätzen, in dieselben zu gehen. Wer hätte 1977 gedacht, dass die Hundehalsbänder der Punks einmal als Signum dafür stehen würden, auf das Kleingeld anderer abgerichtet zu sein? Eine der schönsten Punk-Travestien spielt sich regelmäßig in einer Bankfiliale in Prenzlauer Berg ab. Ausgerechnet ein Punk hält dort als Tempelwächter des Kapitals den Kunden die Tür zum Bankinstitut auf und nimmt für diese Zuvorkommenheit ein paar Cent entgegen, unter einer leichten Verbeugung und einem verbindlichen Dankeschön.

Doch darüber soll hier nicht etwa Klage geführt werden, der Untergrund wird in letzter Konsequenz immer zur Geisterbahn oder eben zur Kanzlerbahn. Denn über das wahrheitsgemäße Klischee des Penner-Punks hinaus findet noch die mediale und retrospektiv ausgerichtete Beschwörung dessen statt, was Punkrock in seiner Hauptsaison 76/77 einmal authentisch und radikal sein ließ. Das Verschwinden des Protestcharakters von Punk, hinter seiner Präsenz als permanenter Renaissance im öffentlichen Unbewusstsein, spricht mal in feinstofflicheren, mal in grobstofflicheren Dosierungen vom Wegbrechen einer Protestkultur, die nicht nur Herzensangelegenheit einer Szene war. In den 60er, 70er und 80er Jahren war die Kultur des Widerspruchs eine Sache von Bewegungen und prägte ganze Generationen. Attac und Occupy geben dafür keine aktuelle Entsprechung ab. Sie stehen nicht für eine Generation und sind als eine Protestbewegung letztlich eine Protestelite geblieben, deren Aktionen sich nach den Protokollen, Terminen und den Krisen der Industrieeliten richten. Das fette Ausrufungszeichen des Protestes hinter Punk krümmte sich mit den Jahren zu einem dicken Fragezeichen hinter seiner Identität bzw. hinter deren Kopie.

Punk als »Branding« dürfte ein in seiner Relevanz besonders drastisches Beispiel von Identitätsverschiebung und Identitätsverlust darstellen. Bisher wurde die Geschichte einer Rebellion reinszeniert, und wenn man sich als aufgeklärt bzw. abgeklärt geben wollte, dann ließ sich so allgemein wie möglich vom »Ausverkauf« einer Jugendrevolte parlieren. Dieser Ausverkauf betraf naturgemäß auch andere Jugendbewegungen, Hip Hop und Techno etwa blieben ebenso wenig verschont wie künstlerische Subkulturen. So erfuhr z. B. Streetart eine freundliche Übernahme durch die Weichzeichnermentalität der Werbeindustrie. Lange zuvor ist das »no future« der Punks zu einem Corporate Identity mutiert, das sich letztlich als eine Markt-relevante Investition in die Zukunft erwies. Dies ist die eigentliche »Story of Johnny Rotten«. Ihre dauernde Fortschreibung durch die Mainstreamkultur handelt von der Wesensveränderung eines identitätsstiftenden

Kulturguts zu einem imageorientierten Konsumgut. Es ist die Geschichte des radikalen Wandels einer radikalen Jugendkultur, deren subkulturelles Kapital in ökonomisches Kapital transferiert wurde. Punk ist tot, weil er als Zitat nicht totzukriegen ist.

Die Entwicklung von Rebellion und Exzess zu Tradition und Jugendfolklore, vom affektiven Nihilismus der frühen Punks zum effektiven Leergut der Werbepunks, gipfelte in der Egalisierung von Subkultur und Mainstream, die heute Händchen halten. Denn das Interesse, die krasse Diktion von Punk in eine genreübergreifende Ästhetik zu überführen, war der letzte Akt einer Kommerzialisierungskette, der zur Folge hatte, dass die Punk-Codes als ein pseudosubversives Label und damit als Karikatur ihrer selbst funktionieren. Die Überführung des Habitus und der Ästhetik von Punk besteht in der beinahe ganzheitlichen Vereinnahmung seines Protestcharakters, der einmal identitätsstiftend war. Um es einmal vorsichtig auszudrücken; die Frage nach der eigenen Identität gilt als unter Jugendlichen sehr verbreitet. Doch in einer Zeit, in der sie kaum Widerstand zu leisten vermögen, da die Gesellschaft kaum noch Widerstand gegen ihre Protestschübe leistet, wird auch noch in einem Akt von Produktpiraterie jugendlicher Protest bzw. politische Identität absorbiert und eingespeist in den Warenkorb einer kolonialisierten Jugend- und Protestkultur. Und dies beinahe im Moment ihres Entstehens, denn die Inkubationszeit zwischen Anfang und Ende eines Phänomens wurde mit den Jahren immer kürzer. Unmittelbar nach den Protesten anlässlich des G8-Gipfels in Genua erschien in einem Zeitgeistmagazin unter dem Slogan »Fashion For The People« der Abdruck eines 10-Euro-Gutscheins. Illustriert wurde er von der Banksy-haften Schablone eines Globalisierungsgegners, welcher in Basecap, Kapuzenpulli und in Freiheitspose mit zur Faust geballter Hand, ein Megafon in der anderen, bis zu »70 % reduzierte Brands«, also Markenklamotten bewarb. Werbung verkleidet die Jugend als Moderebellen und entkleidet sie zugleich ihrer Identität als natürliche Opposition der Gesellschaft. Damit einher erfahren gegenkulturelle Symbole eine Umwidmung zu

Ikonen eines modischen Konsenses und somit zum Fetisch ihres unverbindlichen Konsums. Ihrer Elektrizität beraubt, werden sie im eigentlichen Sinne des Wortes zu Markte getragen. In den Kulissen dieses Marktes jedoch sind junge Leute nicht mehr nur jugendbewegt, vielmehr sind sie die Zielgruppe einer jugendbewegten Industrie. Deren Kundschaft wird Identität als Image verkauft, als die Illusion von gelebter Subkultur, politischem Widerstand oder künstlerischer Boheme. Im ungefähren Gleichklang mit der Konsumgesellschaft wird die eigene Jugend sozusagen live verpasst. Aus eben jener Konsumgesellschaft brachen die Punks einst aus, denn sie waren vor allem an Illusionen arm. Hip Hop hatte in seinen Anfängen das Potenzial, nicht nur ein neues Genre zu stiften. Doch er geriet zu schnell zur gerapten Ode an die Statussymbole der weißen Oberschicht und damit zu einem

Markensegment. Und Techno war zumindest in Berlin nur insofern Underground, als die Clubs tiefergelegte Partykeller waren, in denen zu sinnfreien Beats Marschmusik als letzte Offenbarung abgefeiert wurde. Nicht abgesehen von der Scheindemonstration namens Love Parade, deren Würdelosigkeit nur noch durch die Art ihres todbringenden Endes und die charakterlose Weise ihrer Zeremonienmeister zu steigern war.

Durch die heftigere Fallhöhe steht die Mimikry von Punk zu einer Marke stellvertretend für Prozesse, welche subkulturelle Lebensart und gegenkulturelle Arbeitsweise zur Vorhut ihrer eigenen Entkräftung machen. Dem reflexhaften Interesse an seiner imagebedingten und letztlich merkantilen Vereinnahmung sind Alternativkulturen als natürliche Ressource des Marktes ausgeliefert. Einmal im Umlauf, schließt sich schnell der Kreis, und aus einem Phänomen mit Ecken und Kanten wird eine runde Sache, damit der Rubel rollt. Die Domestizierung von Punk zu einem verfügbaren Stil hat längst Eingang in die Alltagskultur gefunden. Doch jene Alltagskultur bezieht sich ihrer Natur gemäß weniger auf eine politische Haltung als auf die Kopie von Typografie, Layout, Design und Mode mit politischer Attitüde. Auf den Authentizitätskult um Punk folgte seine Funktionalisierung als Produktpalette der Verwertungsindustrie. Punkästhetik entspricht längst einer Warenästhetik.

Die flächendeckende Werbung im öffentlichen Raum läuft auf die Montage von Original und Kopie als einer öffentlichen Demontage hinaus. Der öffentliche Raum ist eine Arena, in welcher Markt und Subkultur aufeinanderprallen. Diese Arena ist eine Messe, ein Raum für Werbung, für die Bewerbung modernen Konsumverhaltens, auch mit den Mitteln eines Punk-tradierten Konsumverzichts. Die tatsächliche oder vermeintliche Konsumfeindlichkeit von Punk wurde in einer Wechselwirkung von Konsumverzicht und Konsumverhalten, einem Konsumanreiz nutzbar gemacht. Eben in dieser Gleichung besteht der außerordentliche Reiz, ausgerechnet Punkrock als Identitätssiegel, als Utopien- bzw. Etikettenschwindel von Widerstandsgeist und Alternativkul-

tur in den Mittelpunkt von Marketingstrategien zu stellen. Punk war die Inszenierung seiner selbst, wurde aber in letzter Konsequenz vom Markt in Szene gesetzt. Der Markt hat sich seinen Verächtern angeglichen und ist die neue Besetzerszene, die den öffentlichen Raum mittels Plakat- und Videowänden okkupiert. Sie bewirbt eine Moderne, welche unsere ewige Antike bleibt. Durch den Rückgriff auf Insiderkulturen, die über ein subkulturelles Herrschaftswissen verfügten, gehen merkantile Botschaft und politische Haltung ein Verhältnis ein, das ein perfekt funktionierendes Missverhältnis ist. Da Werbung, wo sie berufsjugendlich auftritt, sich beinahe immer auf aktuelle Tendenzen stützt, auch wenn diese bereits durchdekliniert sind, ist der Mainstream die retro-gestützte Avantgarde seiner selbst. Damit wurde Punk in den Hochglanz- und Societymagazinen wie Vogue, Elle, Cosmopolitan und Vanity Fair salonfähig. Modeketten wie H & M, Zara, Mango oder Modelabel wie Rock & Republic und Punk Royal bedienten sich am Pistols-Artwork von Jamie Reid oder verliehen ihrem Sortiment wahlweise durch Clash- und Ramones-T-Shirts einen subversiven Touch. Bier, Autos, Jeans und Lifestyle-Produkte wurden und werden zu Songs von Punkbands wie Clash, Stranglers, Cockney Rejects, Iggy Pop, aber auch von jüngeren Bands wie Elastica, Caesars oder Hives beworben. Ein überdeutliches Beispiel für die Magie, welche Punk auf die Werbestrategen ausübt, dürfte eine der letzten »Einführungskampagnen« von Honda sein. Honda bewarb ein neues Model mit dem Slogan »Vernunft ist der neue Punk«. Nicht abgesehen davon, dass hier auf der Vernunftebene entschärft wird, was schon längst nicht mehr zündet, hantiert dieser Slogan nicht mehr nur mit einer von mehreren Signifikanten, sondern mit dem Begriff als Ganzem. »Vernunft ist machbar, Herr Nachbar!« und Punk ist runderneuert und zur gelegentlichen Nutzung dort gelandet, wo er einst auch herkam – in der Garage.

Die vielzitierte Absorbtion von Subversion ist zum einen kommerzieller Natur, aber in der gewollten Entschärfung direkten Denkens und identitätsstiftenden Handelns auch politisch zu verstehen. Jugendprotest ist ein Produkt, man kann es auf den Markt werfen, man kann es dem Markt entziehen. So verkleidet ein Abstauber-Kapitalismus seine Jugend als modische Boheme auf dem Laufsteg ins Nirgendwo. Während einer Show der Haute Couture in Paris liefen die Models in luxuriösen Kreationen vor dem Mode-Jet-Set zu einem Song der englischen Ur-Punkband X-Ray Spex über den Laufsteg. Der Song hieß »Identity«. Ohne einen handelsüblichen und somit abwegigen Systemabgleich zwischen vorgestern und heute vornehmen zu wollen, sei an dieser Stelle ein 17-Jähriger aus dem Jahr 2007 zitiert. Als Kommentar auf den Ostpunk-Film »too much future« bemerkte er: »Klar, die Punks wurden damals hinter der Mauer verfolgt, aber ihr habt euch wenigstens gespürt. Wir spüren uns heute nicht mehr.«

WahR ist das, was gegLaubt wird

So oder ähnlich hat sich Paul Auster über den Wahrheitsgehalt seiner bizarren Weihnachtsgeschichte geäußert. Jede Story ist eine Konstruktion, und auch historische Geschichten – ob mit wissenschaftlichem Anspruch oder nicht – machen keine Ausnahme. Eine Voraussetzung ist jedoch, dass es Unwissende gibt, die glauben müssen, was ihnen vorgesetzt wird.

Als Hippie sozialisiert, traf ich Anfang der Achtziger auf ein paar Berliner Punks, die schneller, witziger, radikaler und entscheidungsfreudiger waren als die langhaarigen Blueser-Typen und die auch eine bessere Musik machten. Ich war ein Fall unter vielen. Obwohl ich mich nie dazu überwinden konnte, landläufig anerkannte Punk-Accessoires zu tragen, mich lange nicht von meinen langen Haaren trennte und bis heute auch Dinosaurierbands wie Cream oder Rolling Stones Klasse finde, erfuhr ich unlängst aus der Fachliteratur, dass ich durch meine Besuche des Profi-Kellers in der Erlösergemeinde Lichtenberg zu einem Alösa-Punk geadelt worden bin. Richtig begriff ich das aber erst, als ich von einem KvU-Punk gefragt worden bin: »Bist du etwa der aus den Buch?« So schnell geht das manchmal.

Eine meiner Lieblingsthesen ist, dass wir, Hippies und Punks, in Berlin ab Mitte der Achtziger eine glückliche Zeit der Performance hatten. Aggressionskontrolle und schnelles, konsequentes Handeln, diese Mischung brachte eine in den letzten DDR-Jahren einmalige und hochwirksame Spaß- und Protestkultur zutage. Die nächste Generation Jugendlicher, die ab 1987 zu uns nach

154

Alösa und später auch in die Kirche von Unten (KvU) kam, trug bunte lange Haare mit kahl rasierten Stellen, Klamotten von Jackett über Army bis Leder und bewegte sich in fast allen Szenen Berlins. Und diese Kids waren im Sommer 1989 die ersten auf der Straße.

Zu unseren Konzerten in die KvU kamen auch die eher harmlos aussehenden Freaks aus dem Weißenseer Stephanus-Stift, von denen im Frühjahr 1989 die Kampagne ausging, bei der im Mai anstehenden Kommunalwahl berlinweit die Wählerstimmen auszuzählen. Damit ihre Gruppe bedeutend erschien, nannten sie sich »Mündige Bürger«. Wir lachten: »Na, ihr Bürger!«, machten aber mit. Bei uns in der KvU liefen die ausgezählten Stimmen zusammen, und danach gingen jedes Mal am siebenten des Monats unsere KvU-Hippiepunks auf die Straße: »Wir pfeifen auf die Wahl!«

Der Begriff Bürger wurde nicht gut diskutiert. Bürger waren Feiglinge, die ihre Fressen hielten und alles mitmachten, was die Obrigkeit gebot. Mutig waren sie nur dann, wenn es nicht mehr gefährlich schien.

»Euch hätte man früher vergast!« Wer diesen Spruch einmal gehört hatte, machte sich keine Illusionen: Alles, nur nicht, dass diese Bürger an die Macht kommen! Auch die Protagonisten der heute sogenannten Bürgerrechtsbewegung waren ausnahmslos Aussteiger: Freaks, Hippies, Künstler, die das erbärmlich verlogene DDR-Bürgerleben nicht ertragen wollten. Eine Bürgerbewegung – vor dem Herbst 1989 gab es sie nicht.

»Alles eine Frage der Definition!«, hört man. »Bürger: das ist doch der Citoyen, aktiver, mündiger Mitgestalter der Gesellschaft. DDR-Bürger waren keine richtigen Bürger; sie waren Untertanen.« – »Doch, doch«, entgegnen die anderen, »das waren schon richtige Bürger, glaubt uns, wir haben sie kennengelernt.«

Seit dem Rausschmiss der Punks im März 1983 aus den Jugendräumen der Pfingstgemeinde in Friedrichshain bemühten wir uns als Offene Arbeit und später als KvU um eigene Räume in der Kirche. Die Küsterin der Gemeinde bedankte sich übrigens später beim Bezirksrat:»Wir waren ja so froh, dass uns vor Jahren der Staatsapparat geholfen hat, die Punks aus unserem Haus zu vertreiben.«[1]

Doch die Kirchenleitung wollte sich mit uns keinen Ärger an den Hals hängen. 1985/86 liefen die Verhandlungen aus, unter anderem, weil der Staat für die Gestattung des offiziellen Kirchentags 1987 in der DDR-Hauptstadt verlangte, kritische Basisgruppen fernzuhalten. Mit der Gründung der Kirche von Unten kam 1987 neuer Schwung auf, doch es gelang effektiv erst im Januar 1989, die KvU zu öffnen, nach fast sechs Jahren nervenden Verhandelns. Dann war aber auch fast jeden Tag was los bei uns: Theater, Performances, politische Bildung und vor allem Punk. Man stelle sich vor, all die subkulturellen und staatsfernen sozialen Bewegungen der Jahre zwischen 1983 und 1989 hätten in Ost-Berlin einen Ort der öffentlichen Artikulation gefunden!

Und nun schreibt einer unserer damaligen Besucher, von dem eigentlich anzunehmen wäre, dass er sich mit unseren damaligen Nöten und Vorstellungen gründlich auseinandergesetzt hat, in seinem Revolutionsbuch Folgendes:

»Die KvU kritisierte im Kern den SED-Staat, griff aber stellvertretend die Kirchenleitungen an, weil sie diese als deren Sprachrohr verstand. So verständlich ihre Forderungen waren, so unverständlich blieb, warum sie nicht den Hauptverursacher, nämlich den SED-Staat ins Visier nahm und statt dessen längere Zeit innerkirchliche Sandkastenspiele abhielt.«[2]

Schade. Das klingt irgendwie nach»Thema verfehlt!«.

Ein anderer, sehr profilierter Aufarbeiter ließ sich in seinem Betrachtungsbuch über die 1989er Revolution und die letzen Monate der DDR zu der folgenden schönen Äußerung hinreißen:

»Immer häufiger dichteten und sangen die jungen Leute über die Trostlosigkeit in der DDR:

›Leipzig City – kalt und verdreckt,
hässliche Häuser, hinter Fassaden versteckt ...
Vorgetäuschter Luxus, kalt und verlogen.
In Eden, Ex und Deli ums Geld betrogen ...‹«[3]

Nur dass dieser Song der Punk-Band Wutanfall nicht in den letzten DDR-Monaten komponiert wurde, sondern, wenn ich mich nicht irre, im Jahre 1981. »Leipzig in Trümmern«, diese Uralt-DDR-Punk-Hymne wurde leider nie »von immer mehr Jugendlichen« gesungen, ganz einfach, weil sich kaum einer traute. »Laibsüch ün Drümmorn!«, so liebten wir es im breitesten Sächsisch und lachten uns tot dabei.

Und nun wird jener alte Halunke von Song zu einem Veteran des bürgerlichen Massenprotests deklariert. Nicht mal das *God Save The Queen* blickt auf eine so veritable Karriere zurück.

Zwar erfährt man erst im Endnotentext, dass die Autoren Punks waren, doch im Sinne der großen Revolution neigt man zunächst versöhnlich dazu, über derartige Kleinigkeiten hinwegzusehen. Leider entfährt dem Autor ein paar Seiten später, als er über die neuen, in der Revolutionszeit entstandenen Organisationen schreibt, Folgendes:

»Vor allem die basisdemokratisch-anarchistisch Gesinnten verweigerten sich weitgehend, Punks, Antifagruppen und andere subkulturelle Gruppierungen, die teilweise auch in kirchlichen Zusammenhängen agierten.« [4]

Dieser Satz ist geklaut und ideologisch verdreht wiedergegeben. Die KvU brachte es nämlich bereits 1997 folgendermaßen auf den Punkt: »Bei den Veränderungen in der DDR-Gesellschaft 1989/90, an denen wir unbestritten teilhatten, konnten wir so gut wie keine Akzente setzen.« [5] Und das meint etwas ganz anderes.

Die These von der Verweigerung ist falsch – und das weiß auch der Autor, denn nachweislich engagierten sich Punks sowohl in ihren eigenen als auch in den neuen Gruppen. Aber Punks in einer bürgerlichen Revolution, das passt nun mal nicht. Und so endet das Thema Punk in dem 500-seitigen Werk leider schon auf der Seite 91. Warum das so ist, darüber hat sich jener Aufarbeiter bereits vor 15 Jahren verbreitet, indem er über die Punk-Ideologie zu bemerken beliebte:

»Anarchistisches Gedankengut wurde damals in der DDR vornehmlich in der Punk-Bewegung gepflegt, so dass sich durch

die kirchliche Arbeit mit den Punks verschiedene Verbindungen entwickelten, auch wenn die UB (gemeint ist die Berliner Umweltbibliothek, Anm. d. Verf.) einen intelligenteren Anarchismus vertrat.«

Der historische Platz der Punks ist damit in der Hierarchie: Demokratie, Anarchismus und weniger intelligenter Anarchismus klar umrissen. In wessen geistiger Nähe sie sich angesiedelt hatten, schreibt der Aufarbeiter im Anschlusssatz:

»Von Bedeutung war auch der Einfluss von exzentrischen Personen mit verworrenen kommunistischen Ideen, wie dem IM Wolfgang Wolf …«

Tja, wie sagte ein deutscher Politiker, als er seinen späteren Freund Gorbatschow mit dem Propagandaminister Goebbels verglich: Man muss doch mal die Dinge auf den Punkt bringen!

Dabei waren wir unter dem Gesichtspunkt nutzenorientierter

Anarchismus eindeutig im Vorteil. Die Vertreter der Intelligenzija in der Szene, ob Anarchisten oder nicht, zeigten sich leider oft unfähig, einfachste Dinge zu meistern. Über deren Auslassungen im Frühjahr 1987, wie man zweitausend Bockwürste für den Kirchentag von Unten bestellt, lachten wir uns in Alösa noch monatelang scheckig. Wenn unsere KvU-Kids im Sommer 1989 nicht gezeigt hätten, dass man auf die Straße gehen kann, würde diese Oppositions-Intelligenzija einschließlich des gerade zitierten Aufarbeiters wohl heute noch im Keller sitzen und Gorbatschow-Reden diskutieren. Wir, Freaks, Hippies und Punks, hatten uns schon in der DDR Freiheitsstandards ertrotzt, von denen nicht nur der Normalbürger kaum zu träumen wagte, auch Durchschnitts- und sogar Spitzenwiderständler waren ganz erstaunt: Unter Einhaltung bestimmter Wege war es nämlich nicht nur möglich, den Wehrdienst zu verweigern sondern auch Wohnungen zu besetzen, sich coole Jobs zu besorgen, in denen man nicht gemobbt wurde und die einem unglaublich viel Lebenszeit zum Ausprobieren ließen. Freilich verzichteten wir dabei auf viele Sicherheitsstandards, die DDR-Bürger so sehr liebten.

Doch scheint die Thematisierung unserer Ausstiegsmodelle in den Augen mancher Ex-Revoluzzer inzwischen nicht mehr en vogue zu sein, und zwar aus prinzipiellen Gründen: Wie kann man in der DDR von Freiheitsstandards sprechen? Und der Verdacht schwingt mit: Wer sich solche Nischen geschaffen hat, hat kein Interesse an Änderungen. Nächster Schritt wäre dann die Feststellung: Die DDR war ein Paradies für Punks und Aussteiger.

1 Kirche von Unten: Wunder gibt es immer wieder. Fragmente zur Geschichte de Offenen Arbeit Berlin und der Kirche von Unten. Berlin, 1997, S. 63.
2 Kowalczuk, Ilko-Sascha: Endspiel. Die Revolution von 1989 in der DDR (Bundeszentrale für politische Bildung, Schriftenreihe 762), Bonn 2009, S. 211.
3 Neubert, Ehrhard: Unsere Revolution. Die Geschichte der Jahre 1989/90. Mit 42 Abbildungen. München 2008, S. 38.
4 Ebd. S. 91.
5 Kirche von Unten: S. 366.

SchmerZensgeld

Ich faselte gegenüber einer guten Bekannten noch mit achtzehn Jahren völlig ahnungslos:»Der Geschlechtsakt in Liebe ist eine Verschmelzung der Körper, der Seelen miteinander.« Ein beinahe schon esoterisch zu nennender Quatsch, nur damit zu begründen, dass ich vordem noch keinen »Geschlechtsakt in Liebe« vollführen durfte. Ich hatte mich zwar schon zweimal ernsthaft verliebt; zum ultimativen Liebesakt mit den von mir angebeteten Mädchen war es jedoch nicht gekommen, weil ich nicht konnte, weil sie nicht wollten; höchstens ein inbrünstiges Küssen, ein zärtliches Streicheln, ein scheues Berühren der Geschlechtsteile. Kennengelernt hatte ich bisher nur den Akt ohne Liebe.

Trotz meiner, sagen wir mal, romantischen Vorstellungen von der Liebe, war ich doch einigermaßen pragmatisch, was die Befriedigung meiner sexuellen Gelüste betraf. Einem außerhalb einer etablierten Beziehung hingelegten Fick zeigte ich mich selten abgeneigt. Gelegenheiten dafür boten sich zwar nicht en masse, aber es gab sie immer mal wieder. Die Hürden, die es dafür zu überwinden galt, waren ja nicht besonders hoch. Meistens wurde nicht viel Gewese um eine so normale Sache wie den Geschlechtsverkehr gemacht. Selbst ich als zurückhaltender, doch etwas ungelenker und alles andere als sexbesessener Kamerad landete gelegentlich auf der Bettkante diverser Frauen – um vorzeitig zu flüchten oder der zweifelhafte Held für eine Nacht zu werden. Dabei war ich aber selten nur hormongetrieben, die Lust am Spiel, am Abenteuer überlagerte häufig mein sexuelles Verlangen, zudem führten Eskapaden dieser Art zu einer Erhöhung des Selbstwertgefühls oder auch zu einer wenigstens empfundenen Steigerung des Ansehens im Freundeskreis. Insofern erschien sogar eine Flucht, also der von mir verweigerte Geschlechtsakt, gar nicht tragisch: Ich hatte mir selbst bewiesen, dass ich es hätte tun können, und die Freunde konnten ja kaum wissen, dass es nicht dazu gekommen war. In diesem Fall konnte man sich auch sehr viel leichter einreden, ein guter Mensch zu sein, als nach einer Nacht mit schlechtem Sex.

Meine Lehre in Gotha brachte eine Internierung im Wohnheim mit sich. Ich verliebte mich in eine der Insassinnen, Christina. Wir landeten schließlich auch im Bett, küssten uns inbrünstig ab, streichelten uns zärtlich. Aber es gab eine verbotene Zone. Sie zog einfach ihr Höschen nicht aus und machte mir so ganz ohne Worte deutlich: Ich hatte mich in das wohl einzige Mädchen im Internat verliebt, das die Entjungferung vor der Ehe verweigerte.

Während der schulfreien Wochen im Sommer – nach dem ersten Lehrjahr – war ich wieder in Weimar und Christina weit weg. Am Abend eines sonnenklaren Tages machten wir einen Ausflug auf den Ettersberg, eine Gruppe von vielleicht vierzehn, fünfzehn Leuten. Im Wald entfachten wir ein Lagerfeuer, drapierten uns mehr oder weniger malerisch drumrum und schlürften den herangekarrten Alkohol. Dazu dröhnte aus einem Kassettenrecorder allseits beliebtes Punk-Liedgut. Allein schon die schlechte Qualität der Aufnahmen sorgte für ein Klangerlebnis von beeindruckender Minderwertigkeit, eines, wie es die Musiker trotz eifrigsten Bemühens nie hinbekommen hätten. Als dann die Kraft der Batterien nachließ und die Lieder nur noch leiernd aus dem Recorder klangen, war der Sound infernalisch genug, dass wir uns dem Glück nahe fühlten. Von Bier und Schnaps verstrahlt, von den Sternen am Himmel überstrahlt. Eine durchaus ungewöhnliche Veranstaltung, zudem hatte irgendwer zwei unbekannte Mädchen mitgebracht. Ob Zufall oder nicht, saß ich neben ihnen. Ich sprach mit einer der beiden, sie sagte, sie käme aus Potsdam, sie hatte rotes, natürlich rotgefärbtes Haar. Plötzlich landete mein Kopf in ihrem Schoß, ob Zufall oder nicht, und, ja, als ich da so lag, war ich doch sehr angetan von ihr. Ich redete irgendwelchen Stuss von den auf uns herableuchtenden Sternen, dachte dabei an fickende Himmelskörper, an den Urknall, den Orgasmus des Universums, und redete weiter – vom Loch, das mir das Funken sprühende Feuer in meine Hose gebrannt hatte. Das war an sich gar nicht erwähnenswert, trugen wir Löcher in den Kleidern doch geradezu als ein Abzeichen der Aufmüpfigkeit, aber sie verstand und war auch gleich bereit, mit mir nach Hause zu gehen und meine Hose zu flicken, das heißt: Sie wollte mit mir ins Bett. Meine Mutter und mein Bruder waren an diesem Wochenende außer Haus. Ich hatte also freie Bahn. Während des Heimwegs fabulierte ich noch eine Menge wirres Zeug zusammen, über das Universum, über Weimar, über Punk hier, über Punk dort, über mich vielleicht nicht ganz so viel, immerhin glaubte ich, ziemlich souverän dabei zu wirken. Auf die Idee, sie zu küssen oder auf eine andere Art intim zu werden, kam ich nicht. Warum auch? Das würde ich ja später noch erledigen können.

Zu Hause leerte ich umgehend die Hosentaschen, Geld und Ausweis legte ich auf den Tisch, und zog die Hose aus. Sie schnappte sich den Ausweis, blätterte darin: »Du bist ja erst siebzehn ... Warum hast du gesagt, du bist achtzehn?« Ich brachte ein überhaupt nicht souverän wirkendes »Warum nicht?« heraus. Auf einmal war ich gar nicht mehr so angetan von ihr und ging erst mal auf Toilette. Sie hatte mich bei einer kleinen, schwachsinnigen Lüge ertappt, die aus einem jugendlichen Minderwertigkeitskomplex geboren war: Sie hatte mir gesagt, sie sei achtzehn; ich wollte ihr nur – wie man das gemeinhin sagt – auf Augenhöhe begegnen. Als ich vom Klo zurückkam, flickte sie tatsächlich die Hose.

Kurz darauf gingen wir ins Bett. Es gab keine wüste Entkleidungsszene, wir zogen uns nicht gegenseitig aus. Wir entledigten uns brav unserer Kleider und legten uns nackt zueinander, wie zwei Verurteilte, die nun die ihnen bestimmte Aufgabe zu erfüllen hatten: miteinander zu vögeln.

Es wurde ein Desaster. Wir küssten uns nicht hingebungsvoll, sondern knutschten wütend, wir streichelten uns nicht, sondern fuhrwerkten eher hastig aneinander herum. Ich hatte viel zu viel getrunken, unsere schlecht aufeinander abgestimmten Sportübun-

gen taten ein Übriges: Ich kriegte keinen hoch. Sie versuchte es daraufhin mit solidem Handwerk, griff sich meinen Schwanz und rubbelte kräftig, das ging auch nicht. Unmöglich, so einen vernünftigen Geschlechtsverkehr hinzukriegen. Ich führte meinen Mittelfinger in ihre Vagina, um wenigstens ihr einen Orgasmus zu bescheren, stocherte dort orientierungslos und zunehmend genervt und gewalttätig herum. Angesichts meiner Unfähigkeit täuschte sie etwas vor, das ich für einen Orgasmus halten sollte ... Es war endlich vorbei. Ich ging erneut auf die Toilette. Als ich zurückkam, schlief sie. Oder sie tat so. Ich legte mich neben sie und fiel sofort in eine gütige Ohnmacht.

Als ich am nächsten Tag aufwachte, war sie nicht mehr da. Ich war ganz froh darüber; ein Gespräch über die verkorkste Nacht erübrigte sich damit. Ich kochte mir einen Kaffee, suchte nach den Überbleibseln des gestrigen Abenteuers: die Hose, gut zusammengeflickt, der Ausweis, der meine Siebzehnjährigkeit beurkundete, das Geld. Ja, das Geld. Ich hatte gestern beim Ausziehen der Hose etwa 70 Mark – mehr als die Hälfte meines Lehrlingslohns und dazu bestimmt, mich bis zum Monatsende durchzubringen – aus den Taschen gekramt und die Scheine und Münzen einigermaßen nachlässig auf dem Wohnzimmertisch ausgebreitet. Das Geld war weg. Ich schaute unter den Tisch, auf und unter die Sessel, die Schränke, lief durch die anderen Räume der Wohnung, suchte überall, obwohl ich doch sicher war, meine Taschen über dem Wohnzimmertisch geleert zu haben. Und dann endlich, schlagartig wurde es mir klar ... Sie hatte die 70 Mark einfach mitgehen lassen, hatte mich beklaut, als sie gegangen war. Sie sah dieses kleine Häuflein von Scheinen und Münzen wohl als Entschädigung an – für einen Abend, der ein Versprechen auf rechtschaffenen Sex geboten hatte und dann von mir so grundlegend versaut worden war. Schmerzensgeld.

Sie hatte mir am vorherigen Abend ihre Adresse in Potsdam aufgeschrieben, auch die Telefonnummer. Ich fand den Zettel, musste unwillkürlich grinsen ob des Gedankens, Rache zu nehmen, und warf den Schrieb kurz darauf in den Mülleimer.

Bert Papenfuß

Im ABlauf des Auflaufs

**ein Sprichwort auf den Weg,
der mit Weisern gepflastert ist**

Blasse Ahnung folgt dem Kalbfell,
lügt das Blaue vom Himmel,
um sich älter zu machen
und jünger zu fallen.
Im Blei liegt die Hoffnung;
schwarz vor den Augen
von der Farbe reden,
kann der Soldat.
»Die Straßen«[1] diesseits
und jenseits der Leninallee,
bis runter zur Friedenstraße
»quollen über vor Menschen,
in der Ferne polterte und krachte es;
dann lag der Schrecken hinter ihnen,
    um sie herum
        standen verlassene Häuser
            mit vernagelten Fenstern«,
»Fallen faces by the wayside
Looked as if they might have known
O the sun was in their eyes«.[2]
»Asche trieb ihnen ins Gesicht,
es roch nach verkohltem Papier,
    und auf die Freitreppe
        eines wunderschönen Einfamilienhauses
        mit riesiger Nationalflagge

schritt ein hochgewachsener Oberst
in der Paradeuniform eines Leibhusars,
nahm die Mütze ab und erschoß sich,
und wir zerlumpte, blutverschmierte,
getreue und verkaufte Gestalten,
    zwar noch in Husarenuniform,
        aber keine Husaren mehr,
            schon fast Deserteure,
wir begannen zu pfeifen,
wiehernd und höhnisch zu lachen,
und einer stieß seinen abgebrochenen Säbel
in die Leiche ...«, den er als makelloses Schwert
wieder hinauszog – und im Jahre 7 nach Punk
für eine schartige Pflugschar hergab.
Seither grämt er sich in trauter Runde
mit seinesgleichen bis auf den Tag,
an dem sich aller Seelen biegen,
»bis weißer Rauch aufsteigt
und es eine Lösung gibt« [3]
            eine gemeinsame
            bei Wasser und Brot
            im Puff bei uns zu Haus.
»O the dancing and the singing
O the music when they played
O the fires that they started
O the girls with no regret« [4]
Wer zulangt,
        wo er ranlangt
            aber nich' anlangt:
Daum'schraum,
Raumschraum,
        Schaumschraum.
            Wie ein Pflock aus der Vollmacht:
Ohmrum'n'Untnrum-nochmal!
»Wir haben uns mit dem Volk beratschlagt,

und es herrscht die Meinung, es sei noch verfrüht,
die Waffen abzuliefern.« [5] Wir haben beschlossen,
die Schleifung der seit 1917 vereinigten Staaten
indessen auf unsere spezielle Art fortzuführen.
>>It seemed good and it seemed right,
that I should dig him on the night,
but in the morning with the sun,
he pulled an automatic gun.
He blew my soul, he blew my brain,
he said I could not do the same.
Hippy Gumbo he's no good.
Chop him up for firewood.
Hippy Gumbo he's no good.
Chop him up and burn the wood.« [6]
Blak flattert, Ruß flockt nieder,
verehrte Bratties und Bratchnies:
»Aus gutem Eisen macht man keine Nägel,
aus guten Männern keine Soldaten.« [7]
Die Mordlust kommt beim Schießen.
Ausgebuffte Fragestellungen
führten uns raus nach Erkner.
Der Forst brüstet Holz,
im Dickicht brunzt Frost.
Wo der Faden dünn, da geht er hin.
Das Ende des Schmökers
ist die abgefahrene Zeitung,
die man Nachricht nennt.
Zurück kamen wir erst, als alles zu spät war,
und widmeten uns weidlich der Vorfreude
auf die Mast, die mit der Zucht einhergeht,
die dem Kommunismus gebietet,
wo der Wind weht, wo's lang geht;
wo der Flughafen steht, der sich aufbäumt
und im Ablauf des Auflaufs schließt:
Ohne Zivilterror läuft heut nichts mehr.

Eh wir uns versahen, war er fertig,
der Raubbau, und stand wie Barock.
Nackten Kaisern, die sich nicht gewaschen hatten,
riß man das Fell runter, so ist der Ablauf des Auflaufs[8]
mitten in den Herzen der Bestien abgefeimter Staatlichkeiten.
—— Schrulle ist der Lauf der Welt:
Keine Spur von der Idee eines Gedankens,
geschweige eines Ganges, der die Motten hat
und Kalender macht, aber Wirkmacht ausbrezelt.
Alles kommt aus nichts, insbesondere Gleichgültigkeit,
Poesie und Anarchie; sowas kommt allerdings von sowas,
Unterdrückung, Ausbeutung, Kriegführung, sog. Demokratie
unter dem strahlenden Unstern des Zuschisses, der uns
 unterhält,
von der Gleichgültigkeit menschlichen Strebens abhält
 und durchfällt.

1 Zitiert, wenn nicht anders angegeben, aus: Arkadi und Boris Strugazki:
Die häßlichen Schwäne. Deutsche Übersetzung von Hans Földeak. Wilhelm
Heyne Verlag, München, 1982, S. 208 f.
2 Aus: *Theme for an Imaginary Western* (Text: Pete Brown, Musik: Jack
Bruce). Auf: Colosseum. Daughter of Time. Vertigo, 1970.
3 Aus: Veit Medick. *Kritik an Finanzindustrie. Politiker erklären Banken zum
Staatsfeind,* www.spiegel.de/politik/deutschland/0,1518,792058,00.html
(16. 10. 2011).
4 Aus: Theme for an Imaginary Western, s. Anm. 2.
5 Aus: A. u. B. Strugazki. *Die häßlichen Schwäne,* s. Anm. 1, hier S. 211.
6 Aus: Hippy Gumbo (Text und Musik: Marc Bolan). Auf: *Hippy Gumbo/Mis-
fit*, Parlophone R 5539, 1966.
7 Systemübergreifende Volksweisheit.
8 Nach einem Auszug aus einem Blog-Eintrag der Moskauer Modejournalis-
tin Becky Sharpe (http://becky-sharpe.livejournal.com/1265374.html, 11. 12.
2011: »А с голых королей, которые не успели смыться, спускают шкуры, как
вы помните из хода истории.«), der Bezug nimmt auf die Proteste gegen die
Wahlfälschung in Russland am 4.12.2011. Auf indymedia.org erschien eine
Übersetzung, hieraus (http://de.indymedia.org/2011/12/321535.shtml, 11. 12.
2011) folgende Passage: »Seltsame Gedanken. Der erste: Auf Demos muss man
bewaffnet gehen, mit Helm und schusssicherer Weste. Wenn die bewaffnet
sind, müssen wir auch bewaffnet sein. Um Widerstand leisten zu können. Ich
weiß nicht, wie man diesen Kriegern beikommen kann, aber bestimmt gibt es

irgendwelche Partisanenmethoden. Von hinten mit Benzin übergießen und
anzünden? Ich weiß nicht wann und wie, aber die Männer müssen darüber
nachdenken. Sie haben uns verschleppt, unbewaffnet. Gerechtigkeit! Ach!
Wie froh wäre ich gewesen, wenn sich ein Draufgänger gefunden hätte, der
es diesen Leuten mit gleicher Münze heimgezahlt hätte. Mit den gleichen
Mitteln – den Leuten genau den gleichen Schaden zufügen, den sie uns zu-
gefügt haben. Schläge auf die Beine, Schläge ins Gesicht ... Kurz, ohne einen
Partisanenkampf erreichen wir nichts. Männer, Ihr wärt noch perfekter, wenn
in Moskau eine richtige Strafexpedition einfallen würde. Wir sind alle Deka-
bristen. Und Dezember ist ja. Das ist der Anfang, zwar erst ein schwacher, der
arabischen Lösung. Es heißt, dass Putin, auch wenn er schon lange den Bezug
zur Realität verloren hat, sich jetzt trotzdem in die Hose macht. Nackten Kaisern, denen es nicht gelingt, sich zu waschen, zieht man die Haut ab, das lehrt
uns die Geschichte.«

» Suki «

Oder: Russisch fluchen. Lektion 2

Es gibt ein paar Situationen, in denen man sich Scherze einfach nicht erlauben kann. Beim Zahnarzt, zum Beispiel. Den darf man nicht ärgern. Wer ihm dumm kommt, kriegt eine Plombe mit verzögerter Wirkung verpasst. Auch mit dem Gynäkologen ist nicht zu spaßen. Denn im Gegenzug könnte er sich auch einen Spaß erlauben – ebenfalls mit verzögerter Wirkung: zwischen sieben und neun Monaten. Außerdem sollte man seinen Chef immer ernst nehmen. Und keine faulen Witze mit dem Friseur! Völlig humorlos: die Mudschahedin in den Bergen von Afghanistan. Schlechte Idee: Nachts um halb drei einen Obdachlosen in der Nähe des Berliner Bahnhofs Lichtenberg zu veräppeln. Er könnte dich sonst anspucken! Die nackten ukrainischen Mädchen aus der Gruppe »Femen« sollte man auch nicht unbedingt aufziehen. Ihre Reaktion ist zwar bekannt, aber trotzdem … Witze auf Kosten von Boxchampions, betrunken auf dem Männerklo zum Beispiel, spart man sich besser. Natürlich kommen einem noch andere in den Sinn: Die Schwiegermutter! Der Pitbull von dem kahlrasierten Nachbarn unten, ein Makake im Zoo, der mit seinen Exkrementen schmeißt! Der frische Schimmel in der Ecke vom Bad oder das Zwölffingerdarmgeschwür. Die Liste derer, die absolut keinen Spaß verstehen, lässt sich beliebig erweitern.

Aber ich habe eine besondere Geschichte zu erzählen. Schließlich ist das hier ja Unterricht in »Russisch Fluchen«. Über die staatlichen Sicherheitsorgane nämlich. Stasi, MI 6, Mossad, CIA, FBI – sind zu Scherzen eher nicht aufgelegt. Auch der Verfassungsschutz und der französische DCRI sind da keine Ausnahmen: Spaß verstehen die nicht.

Einen besonderen Sinn für Humor hatte allerdings der KGB. Insbesondere zu Zeiten großangelegter militärischer Hilfsaktionen für afrikanische Freunde und, im sozialistischen Sinne des Wortes, Blutsbrüder – kurz: für Angola.

1976. Lvov, Westukraine. Sonntag. 13.00 Uhr Moskauer Zeit. Frühling. Mäßiger Wind aus südlicher Richtung. Bewölkt.

Über den mit quadratischen Platten von 80 cm Seitenlänge gepflasterten Platz, direkt auf die niedrigen, kleinen Häuschen zu, aus deren Fenstern man auf das gegenüberliegende Gebäude der Stadtverwaltung blickt, nähert sich, bekleidet mit einer Jacke, wie amerikanische Hubschrauberpiloten sie tragen (allerdings weiß noch niemand, dass es sich um eine amerikanische Hubschrauberpilotenjacke handelt), mit einer dunklen Sonnenbrille wie ein Hollywoodfilm-Polizist, eine kubanische Zigarre zwischen den Zähnen (denn woher sonst, frage ich euch, sollte wohl im Jahr 1976 auf dem Territorium der UdSSR eine Zigarre stammen), mit einem großen Koffer auf den Schultern, nähert sich also, kommt näher und noch näher ... – richtig! Der ein halbes Jahr zuvor unbekannt verschollene Sohn der Bibliothekarin, die im letzten Häuschen auf der linken Seite wohnt. Die Frau ist seltsam. Ihr Sohn war spurlos verschwunden, aber weder weinte sie, noch beklagte sie bei den Nachbarn ihr Schicksal, sie fing nicht an zu trinken, und in die Kirche ging sie auch nicht. Mit einem Wort: seltsam.

Keiner weiß mehr, wer den »Zigarrenraucher« als Erster sah. Und wer als Erster mit dem Ruf: »Er ist wieder da!« dem jungen Ingenieur entgegenrannte, der sich seines Lebens und seiner Heimkehr freute. Die halbe Straße kommt auf dem Platz zusammengelaufen, die Kinder vorneweg, als Nachhut die Alten, in der Mitte des Gewühls die besten Kumpels des »unbekannt Verschollenen« und ihre Eltern. Irgendjemand brüllt, man müsse der Bibliothekarin Bescheid sagen. Ein anderer fängt an zu weinen. Der »unbekannt Verschollene« beginnt der Reihe nach alle, die das wollen, zu umarmen und zu küssen. Es wird beschlossen, sich am Abend im Hof der »Bibliothekarin« zu versammeln, um das Ereignis zu begehen.

Gesagt – getan. Abends beginnen die Leute kleine Speisen, Alkohol und Obst an den Straßenrand zu schleppen. Denn das Haus der Bibliothekarin ist für eine solche Anzahl von Besuchern nicht ausgelegt. Nach dem Essen stehen Stühle und Tische in einer langen Reihe, und unter freiem Himmel geht man dazu über, die Heimkehr des verlorenen Sohnes zu feiern.

Als alle ordentlich betrunken sind, fallen die gesellschaftlichen Hemmungen, und die Leute fangen an, ihre Fragen ohne Umschweife zu stellen:

Wo warst du?

Was hast du gesehen?

Woher hast du die Jacke?

Hast du noch mehr Zigarren?

Der »verlorene Sohn« tut die Fragen aber nur scherzhaft ab und fragt seinerseits mit großem Interesse, was es denn Neues gäbe. Ob nicht von den Mädchen eines geheiratet hätte oder ein Kind geboren worden sei. Wie es perspektivisch mit der Planerfüllung der Kommunistischen Partei der Sowjetunion aussehe, betreffs des Aufkaufs von Getreide. Da begreifen alle, dass er nichts erzählen würde und es Zeit ist, nach Hause zu gehen. Die »Bibliothekarin« strahlt. Das Volk verzieht sich. Auf der Türschwelle bleiben zurück: der »unbekannt Verschollene«, eine Flasche Wodka, drei seiner besten Kumpels und eine Stimmung, für die drei Zigarren nicht ausreichen. In einer Erzählung könnte man jetzt drei Pünktchen setzen, im Film die Szene ausblenden und Musik einspielen, aber im Leben ist es so, wie es eben ist. Sie reden, rauchen Zigarren und trinken Wodka.

Montag, 21 Uhr Moskauer Zeit. Frühling, mäßiger Wind aus südlicher Richtung. Bewölkt.

In der Nähe des Hauses der »Bibliothekarin« summt die Menschenmenge wie ein aufgeregter Bienenschwarm. Auf der Türschwelle steht der »verlorene Sohn«. In der Hubschrauberjacke, ohne Brille und ohne Zigarre.

»Seid doch endlich still! Es gibt überhaupt keinen Krieg!« Der verlorene Sohn spricht in einem lauten Flüsterton. »Ich war betrunken, und, naja, habe meine Erzählung ein wenig ausgeschmückt. Ich war nie in irgendeinem Afrika. Die Jacke hab ich in Moskau auf dem Militariamarkt gekauft, und die Brille habe ich geschenkt bekommen, als unser Institut das neue Nachtsichtgerät vorgeführt hat.«

»Was? Was für ein Sichtgerät?«, fragt es aus der Menge zurück.

Er begreift sofort, dass ihm da was rausgerutscht ist.

»Ach egal, geht doch heim! Dass ihr immer gleich jedes besoffene Geschwätz ernst nehmen und hier Unruhe verbreiten müsst!«

Montag, 24 Uhr Moskauer Zeit. Frühling, mäßiger Wind aus südlicher Richtung. Bewölkt.

In der Nähe des Hauses der »Bibliothekarin« stehen graue Menschen mit Augen und Ohren, aber ohne Gesichter. Neben dem Haus stehen zwei PKWs und ein Pritschenwagen, mit dem Brot ausgeliefert wird.

Dienstag, 1.30 Uhr Moskauer Zeit. Frühling, mäßiger Wind aus südlicher Richtung. Regen.

Die grauen Menschen haben Verstärkung bekommen in Form eines Wagens mit speziellem Alarmsignal, diesem blauen Ding auf dem Wagendach. In der Wohnung der »Bibliothekarin« findet eine Besprechung statt. Den Vorsitz hat die Mutter des »verlorenen Sohns«.

»Verstehst du, was du angerichtet hast? Du Kindskopf! Willst du im Gefängnis verrotten wie dein Vater? Mich auf meine alten Tage allein lassen? Was soll ich jetzt ma-a-a-a-aachen?« Das letzte Wort geht über in das Schluchzen der vom Leben gezeichneten Frau.

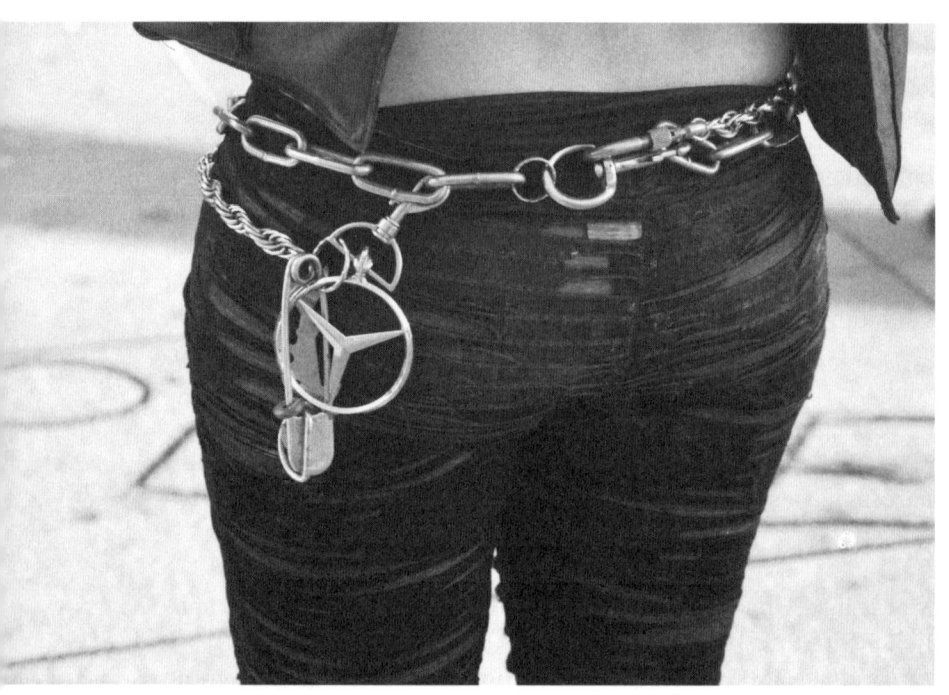

Dienstag, 1.40 Uhr Moskauer Zeit, Frühling. Mäßiger Wind aus südlicher Richtung. Regen.

Die grauen Männer haben sich von dem Blaulichtauto entfernt. Die grauen Männer haben sich um das Haus herum postiert. Die grauen Männer – haben sich in Schatten verwandelt. Aus dem Blaulichtauto steigt der graueste, der gesichtsloseste von allen und geht auf die Tür der »Bibliothekarin« zu.

Dienstag, 1.45 Moskauer Zeit. Frühling. Böiger Wind aus südlicher Richtung. Regen.

Obwohl kaum hörbar, geht das Türklopfen in seiner Vorhersehbarkeit durch Mark und Bein.

»Wer ist da?«, fragt eine weibliche Stimme.

»Machen Sie auf«, antwortet eine metallische Stimme.

»Ich mache nicht auf«, hört man die weibliche Stimme.

»Öffnen Sie die Tür.« Die metallische Stimme ist ganz Herr der Lage.

»Ich mache nicht auf.«

»Wir haben einen Haft- und Durchsuchungsbefehl.«

»Mitten in der Nacht? Das ist gegen das Gesetz! Räuber seid ihr!« Die »Bibliothekarin« hastet von der Tür zum Fenster, öffnet das kleine Oberlicht und beginnt aus vollem Hals nach draußen zu schreien: »Zu Hilfe! Wir werden ausgeraubt! Helft uns! Rettet uns! Ruft die Polizei! Feuer! Feuer!! Feuer!!!« – mit gellendem Heulen: »Es brennt! Es brennt!!!« Als sie zu Ende geschrien hat, lässt sie sich neben dem Fenster nieder und flüstert leise: »SUKI.« Ja, sie flüstert es. Sie zischelt, wie eine Schlange auf Sri Lanka! Genau so muss man den ersten Buchstaben aussprechen. SSSSri Lanka. Und danach, eine Terz tiefer, oder wenigstens einen Halbton: UKI. Das U muss man ein wenig gedehnt sprechen. SSSUU-UKI. Also spricht die Mutter des »verlorenen Sohnes« das magische Wort »Suki«. Und damit nimmt alles seinen Lauf.

Dienstag, 2.00 Uhr Moskauer Zeit. Frühling. Böiger Wind aus südlicher Richtung. Regen und Hagel.

Beim Haus der »Bibliothekarin« sind eine Menge Leute und viel Technik. Viele Blaulichtautos, Feuerwehr, zwei Krankenwagen, drei Polizeistreifenwagen und, aus unerklärlichen Gründen, ganz unauffällig und unbeteiligt, der Pritschenwagen für die Brotauslieferung.

Dienstag, früh um halb vier, Moskauer Zeit. Mäßiger Wind aus südlicher Richtung, leichte Niederschläge.

Beim Haus der »Bibliothekarin« ist niemand. Nur der Pritschenwagen für die Brotauslieferung vegetiert hier noch vor sich hin, mit teilnahmslosem Ausdruck und erloschenen Scheinwerfern.

Die »Bibliothekarin« – eine vom Leben gehärtete Frau – schnarcht leise. Oder tut zumindest seit einer halben Stunde so. Der junge Ingenieur, der keinen Alkohol trinken kann, ohne irgendwelchen Blödsinn zu erzählen, macht den Rest der Nacht kein Auge zu. Folgerichtig erscheint in seinem Gesicht ein Ausdruck abgekämpften Widerstands mit voll ausgebildeten schwarzbraunen Augenringen. Aber die kneift er zusammen und geht zur Arbeit. In Begleitung des Brotwagens, natürlich. Der junge Ingenieur fasst einen Entschluss. Er würde sie alle nur noch verarschen! Von diesem Tag an, so beschließt er, würde er vor keinen mehr Respekt haben. Außer vor dem Gynäkologen.

Der erste war sein Chef. »Ich will Freiheit! FREIHEIT! Ich scheiß auf eure KPdSU! (Für alle, die nun wirklich aus dem allerwildesten Westen kommen oder die noch sehr jung sind, will ich erklären: KPdSU – das ist Geist! Ehre! Und Gewissen unserer Epoche! Das heißt, die kommunistische Partei der Sowjetunion. Für alle, die völlig verblödet sind, erkläre ich außerdem: Die Sowjetunion, das ist das Land, das Michail Sergejewitsch Gorbatschow vernichtet hat, der letzte Generalsekretär von eben dieser KPdSU.)

»Sie haben mich zu einer wissenschaftlichen Konferenz nach Taschkent geschickt! Wissen Sie überhaupt, wo diese Konferenz stattgefunden hat? Ein halbes Jahr lang, ja?«

Der junge Ingenieur wurde auf der Stelle entlassen. Hysterisch versuchte der Chef, im Brotwagen anzurufen. Als er das Büro verließ, zischte der »ehemalige junge Ingenieur« seinem ehemaligen Chef zu: »SSSUUka«.

Anschließend trieb er seinen Scherz mit der Zahnärztin. Von einem Besuch bei ihr träumte er schon seit einem halben Jahr. Frau Doktor wusste nicht, dass er entlassen worden war. Sie sagte ganz freundlich: »Hast du Sehnsucht nach mir gehabt?«, und machte sich an die Arbeit. Als ihr Bohrer auf den Nerv traf, biss er ihr wenig zärtlich in die Hand. Als Antwort pflanzte sie ihm eine Plombe ein, die leicht aus dem Mund hervorragte, wie ein Vampirzahn. In diesem Moment kam ein Anruf, entweder vom ehemaligen Chef oder direkt aus dem Brotwagen. Danach eröffnete Mademoiselle Doktor ihm, dass es keinen Strom gäbe. Er könne

am nächsten Tag zu jeder beliebigen Zeit wiederkommen ... Aber
höchstwahrscheinlich gäbe es morgen auch keinen Strom. Sie sei
bereit, den überstehenden Zahn mit einer Raspel zu kürzen ...
Aber er solle nicht vergessen, den jodgetränkten Wattebausch
nach einer Stunde auszuspucken. Wenn die Betäubung nach-
ließe.

»SSSUUka«, zischte der junge Mann, als er die Einrichtung
verließ, die nicht nur die Praxis der liebenswürdigen Zahnärztin
beherbergte, sondern auch das geheime Labor zur Entwicklung
von Nachtsichtgeräten.

Mit eingekniffenen Augenringen, die Lippe mit der Watte über
den hervorstehenden Zahn gestülpt, ging er zum Friseur. Die
junge Meisterin für Herrenschnitte fragte ausgesprochen direkt:
»Wie soll ich Sie frisieren?«

»Naja, wie« – lispelnd (mit der Lippe den Zahn verbergend) –
»kurz eben, aber keinen Boxerschnitt ...«

»Und wie ist das? Kurz aber keinen Boxerschnitt?«

»Naja, also, wie ... so wie Gagarin.«

»Aaaa«, sagte die Friseurmeisterin, »alles klar«.

Ohne mit der Wimper zu zucken, schnappte sie den elektrischen Rasierapparat und begann damit über seinen Kopf zu schnurren. Er schloss die Augen. Der »ehemalige junge Ingenieur« entspannte sich. Er ließ seine schwarz-braunen Augenringe hängen, der Zahn schlüpfte irgendwie von selbst zwischen den Lippen hervor ... kurz, er döste ein. Genau in diesem Moment ließ die Betäubung nach. Und aus den geöffneten Lippen, zwischen denen der Zahn stak, troff ein bildschöner Speichelfaden herab. Ein jodfarbener Speichelfaden. Er öffnete die Augen ... sah, wie so ein grauer Typ den Friseurladen verlässt und sich in den Brotwagen setzt. Und die Friseurmeisterin steht da, an die Wand gepresst, hebt unwillkürlich die Hände. »Ich kann nichts dafür! Der ist von alleine gekommen!« Sie hielt den Rasierapparat wie einen Staffelstab, bereit zur Übergabe. Mit angehaltenem Atem und weißen zusammengepressten Lippen wisperte sie: »Ist heute umsonst!«

Er lächelte.

Sie zuckte zusammen, streckte den Rasierapparat von sich und rief, etwas mutiger, aber immer noch halb flüsternd, halb schreiend: »Komm ja nicht näher!«

Der »ehemalige junge Ingenieur mit dem Zahn« wandte den Blick von ihr ab und sah in den Spiegel ... fuhr zusammen, und seine Bewegung erstarrte in einer fragenden Pose: Wo ist der Rasierapparat? Von seinem Kopf standen lauter wilde Haarbüschel ab. Er zuckte, blieb aber sitzen. Wozu aufspringen? Den Rasierer würde dieses Mädchen nicht rausrücken, so, wie sie die Hände verkrampfte ... Nicht um alles in der Welt, NIEMALS, würde sie IRGENDETWAS herausrücken! Nicht mal einen elektrischen Rasierapparat! Der »ehemalige junge Ingenieur mit dem Zahn und den Haarbüscheln« lächelte der Friseuse aufmunternd zu. Als

Reaktion schmiss sie ihm ein Farbfläschen an den Kopf, das sie wer weiß woher genommen hatte. Das gab eine formidable Beule an der Stirn, und die Farbe floss ihm über seinen frischgeschorenen Schädel. Der unerwartet violett gefärbte ehemalige Ingenieur verlor keineswegs die Beherrschung. Mit stolzem Blick trat er auf die Straße, zum Abschied zischte er »SSSUUKA«.

Auf der Straße war es noch hell. Eine Polizeipatrouille kam vorbei und grüßte. Sie bestand aus zwei älteren und einem jungen Leutnant, der sich aus irgendeinem Grunde verbeugte und dabei die Mütze zog. Ein in diesem Moment vorbeispazierendes junges Exemplar der Gattung Großer Schweizer Sennenhund mit Namen Elsa erblickte ihn, fing an zu winseln, schnappte sich die Mütze des jungen Unteroffiziers und zerrte ihr Herrchen an der Leine ins Innere des Frisiersalons. Beim Anblick der wild die Zähne fletschenden Elsa gerieten dort alle völlig aus der Fassung und sprangen auf die kleinen Frisiertischchen vor den Spiegeln. Die Patrouille stürzte herein, um die Mütze des Unteroffiziers zu retten. Beim Betreten des Salons und beim Anblick der gesamten Belegschaft auf den Tischen fragte der Polizist: »Wo ist diese Suka?«

An dieser Stelle ist es angebracht, die ethymologische Bedeutung des Wortes Suka zu erklären. Suka, das ist im eigentlichen Sinne des Wortes nichts anderes als ein weiblicher Hund, eine Hündin. Aber ausschließlich in dieser Bedeutung ist es ein jugendfreies Wort!

Daraufhin jedenfalls reichte die junge Friseurmeisterin den elektrischen Rasierapparat an den jungen Leutnant weiter, und wieder war ihre Stimme halb Flüstern, halb Schreien, als sie sagte:»Lauf los, mein Lieber, lauf!«

Draußen verstopfte eine Menschenmenge die Straße. Kinder, Frauen und Alte verneigten sich, genau wie vorher der junge Polizist; Brillenträger und Intellektuelle verneigten sich zweimal. Der Leiter der Nachtschicht des dritten Straßenbahndepots, benannt nach »Patrice Lumumba«, verneigte sich dreimal, fiel auf die Knie und bekreuzigte sich.

Ein Bettler reichte schweigend seinen Hut dem auf den Knien liegenden Leiter der Nachtschicht des dritten Straßenbahndepots, benannt nach »Patrice Lumumba«. Ein zweiter Bettler starrte den ehemaligen jungen Ingenieur an und packte den vorbeirennenden großen Schweizer Sennehund Elsa mit beiden Armen, wobei er rief: »Den behalt ich!« Ein dritter Bettler, ganz offensichtlich ein Profi, fiel in Trance. Taumelnd stürzte er unter einen vorbeifahrenden Trolleybus. Der Bus bremste. Während sein Strombügel nach hinten klappte, klappte dem aussteigenden Fahrer der Kiefer herunter. Für den »ehemaligen jungen Ingenieur« ein günstiger Augenblick, um in das öffentliche Verkehrsmittel zu schlüpfen. Zwei Kriegsveteranen und ein Held der Arbeit boten ihm ihren Platz an. Der Schaffner vergoss eine einsame Träne. Zwei kleine Jungs auf dem Oberdeck machten sich in die Hosen und fingen gleichzeitig an zu schielen.

Als der Unteroffizier, die verdutzte Elsa unter den Arm geklemmt, den Trolleybus einholte und den Rasierapparat an den Fahrer weiterreichte, stieg der »ehemalige junge Ingenieur« wieder aus.

Eine schwarze Katze, die in der Nähe des Häuschens den Mülleimer durchstöberte, blinzelte debil und kam auf den Leutnant zu, um ihn auf Katzenart abzulecken. Auf der Schwelle stand eine vor kurzer Zeit noch glückliche Frau. Als die »Bibliothekarin« ihren Sohn erblickte, verstummte ihr Weinen. Ihre Augen demonstrierten eindrucksvoll die Quadratur des Kreises. Der permanent im Hintergrund herumkurvende Brotwagen bekam Gesellschaft von einem Krankenwagen, aus beiden Fahrzeugen stiegen ein paar kräftige Jungs. Die einen hielten eine Zwangsjacke in den Händen, die anderen hielten nichts.

Und der erste PUNK made in USSR brüllte los:

»FREIHEIT – SSSSSSUUUUUKI!«

Aus dem Russischen von Nelly Möller

Dirk Teschner

China

is a PunKrockland

Die ersten Iros in Karl-Marx-Stadt

Es begann wie überall, so auch am Fuße des Erzgebirges. Mit Bildern aus der Bravo und John Peel. Wir waren in der Pubertät und wollten anders sein und wussten noch nicht, wohin die Reise geht, nur eins – nach Sundevit nicht. Probehalber Punk spielen für einen Tag ging schon: in die mongolischen Lederhosen gezwängt, in die Wehrmachtsstiefel von Opa geschlüpft, eine braune Kunstlederjacke übergezogen, mit Zuckerwasser die Haare nach hinten gekämmt, eine Sicherheitsnadel durchs Ohr und ab auf die Tanzfläche und etwas rumwackeln. Aber irgendwie hielt das nicht lange an. Mit der Musik schon. Wie nahmen mit dem Spulentonband ZK 246 Stereo die Sendungen von John Peel auf, und wir hörten sie immer wieder von vorne durch. Die Titel und Bandnamen notierten wir uns, das heißt, was wir John Peels Genuschel entnahmen und unseres Dialektes vernebelt interpretierten. Da hieß der Klassiker der Ramones bei uns »China is a Punkrockland«[1]. Welche Enttäuschung, mehrere Leben und Diktaturen später, als ich die Ramons-Scheibe »Rocket to Russia« in der Hand hielt – unser Titel war definitiv besser.

Irgendwie wurden dann unsere Haare länger, und unsere Klamotten rochen verdächtig nach Kunden-Chic. Und wir hörten auch Free-Jazz und solche Sachen und wurden aufmüpfig, protestierten gegen den Kriegszustand in Polen, gegen Pershing II und SS-20, gegen Atomkraft und Arbeitskraft. Und gingen zum

Montagskreis, der in Karl-Marx-Stadt nicht Offene Arbeit hieß, und organisierten Veranstaltungen, die in Karl-Marx-Stadt nicht Werkstätte hießen.

Ende der 70er, von der Generation vor uns, wurden Kundentreffs ins Leben gerufen, wo sich das langhaarige, bärtige Pack aus der ganzen Republik auf den Weg machte. Bei uns hieß es dann später Sommerfest oder Friedensfest, und wir wurden langhaarige, rasierte Anarchisten. Und wir machten Musik, also niemand von uns konnte irgendetwas. Wir hatten aber Gitarren, Schlagzeuge und einen Elektroniker, der einen Synthesizer baute und später bei einer Sekte im Gebirge verschwand. Vielleicht bei den Engelshaschern, also bei der 1922 im Erzgebirgischen Lengefeld gegründeten »Gemeinschaft in Jesu Christo (Lorenzianer)«. Warum sie Engelshascher genannt werden, ist eine andere Geschichte, aber witzig – ihr könnt mich ja mal fragen.

Wie gesagt, wir machten eine Band auf. Wir hießen Vaginentraum, durften uns aber bei Auftritten nur VT nennen. Die Besetzungen variierten, bei den Proben waren es schon mal zwei Schlagzeuge, drei Gitarren, zwei Bassgitarren, Saxofon und am Anfang besagter Synthesizer – und kein Gesang. Wir machten Krach, Stücke hatten wir keine, bei Auftritten einen Wecker, der das Ende einläutete. Vorbilder waren Throbbing Gristle und so was.

Unser erster Auftritt in der Trinitatiskirche im Jahr 1982 war ein Fiasko, die Bühne wurde sofort gestürmt, die Leute nahmen uns die Instrumente weg und wollten selber Krach machen, eine Krishna-Jüngerin aus Potsdam, später zur Punkgemeinde konvertiert, schrie ekstatisch ins Mikrofon. Das alles dauerte 10 Minuten, dann wurde die Sicherung rausgedreht, und wir durften in der Gemeinde keine Veranstaltungen mehr durchführen. Dann begann der Frühling des Punk.

Es gab zu dieser Zeit in Karl-Marx-Stadt keine Punks. Es gab nur Nazi-Meyer, Jan Kummer (später bei AG Geige) und Gefolgschaft, sie ließen Punk aus und machten gleich auf DAF und hörten Wagner und The Residents. Aber wir waren in der ganzen Republik unterwegs und staunten. Über die Punkwerkstatt in Halle, die Werkstätten in Rudolstadt und Berlin. Diese Bands wollten wir auch. So luden wir die Leute von Namenlos aus Berlin und Wutanfall aus Leipzig nach Karl-Marx-Stadt ein, zum Sommerfest im Juni 1983.

Wir hatten uns was ganz Tolles ausgedacht, eine Open-Air-Bühne und Übernachtungsmöglichkeiten auf dem Kirchgelände. Wir besorgen uns eine Anlage von einer katholischen Kirchenband mit einem Mischpult aus dem Westen. Das Wetter war gut, die Anlage schlecht – die Party konnte beginnen!

Die Punks sollten eigentlich eine Randerscheinung bleiben, zwei Bands und gut, aber sie bestimmten das ganze Wochenende. Der Freitag begann ruhig, kein Punk in Sicht. Es wurde eine Dia-Collage an die Altarwand projiziert, dazu lief Zündfunk ²-Musik. Sonnabendmittag, die Sonne schien, die Auswärtigen kamen. Die üblichen Verdächtigen und der Punkmob aus Berlin, Leipzig, Halle, Weimar und Erfurt. Und alle wollten spielen, und wir wollten alle hören.

Es kamen Namenlos, Unerwünscht und Planlos aus Berlin, HAU (oder hießen sie da gerade L'Attentat oder doch noch Wutanfall) aus Leipzig und Schleim-Keim aus Erfurt. Die besten Punkbands der DDR – for ever – waren in Karl-Marx-Stadt!

Die Stimmung war etwas verhalten. Lag es daran, dass die Anlage für ein Open Air zu klein war, lag es daran, dass kaum Bier floss, oder war es einfach nur zu hell? Jedenfalls pogten nur wenige. Die Höhepunkte waren die Auftritte von Namenlos und Schleim-Keim. Jana ³, die Sängerin der Band Namenlos, hatte sich im Brustbereich einen Streifen aus dem Shirt geschnitten und ein durchsichtiges Mieder eingesetzt. Dieses löste sich während des Auftritts zur Freude der anwesenden Hippies. Die junge Mita trommelte im Takt zu:

»Judenverfolgung, Massenabschlacht',
über Deutschland finstre Nacht!
Nazis, Nazis, Nazis wieder in Ostberlin! ...«

Ein Foto vom Karl-Marx-Städter Auftritt ziert das Cover ihrer Vinyl »Namenlos«. Überhaupt wurde viel fotografiert, und in den Wochen später kursierten viele Abzüge in der Szene.

Otze[4] von Schleim-Keim aus Stotternheim kam ohne Band, aber mit dem Erfurter Mob. Er trug eine schwere Eisenkette um den Hals und kloppte wie ein Berserker auf das Schlagzeug ein. Er schrie ins Mikro, bis die Wut raustropfte:

»Untergrund und Anarchie,
Untergrund ist Strategie /
Untergrund und Anarchie,
Untergrund so schwarz wie nie /
in der Straße schlägst Du zu,
dann hat Dein Gewissen Ruh /
Untergrund so stark wie nie.«

Die Auftritte der Punkbands dauerten vier Stunden. Danach spielten wir, Vaginentraum, in der Kirche. Als Verstärker nutzten wir wie immer alte Röhrenradios. Unser Auftritt dauerte 12 Minuten. Die Punks fanden es lustig, tanzten dazu Walzer oder zelebrierten eine Choreografie in Anlehnung an »Medizin nach Noten«[5]. Eine Ton, Steine Scherben-Coverband aus Saalfeld beendete unser Gig. Sie zogen ihre eigene, große Anlage hoch und fingen an zu spielen. Und die Punkgemeinde zog weiter.

Der Großteil von ihnen fuhr am Abend wieder ab, einige wenige übernachteten im Gemeindehaus auf dem Gelände. Am Morgen war der Teufel los. Der geborgte Westverstärker der katholischen Kirchenband war weg, und das neu renovierte Gemeindehaus, der Friedhof und einige Stelltafeln waren mit Parolen und Zeichen besprüht. Es waren komische Parolen und Zeichen. Ein A ohne Kreis, ein Votzen-Symbol und Wörter wie »Punk Scheiße«. Für uns war klar, dass war eine Stasiprovo. Für uns, aber nicht für den verantwortlichen Jugenddiakon. Für ihn waren es die Punks. Und das hatte Konsequenzen. Der auch für den Montagskreis verantwortliche Jugenddiakon stellte uns vor die Alternative, wir sollen uns von den Punks distanzieren und sie nicht mehr einladen, oder er würde keine Verantwortung für die Veranstaltungen und den Montagskreis mehr übernehmen. Das hieße das Ende und die Gefahr einer Kriminalisierung, da wir schon länger von der Stasi überwacht und verhört wurden. Und außerhalb der Kirche war unsere politische und kulturelle Arbeit so nicht möglich. Es folgten Inhaftierungen (u. a. drei unserer Bandmitglieder), da sie Protestaktionen vor Kaufhallen gegen die Aufstellung von SS-20 und Pershing II-Raketen durchführten und Plakate klebten[6]. Einige gingen vom Knast aus in den Westen, die anderen machten weiter. Es fand sich ein neuer Jugenddiakon, es fanden sich neue Räume, und es kamen neue Leute. Und es gab plötzlich Punks in Karl-Marx-Stadt. Und es gab Punkkonzerte und mit Anna B, eine eigene Punkband.

Der Tanz ging weiter!

Epilog

Bernd Köhler, Grabstein genannt, war Friedhofsmeister in Karl-Marx-Stadt und besorgte einigen von uns Arbeit als Totengräber und Gärtnerinnen. Und er war gleichzeitig als IM »Conrad« tätig. Er bekam von seinem Führungsoffizier den Auftrag, in der Nacht die Sprühaktion durchzuführen. Darüber berichtete er Mitte der 90er Jahre in einem Interview mit der Chemnitzer Freien Presse. Den Verstärker klauten Punks aus Berlin der Band Planlos, was ich erst 2004 erfuhr. Er soll ihnen wohl noch einige Jahre Freude bereitet haben. Die meisten Fotos vom Konzert schoss der Fotograf Rainer Wolf aus Berlin. Er hielt sich bis zu seiner Ausreise nach Westberlin im Umfeld des Eppelmann-Friedenskreises in der Friedrichshainer Samariter-Gemeinde auf. Die Punks kannten ihn nicht und dachten, er sei ein Stasispitzel. Sie verfolgten ihn auf dem Rückweg und zogen ihn in ein Treppenhaus. Dort musste er die Filme rausrücken. Sie wurden dann reichlich vervielfältigt und in der Republik verteilt. Der Fotograf Rainer Wolf war als IM »Schreiber« auch für die Staatssicherheit tätig.

1 Richtig heißt der Song »Sheena Is a Punk Rocker«, er ist aus dem Jahre 1977.
2 Linkes, kritisches Radio-Jugendprogramm auf Bayern 2 mit guten Beiträgen und guter Musik.
3 Jana Schloßer, Sängerin und Textschreiberin der Band *Namenlos*, wurde am 12. August 1983 verhaftet und zu einem Jahr und sechs Monaten Gefängnis wegen »Öffentlicher Herabwürdigung« verurteilt. Ab Ende 1984 machte sie mit Mita, A-Micha und Kaiser als *Namenlos* weiter.
4 Otze, Dieter Ehrlich, Gründer, Musiker und Texter der Band *Schleim-Keim* aus Stotternheim bei Erfurt brachte mit *Schleim-Keim* vier LPs, 1983 eine Splitt-LP mit der Band *Zwitschermaschine* und sechs EPs heraus. Er erschlug 1999 seinen Vater und verstarb am 23. April 2005 in einer forensischen Einrichtung.
5 Eine zehnminütige Gymnastiksendung des DDR-Fernsehens mit Musik.
6 Mahnwachen, Demonstrationen, Menschenketten und das Kleben von Plakaten waren in der Unabhängigen Friedensbewegung der DDR praktizierte illegale Protestformen und konnten je nach Bekanntheitsgrad der Beteiligten mit Ermahnungen oder Gefängnis bis zu zwei Jahren bestraft werden.

Andreas Gläser

Tag der TEchnik

Berlin am Tag der Technik 1998. Nichts los. Das ist selten. Deshalb sind eine Million Ecstasy-Konsumenten hierhergekommen. Im weiteren Verlauf dieser Geschichte nenne ich die aus Zeitgründen einfach »Es«. Mit denen war auch nichts los. Ich wollte ins Graue flüchten, um eine Fahrt mit dem Schiff zu machen. Die Gerüchte kündeten von 100 Asis, Prolls, Punks und Skins. Viele von ihnen waren seit 15 Jahren 15 Jahre alt. Einige waren eine Kreuzung aus Punk und Bauarbeiter. Ich zähle sie zu den normaleren Menschen, obwohl andere Menschen behaupten, sie entsprächen einer Kreuzung aus einer Ratte und einer Taube. Einerseits spielte ich am Frühstückstisch mit dem Gedanken, mich als Szenezombie zu verzaubern. Andererseits sehe ich mit Absicht immer gleich aus. Letztendlich war mein einziges Zugeständnis, dass ich auch aus der Büchse trank. Ich bin langweilig. Mir macht das nichts aus. Als Kind wurde ich von meinen Mitschülern gefragt:»Haste ooch wat von den Prügelein zwischen den Poppern und Rockern mitbekomm?« Ich antwortete:»Nee. Ick wa dieset Jahr noch nich draußn. Ick hab immer nur ufjepasst, dass ick nich einschlafe. Und wenn ick dann doch einjeschlafen bin, hab ick ufjepasst, dass ick nich sterbe.«

Jedenfalls trafen sich am Tag der Technik am Maybachufer vor der Ankerklause die Kunden aus dem Trinkteufel und dem Sportlertreff. Ihr merkt es schon, die Frage des Tages lautete nicht:»Haste maln E?«, sondern:»Haste maln A?« Welcher ernstzunehmende Mensch interessiert sich denn für Chemie und dafür, dass die Augen genauso weit aus dem Kopf gucken wie die Ohren?

188

Ich nicht. Immerhin war es so früh schon so lustig. Wir fütterten die Tauben mit Pommes. Jede dritte Ratte der Lüfte war am Würgen, weil sie so ein Pommes nur zu zwei Dritteln verinnerlichen konnte. Der Rest guckte noch aus dem Kopf raus, so wie die Augen mancher Ecstasy-Konsumenten. Dem Erstickungstod nahe, torkelten zwei, drei Tauben panisch durch unsere Reihen. Sie kassierten noch einige Tritte. Jedem Tritt folgte ein dumpfes Geräusch und ein Flug von wenigen Metern. Es gab aber nur den Gerüchten nach Tote, womit wir beim letztjährigen Tag der Technik wären. Jens, der ehemalige Schleusenwärter, amüsierte sich darüber, dass die Bootsfahrt vor zwölf Monaten für einige Zeit das große Thema in der Binnenschifferszene gewesen war. Die Erzählungen über die Plünderung eines Bierstandes gipfelten darin, dass der Schleusenwärter umgebracht wurde. Die Fahrt versprach Spannung.

Irgendwann legte unser Kahn vom Ufer des Landwehrkanals ab. Ingo sprang gerade noch rechtzeitig auf. Ich erkannte ihn schon von weitem. Seine ausgebleichte Domestos-Jacke war so hell wie das Spreewasser vor der Industrialisierung. Als wir fuhren, kam Schädel und wollte von mir eine Büchse Kindl. »Nee, Schädel! Du kriegst von mir keen Kindl! Du weeßt doch, ick unterstütze Jörg Schönbohm im Kampf gegen aggressives Betteln! Schädel, wo willste hin? Hier, ein Kindl! Hau ab!«

Wir näherten uns dem offenen Meer. Es herrschte eine grandiose Stimmung. Im unteren Deck saß eine Familie. Sie guckte sich den Wasserspiegel von unten an. Eine blöde Platzwahl, zumal die Industrialisierung schon ziemlich weit Richtung Kollaps vorangeschritten war. Sie freuten sich trotzdem mit uns. Alle Sitze waren besetzt. Die Stehenden mussten aufpassen, wegen den Brücken. Sofort kreierten wir eine neue Sportdisziplin: Kurz-vorher-den-Schädel-Einziehen. Alle haben bestanden, außer Ian, der Initiator dieser Oi!-Boat-People-Tour. Wir erreichten eine breite Brücke. Wegen der Stahlträger, die in Abständen von jeweils einem Meter die Straße stabilisierten, bot sie unterschiedlich viel Raum. Uns offenbarte sich ein neuer Schwierigkeitsgrad: Jeweils zwei Se-

kunden gebückt stehen, mit dem Schädel unter dem Beton. Dann wieder zwei Sekunden hinsetzen, mit dem Schädel unter dem Stahl. Ewig dauernde 20 Sekunden. Eine Frau zog mich runter. Frauen fragen immer nach dem Sinn. Lässt man sich zu einer lebensbejahenden Antwort hinreißen, so sagt man: »Du hast recht. Ick leg mich hin und sterbe.«

Bekanntlich gibt es in Berlin mehr Brücken als in Venedig. Auf ihnen ist besonders viel los, wenn sie von Es bevölkert werden, die schon von weitem jubeln. Also wirklich. In den letzten 100 Jahren bekam es jede noch so grausame Musikfraktion auf die Reihe, zumindest einmal im Jahr eine Schallplatte herauszubringen, die man sich anhören kann. Diese Es bekamen in einem ganzen Jahrzehnt kein einziges hörbares Lied zustande. Wir bewarfen sie mit leeren Bierbüchsen, später mit halbvollen Bierbüchsen und noch später mit allem, was sich anbot. Helgo rief:»Bitte keine vollen Bierdosen wegwerfen!«Er ist sehr sozial. Helgo, der Schreihals der 5 Amigos. Diese Band büßte einen Musiker wegen übermäßigem Alkoholkonsum ein. Vielleicht hatte es auch einen anderen Grund. Jedenfalls beschlossen sie zu viert, sich weiterhin die 5 Amigos zu nennen, weil Krupp sich auch nicht umbenannte, wenn 1000 Leute entlassen wurden.

Die Es waren überrascht und empört. Es wurde immer spannend, wenn wir wieder unter der anderen Brückenseite zum Vorschein kamen. Immerhin flog ein kleiner, aber durchaus ernstzunehmender Teil unserer Munition zurück auf das Deck. Stimmungsmäßig erinnerte mich das Ganze an eine Schneeballschlacht, bei der auch gelacht wurde, bis es ins Auge ging. Plötzlich flog eine Bierflasche zurück! Gut gezielt, auf die Mitte des Decks zu, einen Volltreffer versprechend. Torwartmäßig konnte ich sie abwehren. Schädel, der die Flasche kassiert hätte, guckte nur, als ob er gleich kotzen müsste. Er konnte seinen Kopf schon einmal nicht rechtzeitig schützen. Deshalb sah er so aus, als wäre ihm der hölzerne Engel, der über seinem Taufbecken geschwebt war, ins Gesicht gefallen. Deshalb hieß er Schädel, und deshalb war alles, was er sagte, wenn es ab und zu einen Bullen erwischte:»Schwamm drüber!«Wie auch immer.

Ich bringe mein Geld gerne zur Reederei Riedel. Das Berliner Spreeufer ist so herrlich grau. Außer wenn sich dort einige Dutzend Polizisten postierten, wie am Tag der Technik. Von der Anlegestelle aus bläkte ein Polizist ins Megafon. Er forderte den Kapitän auf anzulegen, was der wiederum zu überhören schien.

Das Polizeidutzend musste neben uns herrennen. Wir jubelten. Schließlich legten wir an. Der Megafonpolizist verlautbarte: »Von diesem Schiff sind Straftaten ausgegangen. Bleiben Sie vorerst auf Ihren Plätzen. Wir werden Sie einzeln auffordern, von Bord zu kommen, um Ihre Personalien zu überprüfen! Die Rundfahrt ist beendet!«

Was denn? Nach einer Stunde? Diese Fahrt sollte doch dreieinhalb Stunden dauern. Das war eine Ungeheuerlichkeit, eine Schande für die christliche Seefahrt! Nach und nach forderten sie einen nach dem anderen auf, zur nächsten Brücke mitzukommen. Darauf stand ein Dutzend Wannen. Die wenigsten von uns hatten etwas dagegen. Warum auch? Wir hatten unseren Spaß bereits gehabt. Doch diese Personalienüberprüfung dauerte uns zu lange. Ingo verabschiedete sich mit einem Sprung ins Nasse. Es war ein schönes Motiv für die fotografierenden Fahrgäste vom anderen Ausflugsschiff. Etwas Kondition von Seiten der Polizei war gefragt. Die hatten sie und stürzten sich ausgehungert auf den an Land Torkelnden. Gabi trat einem Polizisten dorthin, wo er es am wenigsten gerne hatte. Ansonsten blieb es ruhig. Es war sogar langweilig. Till, Jens und ich beschlossen, ohne zu provozieren an Land zu gehen. Daraus wurde nichts.

Schließlich forderte mich ein Polizist auf mitzukommen. Ich fand ihn ganz lustig, weil er mir alles erzählte, was der Megafonbeamte uns schon eine Stunde vorher erzählt hatte. Ich fragte ihn, ob er auch am Abend ins Huxleys ginge, zu Trinkerkohorte und den Kassierern. Er verneinte, denn er war langweilig, und das machte ihm nichts aus. Symphatisch, symphatisch! Er überprüfte meine Personalien und fotografierte mich, was auch in Ordnung war. Ich hatte ihn ja auch fotografiert, als er neben unserem Schiff hergerannt war. Er sprach mir für den Tag der Technik ein Platzverbot für Mitte und für die Berliner Wasserstraßen aus. Das war gar keine Strafe. Ich wollte sowieso nur ins Bett, um meinen Rausch auszuschlafen. Damit ich für das nächtliche Konzert wieder auf Vordermann wäre. Doch daraus wurde nichts. Das war vielleicht ganz gut so. Ahoi!

Martin Scharfe

Wie iCh den Punk
in DeSsau verpasste

Dessau gehört zu den Städten, von denen man sagt: *Aber die Umgebung ist schön!* Bei einem nächtlichen Bombardement im März '45 wurden 97 % der Altstadt zerstört. Seitdem gibt es im Herzen der Stadt den schönen, großen Stadtpark und rund'rum sozialistischen Neubau. Vor einigen Jahren wurden bei einer großen Studie mit dem Titel *Perspektive Deutschland* über eine halbe Million Bürger nach ihrem Lebensglück befragt – nach ihrer Zufriedenheit, nach Zukunftserwartungen und Sorgen. Schlusslicht auf Rang 120 war die alte Bauhausstadt an der Elbe, in der sich nur 22 Prozent der Bewohner wohl fühlen. Ich bin aus Dessau. Es war nicht alles schlecht. Vielleicht wurden die Dessauer an einem verregneten Montagmorgen befragt. Vielleicht jammern sie einfach gern.

Die besseren Abende meiner Pubertät verbrachte ich im *Haus des Handwerks* am Stadtpark, beim Jugendtanz mit Diskothek *Poseidon*. Jugendtanz glich Boxkämpfen. Nicht wegen den Schlägereien; die gab's, wenn auch nicht oft. Sondern wegen der Musik. Die wurde in Runden gespielt. Es gab die Deutschrock-Runde mit *Grönemeyer* und *Westernhagen*, die Heavy-Runde mit *AC/DC* und den *Scorpions* und natürlich die Schmuserunde. Eine Punk-Runde gab's nie.

Wenn im *HdH* der letzte Song der letzten Schmuserunde gespielt war, hatte man entweder was zum Schmusen oder Grund zum Weitertrinken. Rund um den Stadtpark plätscherte das Dessauer Nachtleben. Im Park lag das Restaurant *Teehäuschen*. Immer wenn ich dort war, wurden gerade die Stühle hochgestellt. Geöffnet wurde mittags. Und danach wurden Stühle hochgestellt, in aller Ruhe bis tief in die Nacht. Gab es dort nichts zu trinken, konnte man weiter gehen, rüber zum *Hotel Stadt Dessau* mit der berüchtigten Hotel-Bar. Die hatte einen Einlasser. Der mochte keine Gymnasiasten. Und so konnte man weitergehen, am Park entlang zum Café *Quietsch-Eck*. Das *Quietsch-Eck* hieß so, weil dort die Wagen der einzigen Dessauer Straßenbahn-Linie 1 mit ohrenbetäubendem Quietschen um die Kurve fuhren. Das hörte man nicht nur im *Quietsch-Eck*, sondern nachts in der ganzen Stadt. Aber im *Quietsch-Eck* störte es nicht, denn dort gab's für jeden was zu trinken. Punker hab ich auf diesen nächtlichen Wanderungen im und um den Stadtpark nie gesehen.

Nur einmal sah ich zwei Punker, nachmittags in der Konditorei *Reinhardt*.

Ich war *mit's Rad bei'n Bäcker,* wie man in Dessau sagt, um Torfsteine zu holen. Bei *Reinhardts* gab's die besten, deshalb war's dort meist voll. Ich wartete in der Schlange, als die Tür aufging. Zwei Punker traten ein. Das waren sie also, die schwarzen Schafe der Gesellschaft. Und doch schienen sie ganz gewöhnliche Menschen zu sein. Die Punkerin war ziemlich groß, aber etwas kleiner als er. Sie war ein Mädchen; zwar schön, doch allen anderen schönen Mädchen ähnlich. Trotz ihrer schweren Stiefel lief sie mit weichen Bewegungen. Ihre Schritte waren auf dem Marmorboden der Konditorei kaum zu hören. Sie trug zerschlissene Netzstrümpfe, einen kurzen Lederrock und ein Tank-Top in verwaschenem Rot. Mit einem leisen Quietschen ihrer schwarzen, abgeschabten Lederjacke lehnte sie sich an das Torten-Buffet. Auf der Jacke prangten Parolen, über ihrer jungen Brust stand *Anarchy.* Sie hatte einen hellen Teint mit einem rosa Anflug auf den Wangen. Ihre Lippen waren voll und sahen wie geschwollen aus. Die Schläfen waren rasiert, und sie trug einen roten Irokesen, der mich an einen Sowjet-Stern erinnerte. Die hellen, dichten Brauen und die aufreizenden graublauen Augen mit den langen Wimpern hätten auch den zerstreutesten Menschen dazu

gebracht, sie lange im Gedächtnis zu behalten. Ihr Blick machte
die Seele heiter.

Zu dieser Zeit bekamen wir West-Pakete, und so trug ich Ost-
Anziehsachen, versetzt mit abgelegten Popper-Klamotten aus
Süddeutschland. Die Punkerin lächelte. Aber nicht für mich.

Frank Willmann

Gute uNterhaltung

November 1983. Autobahn Dresden-Berlin. Ich bereiste in tiefer Nacht mit einem Kasseler Freund die sozialistische Fernstraße. Ein infamer Schneesturm zwang uns zu abenteuerlichen Geländeübungen, orientierungslos rutschten wir durch die verschneite Stille. Wir waren unterwegs von Weimar nach Ostberlin. In Weimar hatte in gut informierten Kreisen die Botschaft von einem ganz besonderen Konzert die Runde gemacht. Irgendwas ganz neues; Punk, Avantgardismus, Kunst?

Der DEFA-geschulte Indianer Tecumseh nahm nie den direkten Weg, wenn's drauf ankam. So fuhren auch wir vorsichtshalber über Dresden nach Ostberlin. Zumal mein Wessi nur eine Aufenthaltsgenehmigung für Weimar hatte.

In tiefer Nacht erreichten wir Berlin und kampierten bei Putzi in der Friedrichshainer Ebertystraße, unweit des alten Schlachthofes. Ostberlin duftete nachhaltig nach totem Tier, verbrannter Braunkohle und Zweitakterkraftstoff. Die Straßen waren leer, die Altbauten verfielen romantisch. Wenn man in punkigem und schwarzem Dienstanzug eine der damals zahlreichen Berliner Eckkneipen besuchte, bekam man normalerweise auf die Fresse. Das gehörte sich für die dort residierenden Biermonster so. Das war einer der Gründe, warum sich viel in privaten Wohnungen oder Kirchenruinen abspielte.

Natürlich war der Himmel immer angenehm grau. Aber das bekam man bei Putzi nicht mit, da seine Fensterscheiben geschmackvoll schwarz angemalt waren. Putzi hatte zu diesem Zeitpunkt bereits seine öffentliche Karriere als Punk-Musiker eingestellt. Er wollte auch nie wieder eine Party der Szene besuchen.

Er war alt, schon über zwanzig. So ging ich mit meinem Wessi, dem frisch abgelegten Geliebten einer Dichtergattin und ohne Putzi zum Knastertest im Prenzlauer Berg. Die Malerin Uta Hünniger hatte geladen. Sie lebte in einer geräumigen Altbau-Wohnung in der Pappelallee, die ihr auch als Atelier diente. Oder war's umgekehrt? Das Haus steht jedenfalls heute nicht mehr. In der Wohnung hielten sich knapp einhundert meist schwarz gekleidete Gestalten auf. Junge Dichter, Künstler, Musiker, schicke Kerle und heiße Bräute. Ständig kamen neue Gäste und führten Alkohol in großen Mengen bei sich. Die Welt gehörte uns. Irgendwo las ein lederbejackter Reimeschmied eklektische Suren. Wunderschöne Frauen senkten nachdenklich ihre Schwanenhälse, merkwürdiges Rauchwerk wurde gereicht, schwerer bulgarischer Rotwein floss in Strömen. Ich verliebte mich sofort in die charmante Hausherrin und wich ihr nicht von der Pelle. Nach einer Weile erklang ein unbekannter Sound aus dem hintersten Zimmer. Er zog mich zauberisch an. In der Mitte des Raumes standen zwei junge Männer. Starre Gesichter. Der eine hatte eine Standtrommel mit kleinem Becken vor sich, der andere diverses elektronisches Musikgerät, Federbälle, Mikros, Mundharmonika. Es sollte der erste öffentliche Auftritt der Ostberliner Formation Ornament & Verbrechen werden, wie ich Jahre später erfuhr. Die Band bestand anfangs aus den Brüdern Ronald und Robert Lippok. Noch jung an Jahren, hatten sie eine eindrucksvolle Bühnenpräsenz und erinnerten mich in Kleidung und Darbietung an die Westberliner Band DAF. Das mag Zufall gewesen sein. Doch das Beste an ihnen war ihre Musik. Atemberaubend, nie gehört, magisch. Elektronisch verfremdete, sehr rhythmische Töne, monotoner, strenger Gesang, eine Offenbarung. Das Publikum stand stumm um die Band, keiner tanzte, alle schienen im Banne ihrer Musik und hielten Maulaffen feil.

Das Fest nahm angeblich einen ausgezeichneten Verlauf. Ich konnte leider nur bedingt daran teilhaben, denn der abgelegte Geliebte der Dichtergattin drohte mit Selbstmord. Ich musste meiner Christenpflicht nachkommen und ihn nach Hause bringen, ja

Aufsichtsdienst leisten. Bei Putzi starrte ich nachts noch ein paar Stunden auf die schwarz angemalten Wände. Ich habe mich lange Jahre über meinen verfrühten Abgang geärgert.

Drei Tage später, inzwischen wieder in Weimar, besorgte ich eine Flachtrommel und überzeugte meinen Freund Frank Schuster, mit mir eine avantgardistische Band zu gründen. Als Erstes wollten wir Heine vertonen, geringstenfalls Nietzsche. Unser musikalisches Unterfangen war leider nicht von Erfolg gekrönt. Es steht nicht einmal in unseren Stasiakten.

Guillaume Paoli

Der letzte Pogo
in Warschau

Die Suche hatte einen schwierigen Anfang genommen. In Paris hatte mein Freund Roman, Solidarność-Asylant, erzählt, dass Punk in Polen im Begriff war, sich zu einer wahrhaftigen Jugendbewegung zu entwickeln, die Staat und Opposition zugleich verunsicherte. Das wollten wir, mein Kumpel Manolo und ich, mit eigenen Augen sehen. So streiften wir in jenem Sommer 1987 nach gefärbten Irokesen spähend in polnischen Straßen herum. Wir hatten zwar die Adresse von *Pistolet* im Gepäck, einer in Gdańsk bekannten Figur der Szene, doch seine Wohnungstür öffnete uns eine gut gepflegte Dame. Stolz erklärte sie, die Mutter des besagten Chaoten zu sein und, ja, er wohne bei ihr, mache aber zurzeit Urlaub in den Masuren. In Krakau wurden wir nicht fündiger. An einem Kiosk hatten wir zwar einen Typen im erwünschten Outfit erblickt, doch ehe wir ihn ansprechen konnten, war er wieder verschwunden. An diesem Tag lernte ich ein Mädchen aus Ostberlin kennen, das meine späteren Bahnen umleiten würde, aber das ist eine andere Geschichte. Trotz exzessiver Nächte und aufregender Begegnungen, gab es von Punks, geschweige denn einer Jugendbewegung, keine Spur, und ich begann, Roman zu verdächtigen, wieder einmal maßlos übertrieben zu haben. Bis wir in Warschau pünktlich zum Róbrege-Festival eintrafen.

Da waren sie, die einheimischen Exoten. Zu Tausenden saßen und lagen sie auf dem Rasen am Fuß des Kulturpalasts, von einer doppelten Kette umringt: der Miliz und den Schaulustigen, darunter viele verdutzte Rentner mit Einkaufsbeuteln. Die ersten Kontaktaufnahmen ergaben sich von selbst, schließlich war ein jeder gekommen, um dem grauen sozialistischen Alltag zu entkommen. Überall wurde begrüßt, gescherzt, man genoss die provokative Zurschaustellung und wärmte sich für die Feier auf. Dann ging die Musik los und ich stellte fest, dass die Bands (sie hießen Dezerter, Wańka-wstańka, Armia, One million bulgarians, Kult oder Deuter) ihren Cousins aus dem Westen in nichts unterlegen waren: maximale Energie und schnelle Hardcore-Riffs, wozu massenhaft pogoisiert wurde. Von den Texten, die auf Polnisch gesungen oder gegrölt wurden, konnte ich nur erraten, dass sie Polizei, Armee, Bürokratie und Kirche auf mehr oder minder direkte Wege zum Teufel schickten. Dazu dadaistisch-absurde Happenings, Kriegsbilder und Chorgejohle. Die Stimmung war perfekt.

Wer ein Vierteljahrhundert später die Videos von Róbrege anschaut (sie sind mittlerweile auf Youtube wieder aufgetaucht), der wird wahrscheinlich kaum einen Unterschied zu tausend gleichartigen Konzerten überall in der Welt bemerken. Zumindest auf den ersten Blick. Taucht man in den damaligen Kontext wieder ein, dann wird gerade dieser Eindruck des Gewöhnlichen sehr außergewöhnlich, angefangen mit der Tatsache, dass ein solcher nicht-staatlicher Massenauflauf überhaupt stattfinden durfte. Das wäre damals in Ostberlin oder Budapest, geschweige denn Leningrad undenkbar gewesen. Zudem unterlag Polen immer noch dem nach 1981 verhängten Kriegsrecht. Dennoch standen keine Panzer an Straßenecken, ja die Polizeipräsenz war nicht stärker als die in London oder Paris zu ähnlichen Anlässen. Auch Zivilfunktionäre, die in dieser bunten Menge ziemlich aufgefallen wären, gab es nicht zu sehen. Mein einziger Kontakt mit der Miliz kam in dem Moment, als wir in den frühen Morgenstunden zwei unserer neuen Kumpels, die besoffener als der Rest waren, aus der Ausnüchterungszelle holten. Aber das war Routine. Kriegszustand, Diktatur? Es sah eher so aus, als ob der Staat Ventile brauchte, bloß um Zeit zu gewinnen.

Auffällig war außerdem das selbst nach westlichen Standards

professionelle Equipment, die Videos, die Ton- und Lichtanlagen, die Musikinstrumente (was freilich für die Stilrichtung eine eher untergeordnete Rolle spielt). Viele im Publikum trugen nagelneue Docs und waren über die jüngste Platte der Dead Kennedys oder der Exploited voll im Bilde. Das alles stand im krassen Gegensatz zu der Mangelwirtschaft jener Zeit, den leeren Ladenregalen, den Schlangen um die knappe Wurst, dem früh ausgelaufenen Wodka in den Kneipen. »Nie ma« war die erste polnische Wendung, die man zu lernen bekam. Doch dies betraf nur die staatlich kontrollierte Oberfläche. Im Untergrund lief alles anders. (Ein ähnlicher Eindruck wie an der Sinai-Küste: überall nur Steinwüste, dann tauchst du ins Meer, und unten ist alles bunt und lebendig). Möglich war das, weil im Gegensatz zu anderen Ostblockländern die Polacken aus- und wieder einreisen durften. Selbst private Devisenkonten waren erlaubt. So konnten sich zahlreiche Ameisen wie Pawel dem Import-Export widmen, wie dieser uns erzählte: Sechs Monate harte Schwarzarbeit in Paris, Besorgung von Platten, Klamotten und Geräten, Weiterverkauf in der Heimat, anschließend langes, unbekümmertes Abhängen. So ließ sich eine üppige Punkerexistenz führen. Von heute aus gesehen eine Vorstufe normalkapitalistischer Geschäftigkeit. Womöglich ist Pawel nach 1989 ein knallharter Unternehmer oder Medienproducer geworden. Und doch war zu diesem Zeitpunkt die Tatsache geradezu skurril: Anstatt sich wie sonstwo von Wohlstandsmüll zu ernähren, war die Subkultur besser ausgestattet als die offizielle Gesellschaft.

Ich wohnte damals in London und war an einiges gewöhnt, was Exzentrizitäten und wilde Happenings anging. Doch zur vertrauten Punk-Atmosphäre fehlte hier ein wichtiger Bestandteil: die zur Schau gestellte Frustration, die pubertäre Nullbock-Pose, die depressive Stimmung. Stattdessen wurde viel gelacht. Ein Gefühl der heiteren Transgression schien den Spruch zu bestätigen, Polen sei »die lustigste Baracke im östlichen Lager.« Auch fehlte jede Spur von Aggressivität. Die einzige Spannung kam auf, als eine Bande kräftiger Jungs mit herausforderndem Blick die Kippenschachtel von unserem Biertisch klaute. »Skinheads«, wurde mir zugeflüstert, worüber ich staunte, da die Typen eher wie normale Proleten aussahen. Vermutlich hatten sie noch keinen Draht zum Schwarzmarkt. Aber der Zwischenfall vermochte nicht, die Laune zu verderben.

Die seltsam fröhlich-optimistische Einstellung hatte einen einfachen Grund, und dieser nannte sich Solidarność. Im Gegensatz zu den ostdeutschen fühlten sich die polnischen Punks nicht von resignierten Spießbürgern und Denunzianten umringt. Die Eltern hatten sich tapfer erhoben, dafür wurde ihnen Respekt gezollt. Als staatsfeindliches Element stand man nicht alleine da. Daran hatte der Militärputsch nichts geändert: Aus tausenden Netzwerken war eine abtrünnige Gesellschaft gewachsen. Im Underground verbunden waren irgendwie alle: Unternehmer, Anarchisten, Pfaffen, Agenten des Westens, Nationalisten, Fussballfans, Dichter, Bauern und Schmuggler. Das heißt natürlich nicht, dass Punk bloß eine Fortsetzung von Solidarność mit anderen Mitteln war. Auflehnung gab es auch gegen die ultrakonservative Moral und den klerikalen Gestank, die in der herkömmlichen Opposition dominierten, was diese ziemlich beunruhigte. Ältere hatten uns Geschichten von schwarzen Messen, gekreuzigten Katzen auf Friedhöfen und sonstigen Scheußlichkeiten erzählt. Offensichtlich tat sich dadurch ihre Befürchtung kund, zusammen mit dem Staatssozialismus könne auch noch das christliche Abendland untergehen (wenn das bloß gestimmt hätte ...) Entgegen der kolportierten Legenden waren die antiklerikalen Sticheleien der Bands eher harmlos, so wie auch die ironische Zweckentfremdung katholischer Symbole auf Lederjacken, doch reichte das schon, um Fundamentalisten zu skandalisieren. Gesoffen wurde dort eher weniger als in Restpolen (was nicht viel heißt), und obschon manch Provinzteenager die Reise nach Warschau nutzte, um sich endlich sexuell auszutoben, hielt sich die Orgie in Grenzen. Die eigentlichen Sorgen der politischen Opposition waren anderer Natur: Ihr gegenüber stand jetzt eine Jugend, die sich unabhängig von ihr verband und deren Codes und Erkennungs-

zeichen sie nicht mehr verstand. Meiner Meinung nach spielte die diesbezügliche Angst vor Kontrollverlust keine geringe Rolle in dem historischen Kompromiss zwischen Solidarność und Partei, wie er wenig später hastig geschlossen wurde. All diese Eindrücke konnte ich zwischen und nach den Konzerten gewinnen, denn – und das war noch das Außerordentlichste: Für viele war das Festival bloß ein Anlass zum Austausch gewesen. Es ist heute fast vergessen, aber in jener Prä-Internet-Zeit fand bereits eine intensive subkulturelle Vernetzung statt, und zwar in Form von schlecht gedruckten Fanzines. Aus jeder Stadt, wo es eine Punk-Szene gab, war ein Fanzine-Berichterstatter gekommen. Auch die Fußballfans von Lechia Gdańsk waren dabei sowie die Orange Alternative, die großartige Kommunikationsguerillagruppe aus Breslau. Nicht nur aus Polen, auch aus den Bruderländern waren Punkpublizisten angereist. So fand sich ein ehrwürdiges, internationales Panel asozialer Elemente und Taugenichtse zusammen, die sich stundenlang gegenseitig interviewten. Die eifrigen Konversationen (in denen Musik eine untergeordnete Rolle spielte) zogen sich sogar noch über ein paar Tage nach Ende des Festivals auf Terrassen und Bänken der Altstadt hin, auch nachts in unvermuteten Lokalen, wo Bier und Wodka wie durch ein Wunder reichlich flossen. Ich erinnere mich noch an Ildiko aus Budapest, Sängerin einer Band namens Trottel, deren Gitarrist wegen staatsfeindlicher Texte im Knast gelandet war. Entsprechend ängstlich konnte sie nicht begreifen, dass die polnischen Punks und Punketten sich trauten, derart unvorsichtig offen in der Öffentlichkeit zu sprechen. Da antwortete einer:»In Polen gibt es nur drei Orte, wo man frei sein kann: Kirche, Knast und Straße. In der Kirche kann man aber nur beten, und in den Knast schafft es nicht jeder. Also bleibt nur noch die Straße.« Das war die zentrale Erfahrung, die dort zu machen war: Was auch immer kommen würde, die Furcht war weg. Definitiv weg. In jenen Tagen gewann ich die Überzeugung, der eiserne Vorhang würde nicht mehr lange halten können.

GreAtnix, Sue

Erinnerung an Katarina Gajdukowa

Was fällt mir zu Sue ein? Weggefährtin, witzige und kluge Frau, Freundin, unberechenbar und zuverlässig, ein Farbklecks. Sie ist Gegenstand dieses Beitrags, anstelle ihres eigenen Textes über die Blauen Möwen, den sie nun nicht mehr schreiben wird. Mitte der achtziger Jahre tauchte sie in den – wie soll man sie nennen? – einschlägigen Kreisen auf. Mit ihrer Körpergröße, ihrem hellblonden Igel und dem markanten Gesichtsprofil fiel sie unter denen, die ohnehin auffallen wollten, besonders ins Auge. Doch nicht das war es, was man sich an ihr merkte, sondern dass man schnell zu ihr Kontakt fand und in ihr einen einfallsreichen und interessierten Menschen entdeckte. Sue gehörte keiner bestimmten Gruppe an, sie kreuzte meist zu zweit mit einer Freundin oder einem Freund auf, mit denen sie dann auch zusammen ihre Zeit zubrachte. Sie war mit dabei und gehörte dazu. Auf der einzigen Fotografie, die bis Ende 1987 in einem DDR-Samisdat erschienen war, ist sie abgebildet, auf dem Dachboden des Gemeindehauses Hartroda, zu deren Behindertenkommune die Berliner Punks im Sommer 1986 eine Fahrt unternommen hatten.

Mit Sue war es möglich, selbst nach Monaten sofort wieder den Faden aufzunehmen und weiterzumachen, als hätte man sich gerade einmal fünf Minuten nicht gesehen. Sie schätze solche Verbindlichkeit und legte dabei auf kleine Rituale wert.

Wütend und verletzt waren die meisten damals, die unterwegs waren, und auch Sue trug an so einer bösen, doch in Punkkreisen nicht gerade ungewöhnlichen Geschichte: Sie hatte einige Zeit im Jugendwerkhof zugebracht.

In DDR-staatlichen Verlautbarungen wurden diese Verwahrungsanstalten Erziehungsheime genannt, von Kinderknästen sprechen dagegen diejenigen, die in den zweifelhaften Genuss einer derartigen Erziehungsmaßnahme gekommen waren. Die Storys, die ehemalige Insassen von Jugendwerkhöfen auf den einschlägigen Homepages erzählen, sind trostlos, dass man sich wie vor den Kopf gestoßen fühlt.

In diese Situation war Sue durch einen Verrat gekommen. Sie hatte es gewagt, sich mit ein paar Problemen an einen Psychologen zu wenden – ein mutiger Schritt, denn die meisten neigen eher dazu, an ihren Schwierigkeiten jämmerlich zu verröcheln, anstatt sich professionelle Hilfe zu holen. Dieser Arzt erkannte, dass Sues Beschwernisse zweifelsfrei daher rührten, dass sie mit ihren Punk-Affinitäten noch nicht ganz vollständig zu einer sozialistischen Persönlichkeit herangereift war, und wies sie zur Erziehung ein.

Sue, die immer gern ihr eigenes Ding machte und sich später in unseren, gemessen an der üblichen DDR-Gesellschaft doch eher hierarchiefreien Szenen nie den Diktaten von Moden oder den Verstiegenheiten von Szenengurus unterwarf, litt im Jugendwerkhof besonders darunter, dass sie wegen ihrer Eigenheiten von den Mithäftlingen geschnitten wurde. Aber genau das gehörte zur beabsichtigten Erziehung.

Jahrzehnte später machte sie den Mann, dem sie das zu verdanken hatte, ausfindig, der tatsächlich noch irgendwo als Therapeut in Anstellung war, und stellte ihn trotz seiner Drohungen öffentlich bloß, so dass er schließlich entnervt kündigte.

Dass Sue aneckte, entsprach ihrem Wesen, und anzuecken gehörte damals in unseren Kreisen zu den ganz üblichen Handlungsoptionen. Das Besondere an Sue war jedoch, dass sie sich diese Eigenschaft bewahrte und immer wieder zum Einsatz brachte, wenn sie sich ungerecht behandelt fühlte. Das kam nicht selten vor, und es nervte natürlich, doch das war ja beabsichtigt. Wenn sie irgendwo gelesen hatte, dass ihr etwas aufgrund der posttraumatischen Folgen ihrer Zwangsverwahrung im Jugendwerkhof oder ihrer Schwerhörigkeit zustand, dann gab sie nicht eher Ruhe, bis sie es auch selbst beanspruchen konnte oder ihr jemand plausibel machte, warum es in ihrem Fall anders wäre. Was sie an Widergutmachung erhielt, bekam sie nicht geschenkt. Sie besaß eine Ausdauer, um die ich sie beneidete.

Ich fand es sehr bezeichnend, als mir vor ein paar Jahren ein ehemaliger Widerständler, der jetzt in einem langweiligen Aufarbeitungsinstitut langweilige Veranstaltungen für gelangweilte Schüler organisiert, über einen Konflikt berichtete, den Sue mit der Stiftung Aufarbeitung austrug. Sie sei eben auch eine sehr schwierige Person, meinte er. »Na und?«, fragte ich. »Wer von uns ist denn nicht schwierig?« Wo war die alte Solidarität unter den Widerständlern? Hatte sie jemals existiert?

Wer mit ihr eine Performance wollte – und Sue hatte dafür eine Menge zu bieten – musste unter Umständen auch Nervereien in Kauf nehmen. Aber was sie dafür ablieferte, lohnte die Geduld.

Zufällig traf ich sie Ende der Neunziger in der KvU wieder, als die ganzen alten Freundschafts- und Bekanntschaftsbeziehungen längst abgeklopft und als tauglich oder eben nicht tauglich beschieden worden waren, und ich war überrascht, wie frisch und unterwegs sie geblieben war, ganz im Gegensatz zu einer Menge Widerstandsveteranen und Revolutionshelden, die man am besten gleich mit ihren ollen Druckmaschinen und Pamphleten ins Museum entsorgt hätte.

Und doch litt sie ähnlich wie diese unter einem Phänomen, das bis heute einer ausführlichen Beschreibung harrt: Sie ärgerte sich als Wissenschaftlerin über die doch eher distanzierte Sicht ihrer Kollegen aus dem Westen, die sich aus Literatur, Archivstudien, Kolloquien, Filmen und Konferenzen eine merkwürdige virtuelle LEGO-DDR zurechtgebastelt hatten, die mit der Realität nicht viel gemeinsam hatte, und geriet damit in einen Strudel, unter dem die wissenschaftliche Aufarbeitung der Diktatur bis heute leidet. Es ist nämlich extrem problematisch, wenn Zeitzeugen ihre eigenen Wahrnehmungen und ihre emotional hoch

aufgewerteten Erlebnisse zu einer wissenschaftlich distanzierten Aussage aufzuarbeiten versuchen. Dass Sue im Gegensatz zum Gros der landläufig bekannten Zeitzeugen-Wissenschaftler, die über die Jahre einen Haufen Schrott zusammengebosselt haben, doch immer wieder Distanz und Professionalität an den Tag legte, hängt mit der bei ihr besonders ausgeprägten Melange aus außergewöhnlichem Abstraktionsvermögen, steter Beharrlichkeit, Fleiß und vor allem auch Humor zusammen. Unsere Diskussionen drehten sich oft um diese Fragen: Ist, wer als Wissenschaftler auf die Authentizität seines Dabeigewesenseins als Zeitzeuge pocht, nicht eigentlich nur ein *Dabeigeschaftler*? Und was auch immer von diesen *Dabeigeschaftler*-Aufarbeitern produziert wird und wie viele Fußnoten es zieren mögen, sollte es anstelle von Wissenschaft nicht besser *Aufarbeitica* genannt werden? Und um die Welt der Wissenschaft vor dieser in wissenschaftlichem Gewand auftretenden Überzeugungsliteratur zu schützen, sollte man, ähnlich wie die Finanzwelt ihre faulen Kredite in Bad Banks entsorgt, *Bad Librarys* für die scientischtisch anmutende *Aufarbeitica* der *Dabeigeschaftler* gründen? Oder reicht es vielleicht schon aus, diese deutlich auf dem Cover als *SEWI* (semi-wissenschaftlich) zu kennzeichnen? Sue gehörte in den Aufarbeiterkreisen zu den höchst seltenen Ausnahmen, die einen nicht gleich als linken Stasi-Versteher abkanzelten, wenn man sie kritisierte.

Seit der Arbeit an unserem »Party totalitär«-Text im Band »Vergnügen in der DDR« planten wir ein Buch über den Humor, besser gesagt über die Humorlosigkeit in den politischen Widerstandsgruppen der achziger Jahre, schickten uns Literaturtipps zu und bekugelten uns schon in Vorfreude auf die Vorstellung, wie die leeren Gesichter der einschlägigen Protagonisten in den Text schauen und nichts, aber auch gar nichts erfassen werden. Ich höre geradezu ihr lautes, fast monströses Auflachen. Nun bin ich mir nicht sicher, ob ich jemals noch jemanden finden werde, mit dem ich dieses Projekt realisieren kann.

Manche sehen eine unglückliche Verkettung von Zufällen und Missverständnissen, andere eine souveräne Entscheidung, dass Sue von uns ging. Ich bin mir nicht sicher, wer mehr recht, hat aber auch ich vermisse sie und frage mich, ob ich nicht bestimmte Zeichen hätte erkennen müssen. Ich vermisse auch die für mich furchtbar langweiligen Tratschgeschichten, die sie so sehr liebte, und ihren Gruß, den sie immer unter ihre Nachrichten setzte: Greatnix!

ChriStel II

Es begann um Weihnachten rum. Nach zehn Bieren war ich immer noch bei klarem Verstand. Ich versuchte es noch einige Tage mit höheren Dosen, aber Silvesternacht beschloss ich, auf Klaren umzusteigen.

Mehrere Wochen ging es mir gut. Zu diesem Zeitpunkt hatte mein Vater mich längst rausgeschmissen. Ich wohnte in einem verlassenen Haus. Gas und Strom funktionierten noch, was scheißegal war, wenn ich was zu trinken hatte.

Irgendwann wurde das Geld knapp. In einer Kaufhalle Schnaps zu klauen, war zu auffällig, auf Rasierwasser dagegen achtet keiner. Aus einer Schweinetonne besorgte ich altes Brot. Schimmel vermied ich, weil der Krebs verursachen soll. Nur wenn es nicht anders ging, filterte ich das Rasierwasser auch mit dem fauligen Zeug.

Irgendwann wurde ich erwischt. Ich wechselte das Geschäft, bis ich dort auch aufflog. Nach einigen Wochen konnte ich mich in keinem Laden der Stadt mehr blicken lassen.

Ohne mein Zeug konnte ich nicht mehr schlafen. Ich war kurz vorm Durchdrehen. Ich lief nachts durch die Straßen. Mein Zahnfleisch blutete. Durch die Bewegung wurde mein Hirn klarer. Irgendwann erkannte ich, dass die Stadt im Morgengrauen durch eine Flotte LKWs versorgt wurde.

Als wieder einmal die Sonne aufging, wartete ich an einer roten Ampel. Ein W 50 hielt. Ich zwang mich unter die Plane und kletterte auf die Ladefläche. Ich musste nicht lange suchen, das Rasierwasser stand ziemlich weit vorn. An der nächsten roten Ampel sprang ich ab. So kam ich über den Winter. Ab dem Frühjahr wurde es schwieriger. Rasierwasser von Florena lief nach der Grenzöffnung nicht mehr besonders gut.

Willy hieß nicht Willy, dafür waren seine Narben echt. Eine quer über die Stirn, eine vom rechten Ohr bis zum Kinn. Sie stammten aus Bautzen. Beim Hofgang sei er die Treppe runtergefallen. Ob das stimmte, wusste keiner. Willy redete nicht darüber. Aber dass er das beim Gefängnisarzt unterschreiben musste, galt als gesichert. Vor der Geschichte in Bautzen hatte man ihn als asozial eingestuft. Irokese, Lederjacke, keine Arbeit. Er finanzierte sich, indem er bei den Bonzen der Kreis- und Bezirksleitung einstieg. Er klaute nur Sachen, die aus dem Westen stammten. Jeans, Turnschuhe, Jacken, Pullover, Dessous, HiFi-Anlagen, Farbfernseher, Schallplatten, Videospiele. Er vertickte den Kram für viel Geld. Manchmal fand er auch DM. Der Kurs auf dem Schwarzmarkt schwankte zwischen 1:8 bis 1:10. Einen Teil des Geldes brachte er auf der Leipziger Messe durch. Für hundert DM waren Frauen für eine ganze Nacht zu haben. Anzeigen gab es nie. Die Bullen wollten von den Opfern immer wissen, was gestohlen wurde.

Ich bot Willy meine Hilfe an. Von dem Rasierwasser aus dem Westen musste ich kotzen. Statt eines Lohnes bestand ich auf Florena.

Ich räumte im Hinterzimmer der »Deutschen Eiche« die Aschenbecher leer. Manchmal reichte ich Bier. Wenn die Typen Frauen dabei hatten, gab es auch Sekt. Willy betrieb einen illegalen Pokerclub. Er kassierte zehn Prozent vom Gewinn. Wenn ein Boot oder ein Auto über den Tisch ging, behielt er den Fahrzeugschein, bis gezahlt wurde. Wenn nicht, schickte Willy die Fidschis vorbei.

Nach vier Wochen meinte Willy, ich sähe aus wie eine verfickte Rotznase. Seine Kunden würden mich nicht ernst nehmen. Und wenn sie mich nicht ernst nähmen, dann auch nicht Willy. Ich sollte mich tätowieren lassen. Er gab mir hundert DM.

Ich hörte mich um. Irgendein Penner empfahl mir eine Adresse. Ich hatte Schiss. Als ich den Laden betrat, hatte ich mehr Florena intus als sonst. Ich konnte mich am nächsten Tag nicht daran erinnern, wie es dort aussah. Ich weiß nur noch, dass der Typ genauso dürr war wie ich. Dass ich dachte, in einen Spiegel zu gucken. Und dass er wissen wollte, was, und wo ich das drauf haben will.

Ich musste irgendetwas geantwortet haben. Am nächsten Morgen brannte mein Rücken. An den Oberarmen vermutete ich Tiere unter der geschwollenen Haut. Geparden oder Leoparden oder so was. Mit Schlingpflanzen und Blumen und so. Auf dem Rücken vermutete ich einen Schriftzug. Ich konnte es in der Fensterscheibe nicht genau erkennen.

Ich zog ein kurzärmliges T-Shirt an, damit der Kram rausguckte. Willy war zufrieden. Ich auch. Am Ende der Woche bekam ich wie immer meinen Karton Rasierwasser.

Der Sommer kam. In besonders warmen Nächten trank ich mehr als sonst, weil sie wieder durch meinen Kopf spukte. Manchmal war mein Schlafsack feucht. Erst dachte ich, im Koma hätte meine Blase versagt, aber es stank nach Sperma.

Wenn ich für Willy arbeitete, wusch ich mich und trug saubere Klamotten. Ich trank nur so viel, dass ich nicht völlig abgeschossen wirkte. Obwohl ich nicht immer klar war, hatte Willy Vertrauen zu mir. Irgendwann wartete er das Ende der Pokerrunden nicht mehr ab. Er übertrug es mir, die Prozente zu kassieren. Damit niemand beschiss, notierte ich die Gewinne. Ich hätte etwas für mich abzapfen können, aber meine Abrechnung war immer korrekt. Ich wollte keine Probleme, nur Florena. Und Gabi. Die stand hinter dem Tresen, vielleicht doppelt so alt wie ich, etwa 40, blond bis grau. Ihr Blick schaute selten vom Zapfhahn hoch. Angeblich hatte sie drei Kinder, die ihr weggenommen wurden.

Als wir einmal zur gleichen Zeit Feierabend hatten, ging ich ihr nach. Sie wusste es, aber Angst hatte sie nicht. Sie klemmte eine Kiste Limo in die Haustür, damit sie offen blieb. Ihre Wohnungstür war nur angelehnt. Ich hörte, wie sie sich im Bad die Zähne putzte. Ich setzte mich auf die Couch. Mein Florena kratzte mir die Kehle frei. Der Kopf war schön leer.

Sie trug einen Kimono. An einer kleinen Bar schenkte sie Schnaps ein. Ich lehnte ab. Sie rauchte eine Zigarette. Trank drei Gläser. Beobachtete mich. Dann setzte sie sich rittlings auf mich drauf. Als ich kam, dachte ich an Christel.

Irgendwann stand Willy in meiner Bude. Ich schlief noch. Er trat gegen das wacklige Bett. Während ich mich wusch, musterte er stumm meine Tätowierung. In seinem Mercedes sagte er, ich würde aussehen wie eine Buchenwaldschablone. Er warf mir etwas zu essen zu. Ich würgte es ohne Florena runter. Er erklärte mir, der Einigungsvertrag würde bald unterschrieben werden. Ich zuckte ratlos die Schultern, was Willy nicht entging.

Wenn der Westen kommt, kommen die Bullen zurück. Kommen die Bullen, kann ich meinen Laden dichtmachen.

Wir holten mehrere Kartons aus dem Kofferraum. Willy besaß einen Schlüssel für die »Deutsche Eiche«. Wir schleppten den Kram in das Hinterzimmer. Rot-weiß-blaue Girlanden, eine Figur von Uncle Sam, Nummernschilder, auf denen Namen wie Montana, Arizona und Florida standen. Ich musste die Dinger an die Wände nageln und die Girlanden aufhängen. Mein Körper zitterte. Ich brauchte etwas. Weiße neue Stühle wurden gebracht und gegen die weißen Plastikstühle ausgetauscht. Ich nutzte die Gelegenheit, um im Lager eine Flasche Wodka zu klauen.

Gegen Mittag kamen zwei Typen, die kein Wort miteinander sprachen. Ihre Frauen hatten lange Fingernägel und kurze Kleider. Sie würdigten sich keines Blickes. Die Typen spielten über zwanzig Stunden. Die neue Dekoration verschwand im Rauch ihrer Zigarren. Statt Bier gab es diesmal Champagner. Am Ende kassierte Willy über 20 000 DM.

In der Nacht wurde ich wach. Irgendwo in der Stadt fielen Schüsse. Die Zeitungen schrieben von einer Racheaktion unter Zuhältern.

Am nächsten Morgen stand Willy wieder in meiner Bude.
Sein Irokese roch nach frischem Bier. Er zeigte auf die Tätowierung auf meinem Rücken.

Meinst du das ernst?

Ich besaß keinen Spiegel, um sagen zu können, was mir ernst
war und was nicht. Und wenn ich einen gehabt hätte, wäre es
auch egal.

Der Spruch zwischen den beiden Leoparden ... Seiddem ich
die Menschen kenne, liebe ich die Tiere.

Ich wollte mir keine Blöße geben und nickte. Er lachte.

»Seitdem« schreibt man mit td, nicht mit Doppel-d.

Wieder lachte er. Seine Narben hüpften auf und ab. Einen
Moment nur, dann wurde er ernst.

Pack was von deinem Rasierwasser ein.

Eine halbe Stunde später holte Willy den Tätowierer aus dem

Bett. Er lobte seine Arbeit. Sehr filigran. Motivreich. Fantasievoll. Ob Willy auch eine Tätowierung haben könnte? Kartenspiele, Billardkugeln, Topless-Girls, Knarren. So was eben. Aber über den ganzen Rücken. Die Arme auch. Von oben bis unten. Willy würde gut zahlen. Einen Riesen. Der Typ machte sich sofort an die Arbeit und entwarf auf Papier seine Vorstellungen. Willy war begeistert. Zwischendurch ließ er sich die kleine Maschine erklären, mit der die Tinte unter die Haut gebracht wurde. Manchmal schenkte er Florena ein, für mich und den Typen. Nach einigen Gläsern wurden die Zeichnungen ungenau.

Kein Problem, sagte Willy und schenkte nach. Der Typ schwankte, dann fiel er um. Ich half Willy, ihn auf eine Pritsche zu schleppen. Er holte zwei silberne Teelöffel hervor.

Alu ist Scheiße. Das oxidiert. Da kann man sich entzünden.

Er desinfizierte die Löffel mit Rasierwasser und schob sie dem Typen unter die Augenlider. Ich brauchte einige Sekunden, um zu verstehen, dass ich nicht träumte. Die Löffelstiele zitterten, wenn der Typ im Koma seine Augen bewegte.

Was hast du vor?

Keiner meiner Leute läuft ungesühnt mit nem Rechtschreibfehler rum!

Willy warf die Maschine an. Ein leises Surren wie bei der Eisenbahn meines Opas erfüllte den Raum. Ich drehte mich weg und trank Florena. Irgendwann schaltete Willy das Gerät ab. Auf beiden Augenlidern waren zwei schiefe Hakenkreuze zu erkennen.

In der Nacht wollte Gabi, dass ich bei ihr bleibe. Ich sagte, meine drei Katzen würden auf mich warten. Sie nickte. An der Tür blies sie mir noch einen. Dann strich sie mir sanft die Haare glatt.

Weißt du, dass ich auch Kinder habe?

Ich nickte.

Sie schob vorsichtig ihr Gesicht an meinen Hals. Irgendetwas klebte. Vielleicht waren es ihre Tränen oder mein Sperma. Ich spürte ihre Sehnsucht. Aber ich konnte meine Arme nicht bewegen. Selbst sie zu streicheln, war ich unfähig.

Je näher der Einigungsvertrag rückte, umso mehr holte Willy geldschwere Typen in den Club. Mir ging es gut. Willy zahlte mir neben dem Rasierwasser zusätzlich hundert DM in der Woche. Außerdem bot er mir an, in sein Haus zu ziehen. Ich bedankte mich, lehnte aber ab.

Ich begann zu experimentieren. Statt des Brotes aus der Schweinetonne nahm ich frisches Weißbrot. Das Florena brannte jetzt weniger in der Kehle. Ich legte mir einen Vorrat an. Das einzige, was mich nervte, war Gabis Gerede von ihren Kindern. Und die Fotos, die ich alle schon vorher kannte, ohne sie je gesehen zu haben. Trotzdem ging ich zu ihr. Sie kochte manchmal. Ich bekam ein paar Gramm auf die Rippen.

Es war Anfang September. Ich hatte Christel seit einem Jahr nicht gesehen, als mein Vater vor der Tür stand. Wir logen uns an.

Du siehst gut aus.

Du auch.

Ich bat ihn nicht herein.

Ob ich was von Mutter gehört habe?

Ich schüttelte den Kopf. Er nickte enttäuscht.

Nach einer Weile fummelte er umständlich einen Brief hervor. Der ist aus der BRD gekommen. Für dich.

Er wartete vergeblich, dass ich den Brief öffnete.

Willst du mal …?

Was?

Vorbeikommen? Zu Hause …

Nein.

Na dann …

Er gab mir unsicher die Hand. Als er die Treppen herunterging, stolperte er über eine Flasche. Ich hörte ihn fluchen.

Der Brief lag zentnerschwer im Zimmer auf dem Boden. Ich habe ihre Schrift gleich erkannt. Ich schenkte mir einen Florena ein und wartete. Mir war klar, dass er sich nicht von allein öffnen würde. Dass mir niemand die Angst davor abnehmen würde, ihn zu lesen. Lesen zu müssen. Ich schenkte nach. Erst in kleinen Schlucken. Am nächsten Morgen erwachte ich neben dem ungeöffneten Brief. Ich wusch mich und ging zu Willy. Er war gerade dabei, die Deko zu wechseln. Ich gab ihm den Brief. Er sollte ihn vorlesen. Christel erklärte kurz, dass sie mich sehen wolle. Sie käme im Oktober. Mehr nicht. Sie wünschte keine Bestätigung. Sie kam einfach. Sie wusste, ich würde nicht ablehnen. Sie hatte sich nicht verändert.

Ich half Willy wie üblich bei der Pokerrunde. Am nächsten Tag holte ich aus den verlassenen Häusern der Stadt alle Matratzen, die ich finden konnte, und schleppte sie in meine Bude. Auf dem Hof fand ich Bretter. Ich vernagelte meine Fenster, bis kein Licht mehr durchdrang. Dann befestigte ich die Matratzen an den Wänden, verstärkte die Tür so, dass sie von innen nicht mit Gewalt geöffnet werden konnte.

Am Abend tauchte Willy auf. Ich lag in meinem Schlafsack. Er wollte wissen, wo ich bliebe. Ich bat um Urlaub. Vier Wochen. Willy erklärte, keine Gewerkschaft zu sein. Aber er sah meine Entschlossenheit, das Zimmer nicht zu verlassen, bevor ich sauber war. Er stimmte schließlich zu, nahm den Schlüssel, schloss von außen ab.

Um mich herum war es dunkel. Manchmal hörte ich ein Insekt brummen. Die ersten Tage schwitzte ich. Dann kotzte ich Galle. Als die Phase vorbei war, begann meine Leber zu ziehen. Die ersten Stunden in Schüben, dann dauerhaft. Ich biss in ein Stück Gummi, um dem Schmerz etwas entgegenzusetzen. Ich verlor das Gefühl für die Zeit. Ich wusste nur, dass es morgens war, wenn Willy Essen und Wasser brachte. Irgendwann roch ich das Blut in meiner harten Scheiße. Mein Schädel hämmerte. An Schlaf war nicht denken. Ich rannte durch das Zimmer. Durch die Bewegung wurden meine Schmerzen unerträglich. Der Gummi war längst durchgebissen. Ich riss ein Stück Holz von der Fensterverschalung und biss darauf herum. Splitter verhakten sich in meinen Lippen. Ich hatte das Gefühl, verrückt zu werden. Bilder aus meiner Kindheit rasten durch meinen Kopf. Es gelang mir, eine Matratze von der Wand zu reißen und meinen Schädel gegen die Wand zu schlagen. Irgendwann kam die Stille. Als Willy mich am nächsten Tag auf dem Boden fand, waren die Wunden schon verkrustet. Er schlug mir ins Gesicht. Ich kam wieder zu mir. Er holte eine Flasche Florena und setzte sie an. Ich spukte das ungefilterte Zeug aus. Ich schrie ihn an. Er sollte sich verpissen. Er packte mich. Drückte mich gegen die Wand. Ich lass dich nicht verrecken! Wieder der Versuch mit Florena. Ich schlug ihm die Flasche gegen die Stirn. Er ging zu Boden. Einen Moment starrte er mich an, dann stand er auf, verließ das Zimmer. Ich legte mich in meinen Schlafsack. Das Licht, das durch die offene Tür fiel, lockte. Irgendwann musste ich eingeschlafen sein. Als ich wieder erwachte, war die Tür verschlossen, die Matratze an der Wand befestigt. Neben meinem Bett standen eine Thermoskanne mit heißem Tee und Klöße mit Rouladen. Die Schmerzen kamen jetzt nur noch in Schüben, deren Abstände immer länger wurden. Ich trank, so viel ich konnte, um meinen Körper auszuspülen. Willy schaffte den Eimer mit der Pisse weg und bestellte mir Grüße von Gabi.

Nach insgesamt vier Wochen bat ich um eine Sonnenbrille. Wir fuhren an einen See. Als ich ins Wasser gehen wollte, musste Willy mich stützen. Er hatte auf der Stirn eine frische Narbe. Er erzählte mir, in drei Tagen würde es ein großes Turnier geben. Das letzte. Das Limit lag bei 10 000. Dann würde er verschwinden. Ob ich ihm helfen könne?

Das Hinterzimmer hatte sich verändert. Chrom und schwarzes Leder glänzten. Die Beleuchtung war diffus. Leise surrte eine Klimaanlage. Willy hatte eine Bar einbauen lassen. Hinter dem Tresen stand ein Schwarzer in einem eleganten Anzug. Willy hatte auch einen für mich anfertigen lassen. Ich fühlte mich unsicher in dem knitterfreien Stoff.

Die Kneipe war an dem Tag geschlossen. Willy hatte sich seinen Irokesen zu einem straff gegelten Scheitel legen lassen. Vor der Tür fuhren Autos vor, die ich aus Quartettspielen meiner Kindheit kannte. Ich öffnete den Gästen die Türen. Sie wirkten entspannt und gutgelaunt. Manche steckten mir Trinkgeld zu. An einem Schalter, den Willy Entree nannte, konnte man sich für fünfhundert DM eine Karte all inclusive kaufen. Das hohe Eintrittsgeld schien niemanden zu stören. Für die Frauen hatte Willy sein Angebot erweitert. Es gab Roulette- und Black-Jack-Tische, an denen Croupiers standen. Das Geschäft lief hervorragend. Die Kästen unter den grünsamtenen Tischen füllten sich schnell mit Scheinen. Ich konnte nicht verstehen, warum Willy seinen Club schließen wollte.

Nach einigen Stunden verabschiedeten sich die ersten Gäste. Sie bedankten sich bei Willy für den netten Abend. Weil ich die Tür zum Entree aufhielt, bekam ich erneut Trinkgeld.

In der Morgendämmerung saßen am Pokertisch noch zwei Spieler. Einer von ihnen war der Zuhälter, der die Schießerei vor Monaten überlebt hatte. Er gewann die letzte Runde und verabschiedete seinen Gegner.

Komm, Willy, noch ne Runde ...

Willy überlegte kurz, dann setzte er sich an den Tisch. Der Croupier verteilte die Karten. Ich flüsterte Willy ins Ohr, den Scheiß sein zu lassen. Er lächelte.

Noch drei Stunden, dann bin ich weg. Schlaf dich aus, und bestell Christel einen schönen Gruß.

Er nahm konzentriert seine Karten auf.

Als ich vor die »Deutsche Eiche« trat, ging gerade die Sonne auf. Ich schlief mich aus, wischte meine Bude, rasierte mich. Mittags ging ich zu Gabi. Sie kochte für mich. Danach wollte sie mir einen blasen. Ich bedankte mich und lehnte ab.

Auf dem Weg zum Bahnhof kaufte ich einen Blumenstrauß.

Auszug aus dem bislang unveröffentlichten Roman »Am Ende warn wir schon«

MINOL-PIROLS

Auf der Straßenseite nahm parallel zum Zaun eine Kette Bereitschaftspolizisten Aufstellung. Paula, Eckard und Benny liefen über das Gelände und trichterten allen ein, den Platz auf keinen Fall zu verlassen, bis die Polizei wieder abgezogen sei. Kurz vorher hatte es ein paar hundert Meter weiter in der Straße mehrere Festnahmen gegeben. Niemand wusste, was passiert war.

Einige der zuletzt Angekommenen berichteten, dass die Leute bereits auf dem Bahnhof von der Transportpolizei abgefangen wurden; die Ausweise wurden kontrolliert und Einzelne ins Polizeikreisamt gebracht. Manche bekamen Stadtverbot und mussten mit den nächsten Zügen aus Rothenfeld verschwinden. Die versuchten dann in den nächsten Dörfern wieder auszusteigen und per Anhalter oder mit Bussen in die Stadt zurückzukommen; egal wie, die Hauptsache war, dass sie an der Polizei vorbeikamen.

Ein Taxi kam herangerast, fuhr knapp an den aufgereihten Polizisten vorbei und hielt mit quietschenden Reifen direkt vor dem Tor. Die Türen sprangen auf, und drei Punks beeilten sich, vom Taxi auf das Grundstück zu gelangen, wo sie vorerst sicher waren.

Diesseits des Zaunes wurde die Aktion mit viel Beifall verfolgt. Kaum war den dreien das Durchkommen gelungen, als zwei Männer in Zivil zum Taxi stürzten, die Türen aufrissen und versuchten, den Fahrer aus dem Wagen zu zerren.

»Sperren Sie den Weg ab!«, befahl der eine den umstehenden Bereitschaftspolizisten, die, selbst völlig verblüfft, die ganze Aktion beobachteten.

Dem Taxifahrer gelang es, die Polizisten von der Tür zu drängen und Gas zu geben.

Wutschnaubend drängte sich ein Polizeioffizier ans Tor und brüllte seine Untergebenen an.

Auf der Hofseite hatten sich an die hundert Leute zusammengedrängt. Die Menge schrie: Haut ab! Haut ab! Und immer wieder Haut ab!

Auf der anderen Straßenseite tauchten ein paar Bunthaarige auf, erkannten die Situation und versuchten, sich in eine der Seitenstraßen zu retten – umsonst.

Vier zivil gekleidete Männer sprangen aus einem Lada heraus und griffen sich zwei der Flüchtenden. Einer der Zivilen hatte einen kleinen Schlagstock aus der Jacke gezogen und prügelte auf einen der Jungen ein. Den anderen warfen sie gegen das Auto und drehten seine Arme nach hinten, bis er vor Schmerz schrie.

Mit Sand gefüllte Pappbecher flogen vom Kirchenzaun her über die Polizeikette in Richtung Lada. Einer der Becher zertrümmerte laut klirrend eine Fensterscheibe des gegenüberstehenden Hauses. Die Zivilen zerrten den einen ins Auto und jagten davon. Zwei andere standen noch mit dem Zusammengeschlagenen vor dem Haus. Wenige Sekunden später raste ein zweiter PKW heran, bremste und saugte auch die anderen in sich hinein. Den Verletzten ließen sie vor dem Haus liegen.

Der Polizeioffizier gab lauthals Befehl aufzusitzen. Mit hochrotem Kopf brüllte er einige seiner Untergebenen an, die starr vor dem Kirchenzaun standen und gar nicht richtig begriffen hatten, was gerade passiert war.

»Was glotzen Sie so dämlich, Gefreite? Noch nie 'nen Besoffenen auf der Straße liegen sehen, oder was?«

So plötzlich, wie sie gekommen waren, verschwanden sie wieder.

Noch während die Polizei abrückte, liefen einige Punks über die Straße, hoben den Verletzten an und trugen ihn auf das Gelände. Wie ein Spinnennetz zog sich eine Blutspur über sein Gesicht.

Eine scheinbar unendliche Zeit verging, bis endlich die Sirene eines Notarztwagens hörbar wurde. Während die Besatzung den inzwischen notdürftig verarzteten Jungen in den Wagen legte, erklärte Pit dem Notarzt, was vorgefallen war. Er durfte mit dem Verletzten ins Krankenhaus mitfahren. Der Verletzte war Feurio.

ich bins mach nicht auf ich bins mach nicht auf ich bins mach nicht auf mach nicht auf mach nicht auf krankenhaus feurio es tanzt das zns es es es es ego riese zwölf meter

keiner hat brief gelesen sprang seele brennt schlag zu wehr dich doch tanzt zns future no

no future mach nicht auf raus nazis raus no future

In einem großen Raum, der an die Kirche angrenzte, hatten die MINOL-PIROLS ihre Anlage aufgebaut. Benny hockte nach allem, was draußen passiert war, hinter dem Schlagzeug; die Beine angezogen, die Arme verkreuzt auf den Knien, darauf den Kopf. So saß er hinter der Basstrommel und wollte – allein sein.

Ab und zu hob er den Kopf ein wenig und blinzelte mit zusammengekniffenen Augen in die schirmlose Stehlampe, welche die Bühne beleuchtete, oder in den kleinen roten Scheinwerfer auf der anderen Seite. – Rot. Benny sah rot. – Nein, dachte er, nur ganz verschwommen. Er saß dort, zusammengesunken, lamentierte leise vor sich hin, und ein paar Tränen liefen ihm über die Wangen.

»Das letzte Konzert der MINOL-PIROLS«, sagte er leise. »Das letzte. Es hat keinen Zweck.«

Eckard hatte Benny schon eine geraume Zeit beobachtet, wie er da so saß. Er kniete sich neben ihn und reichte ihm eine Flasche Bier.

»Nein, nicht das letzte«, sagte er zu Benny. »Das zweite Konzert, Benny. Keiner geht freiwillig von den MINOL-PIROLS weg; auch Feurio nicht. Wirst sehen! Wird gesund, setzt sich an die Mühle und hämmert los. Alles wird gut, Benny. Wirst sehen!«

Benny trank einen Schluck aus der Flasche und sah Eckard eine ganze Weile lang stumm an.

»Ja, Ecke. Alles wird gut. – Du bist mein Freund, nicht?«

»Ja, Benny.«

Auch Eckard war ein wenig seltsam zumute. In all den Jahren, in denen er Benny schon kannte, hatte er ihn noch nie vorher so angeschlagen gesehen wie an diesem Tag. Dabei hatte es doch ihr Tag werden sollen.

»Komm, Alter!«, sagte er. »Wir spielen trotzdem. Für Feurio!«

Eckard ergriff Bennys Hände und zog ihn nach oben. Benny ließ sich aufhelfen und griff nach dem Mikrofon.

Die weiße Hundert-Watt-Leuchte in der Stehlampe warf Benny ihren Schein grell ins Gesicht. Er stand ganz vorn zwischen der Band und dem Seil, welches sie vom Publikum trennte.

Kachel, der die Songs der MINOL-PIROLS seit Jahren kannte, hatte sich für Feurio ans Schlagzeug gesetzt und gab den Rhythmus vor. Die Gitarren erklangen, die Boxen vibrierten. Der ganze

Raum schien die Vibrationen in sich aufzunehmen; Bennys
Stimme, die Freunde vor dem Seil, die Lampe in der Ecke, einfach
alles. Benny verrenkte sich ekstatisch und begann zu schreien.
Den ganzen Frust der letzten Stunde schrie er aus sich heraus.
Dann betrat Sabine die Bühne. Seit kurzem sang sie bei den MI-
NOL-PIROLS mit. Alle, die sie sahen, begannen zu klatschen, zu
trampeln, zu pfeifen. Benny zuckte zum Rhythmus der Musik. Er
sah sich auf der kleinen Bühne um. Wie viele Hoffnungen steckten jetzt in ihm? Ein bisschen bekannt sein, dachte er, alle sollen
sie von uns reden! Jetzt ist der Moment, auf den wir so lange
gewartet haben, endlich den Frust rauslassen, der sich überall
angestaut hat; auf Arbeit, zu Hause bei den Alten, auf der Straße
und bei Aktionen wie zuvor. Endlich der Wut freien Lauf lassen!
Und alle sollen sich den Namen auf die Jacken malen! MINOL-
PIROLS!

Benny merkte bald, dass die Art, wie Sabine sang, voll den Nerv der Leute traf. Er war erfüllt vom Gefühl der Einigkeit, der Gleichheit mit den Leuten auf der anderen Seite des Seiles. Ihre Sorgen waren seine Sorgen. Ihre Wut war auch seine Wut. Und die, die gekommen waren, die waren nicht nur aus lauter Langeweile hier, die waren hier, um mit den anderen zusammen zu sein, nicht nur, um den Tag totzukriegen.

Ich will leben, dachte Benny, ich will gut sein und ich will böse sein, wenn mir danach ist.

Ich will einfach nur leben!

Das Konzert lief auf vollen Touren. Die einen spielten, die anderen tanzten wild vor dem Seil. Sabine tanzte schweißgebadet. Es war drückend schwül im Raum. Vor dem letzten Titel stieg sie auf einen Stuhl, und ihr Blick wanderte über die Leute hinweg.

»Laut!«, kündete sie an, während die Musik bereits eingesetzt hatte. Bennys Oberkörper schnellte nach vorn. Jaschka, der bis dahin an der Seite gestanden hatte, ballte alle Energie in sich zusammen und sprang mit erhobenen Armen in die wogende Menge hinein.

– Laut, laut, laut, laut, laut muss es sein

und wir schreien unsern Frust in die Welt hinein.

Wenn wir heute noch zu zweit sind

sind wir morgen schon zu dritt

und wenn wir noch lauter werden

machen bald schon alle mit –

Musikalisch hätten so manche den PIROLS noch etwas vormachen können, zweifellos. Es war das, was sie zu sagen hatten, was den Saal zum Kochen brachte. Jaschka hatte ganze Arbeit geleistet; was ihm im Proberaum nicht gelingen wollte, war ihm heute geglückt: vor der Bühne konnte man die Texte verstehen.

– Eins und eins und eins

das macht drei

keine Lüge, keine Angst

und kein Schweigen macht uns frei

Laut, laut, laut, laut laut muss es sein
und wir schreien unsern Frust
in die Welt hinein –
Die MINOL-PIROLS gaben alles, was in ihnen steckte, in die
Musik. Paula beobachtete Benny. Sein Körper war angespannt;
wenn er den Kopf hob, waren die Adern am Hals deutlich zu
sehen. Paula achtete nicht auf die Musik. Sie achtete auch nicht
auf den Text.

Sie achtete in diesem Augenblick einzig und allein auf
Benny – ihren Benny. Und eins wusste sie in diesem Moment
auch: sie musste ihn retten!

– Eins und eins und eins
das macht drei
nur der Mut, die Fantasie,
die Courage macht uns frei
Laut, laut, laut, laut laut muss es sein
und wir schreien unsern Frust
in die Welt hinein –
Die fünf auf der Bühne schienen das Ende nicht zu finden.
Immer und immer wieder stimmten sie den Refrain an. Endlich
verklang der Schlussakkord.

Benny sackte langsam in die Knie und hockte minutenlang
auf dem Boden. Sein T-Shirt klebte an seinem Körper, als wäre es
seine zweite Haut.

Paula drängte sich nach vorn, hockte sich neben ihn und hob
seinen Kopf. Er hatte Tränen in den Augen.

*Romanauszug aus dem bislang unveröffentlichten Roman »MI-
NOL-PIROLS oder Leben, und nicht leben lassen«*

SchuLden

»Ich denk noch mal drüber nach«, sagte ich ohne jede Spur von Überschwang in der Stimme. »Gib mir bis heute Abend, Wołk, ich melde mich dann«, versprach ich und legte auf. Ich steckte das Telefon in die Tasche und stand gedankenversunken vor dem Spielautomaten, in dessen Gewinnschacht die Münzen rasselten. Ich dachte über Wołks Vorschlag nach. Ich – Schulden eintreiben? Ich wusste viel zu gut, was es bedeutete, kein Geld zu haben. Ich wollte niemandem Angst einjagen, nicht einmal am Telefon. Wenn ich für Wołk arbeitete, konnte ich ziemlich viel verdienen. Aber war das die späteren Gewissensbisse wert? Zum Leben reichte es – ich hatte ja zum Beispiel die Münzen da im Automaten …

»Läuft wohl ziemlich gut«, sagte Marcyz hinter mir.

Ich erwachte aus meinen Gedanken. Als Wołk anrief, hatte ich den Hebel des Automaten betätigt, und das charakteristische Rattern erklang. In der Anzeige des Geräts wechselten in blitzschneller Folge die Symbole, um dann, mit einem kurzen »Tschinn«, alle mit einem rosa Herzchen anzuhalten. Mein Herz machte ebenfalls ein kurzes »Tschinn«, das genauso angenehm war wie das »Tschinn« beim Anblick Nadieżdas …

»Reicht für ein Bier«, sagte ich und steckte das Geld in die Hosentasche.

»Für ein Bier und deine Schulden.« Marcyz sah zu, wie das Geld in meiner Hosentasche verschwand.

»Marcyz, das geht jetzt nicht.« Ich lächelte entschuldigend. »Versteh doch, ich habe gerade zu viele Ausgaben. Ich muss für mich selbst sorgen. Ich geb's dir zurück, sobald ich kann, okay?«

Bittend schaute ich Marcyz in die Augen. Ich schämte mich – ich, der Fürst von Święty Krzyż ... Mit leerer Kriegskasse war kein Krieg zu gewinnen, das wusste ich. Ich hatte alles, nur keine ordentliche Arbeit. Ich beschäftigte mich mit Literatur, mit Film, mit meiner Freundin, und erst ganz am Ende – mit Geld. Aber vielleicht sollte ich die Reihenfolge umdrehen?

Marcyz hatte sich offenbar damit abgefunden, dass er noch unbestimmte Zeit auf sein Geld würde warten müssen, und begab sich zu seinen Kollegen. Er war sauer auf mich – aber ganz sicher nicht wegen des Geldes. Er hatte etwas mit der nächsten Blondine angefangen, die ihm Hörner aufsetzte – Rindvieh war ja im Übrigen auch sein Spitzname. Am schlimmsten war, dass sie ihn mit mir betrügen wollte. Wenn Marcyz über das Wochenende nach Hause fuhr, kam sie zu mir ins Zimmer, weil sie sich angeblich einsam fühlte. Und sie begann, über ihren Freund herzuziehen, dass er ein Versager wäre, dass sie ihn nicht liebte, dass es nur um den Sex ginge. Sie fügte noch hinzu, dass sie für mich eine goldene Zukunft sähe. Und dass wir zusammen viel erreichen könnten. Sie kniete vor mir nieder und wollte mir einen blasen. Ich hielt sie davon ab, weil sie die Freundin meines Kumpels war, weil ich meine Nadieżda nicht betrügen wollte, und vor allem, weil sie mir überhaupt nicht gefiel. Eine blonde Gartenzwergin, überzeugt von ihrem außergewöhnlichen Aussehen und ihrer außergewöhnlichen Intelligenz. Ich erzählte das alles Marcyz, aber der glaubte mir nicht und hasste mich beinahe dafür.

Geld ... Die literarischen Honorare reichten vorne und hinten nicht. Bisher war ich irgendwie zurechtgekommen, mehr oder weniger legal. War Gangsterspielen eine gute Beschäftigung für einen angehenden Schriftsteller? Nicht wirklich, da waren Spielautomaten schon besser ... Wieder griff ich in die Hosentasche nach den Münzen und warf eine in die Maschine. Ich zog den Hebel. Während ich davon träumte, reich zu sein, verlor ich alles. Ich schaute mich nach jemandem um, der mir ein paar Złoty leihen könnte. Marcyz und ein paar Typen aus dem Wohnheim spielten an einem anderen Automaten. Sie hatten einen Riesenspaß, aber ich konnte sie nicht mehr um ein Darlehen bitten. Ich fühlte Wut in mir aufsteigen … Der Bettelfürst.

»Erkennst du mich, Meister?« Ein Typ mit Lederjacke und Iro klopfte mir auf die Schulter. Er reichte mir die Hand zur Begrüßung und grinste mich spöttisch an. »Ich bin's, King …« King? Er sah wie einer von Wołks Kollegen aus. »Bahnstation Mirsk, vor einem Monat«, half er mir auf die Sprünge, denn mir fiel immer noch nicht ein, woher wir uns kannten. Ach, der Punkerkönig von Wrocław … Wollte er mir etwa von neuem den Vorschlag unterbreiten, dass ich seine Biografie schreiben sollte? Es wäre jedenfalls eine bessere Arbeit als die für Wołk.

Ob ich nicht noch was anderes spielen würde als Automaten, fragte er. »Poker«, fügte er erklärend hinzu, als ich ihn fragend anschaute. Ich hatte schon lange Lust, Karten um Geld zu spielen, aber es fehlten mir die Gegner. Außerdem brauchte ich Bargeld, um spielen zu können. Das sagte ich King auch. Er erwiderte, er würde mir was leihen, und dass ich mitkommen sollte, wenn ich wollte. Wohin? Ich schaute mich unsicher in dem Spielsalon um, der sich in der Nähe des Hauptbahnhofs Wrocław befand, und er zog mich am Jackenärmel und führte mich schweigend nach draußen. Es war Spätherbst. In der Puszcza Jodłowa lagen sicher schon die ersten Schneewehen. Ich wollte ein wenig Geld gewinnen und mit Nadieżda in die Święty-Krzyż-Berge fahren, an deren Fuß ich aufgewachsen war.

Wir überquerten zwei Seitenstraßen und bogen in ein dunkles, nach Moder riechendes Tor ein. »Pass auf!«, warnte King, führte mich die Stufen hinunter und öffnete eine Tür auf der rechten Seite eines schwach beleuchteten kleinen Flurs. In dem Kellerraum saßen drei Männer. Unter der Decke brannte eine schmutzige Glühbirne. Das sah nicht wie die Residenz des Königs von Wrocław aus, dachte ich, eher wie eine seiner Festungen. Durch die Luft zogen Schwaden von Zigarettenrauch.

»Fürst«, stellte mich King seinen Kollegen vor, die alle ähnliche Kleidung und ähnliche Frisuren trugen wie er. »Und das hier sind Uroda, Dratwa und Wysmukły.«

Vor der ersten Runde lieh King mir einen Hunderter. Den gab ich ihm schon nach der zweiten Runde zurück. Ich hätte nicht gedacht, dass es so leicht gehen würde – aber es reichte ein guter Bluff. »Das hab ich im Trainingslager gelernt«, prahlte ich vor King und seinen Kollegen, die erstaunt waren, was ich für ein toller Kartenspieler war. Hätten sie das gewusst, sie hätten gar nicht erst mit mir gespielt. Sie verloren viel und wollten alles wieder zurückgewinnen. Bis ihre Iros vor Nervosität zitterten. Ich hatte nichts dagegen, denn sie verloren am laufenden Band. In meiner Jackentasche sammelte sich ein Stapel Banknoten, mit dem ich die fällige Miete im Wohnheim bezahlen und mit Nadieżda auf die Łysa Góra fahren konnte.

Dann verlor ich eine Runde. Die Summe war nicht hoch, und ich gewann alles schnell wieder zurück. Aber ich beschloss, mich aus dem Spiel zurückzuziehen.

»Bleib sitzen!«, hielt King mich zurück. »Gib uns eine Chance, was zurückzugewinnen. Das Blatt ist wie eine Wetterfahne: Es wendet sich …«

Das Blatt wendete sich noch vor Mitternacht. Und ich musste bis zum letzten Złoty spielen. Um im Spiel zu bleiben, lieh ich mir Geld von King. Aber mit meinem Glück war es vorbei. Ich merkte nicht einmal, dass ich tausendfünfhundert Złoty Minus machte. Bittend schaute ich King an – ich wollte noch mehr Geld von ihm leihen.

»Du hältst mich wohl für saublöd«, schnaubte der König der Punks verächtlich. »Das sind schon anderthalb Tausender. Mit Zinsen zwei.«

»Was für Zinsen? Das soll wohl ein Witz sein?« Diesmal lachte ich ungläubig. Ich bedauerte, mein Taschenmesser nicht dabeizuhaben. »Du hast mich doch hergebracht!«, sagte ich vorwurfsvoll, als ich merkte, dass King keine Scherze machte. »Du hast mir am Anfang was geliehen, und alles war gut, oder? Warum also willst du jetzt nicht?«

Er erwiderte, ich sollte nicht flennen, sondern verschwinden und das Geld besorgen, und zwar jetzt gleich. Wenn ich al-

les pünktlich zurückzahlte, könnte er mir vielleicht eines Tages noch mal vertrauen. Sein Vertrauen war mir ziemlich egal. Ich beobachtete King und sein Gefolge mit wachsender Wut. Mein Fürstentum war noch zu schwach, um mit Kings Königreich zu konkurrieren.

»Ich will dich morgen Abend hier sehen mit fünf Hundertern mindestens. Den Rest zahlst du in Raten.« Wenn er seine Ansprüche geltend machte, war King überaus majestätisch.

Ich verließ den Keller und lief zur Straßenbahnhaltestelle. Als ich über die Bordsteinkante stolperte, kam ich wieder zu mir. Es gab nur einen Ausweg – die Zusammenarbeit mit Wołk. In Wołks Zimmer im Wohnheim residierte Cegła, Wołks rechte Hand. Ein rundlicher Brillenträger, der einen auf Mafiaboss machte. Dabei handelte er nur in Wołks Namen mit Zigaretten, Spiritus und gefälschten Telefonkarten.

»Wo ist der Chef?«

»In der Küche. Ich klingel ihn kurz an«, Cegła schaute mich unwillig an. Er hatte wohl Angst, ich könnte ihm seine Stellung streitig machen und nach Wołks Abreise in die Vereinigten Staaten das ganze Geschäft übernehmen. Da war in der Tat was zu übernehmen – ein äußerst entwicklungsfähiger Zigaretten-Alkohol-Telefonkarten-Markt. Aber dafür brauchte man Startkapital. Kurz darauf erschien Wołk – ein kleiner, unheimlich dünner Ukrainer, dem die Rattenschläue ins Gesicht geschrieben stand. Sein Spitzname passte eigentlich überhaupt nicht zu ihm.

»Wann rufen wir an, Fürst?« Wołk wusste sofort, warum ich gekommen war.

»Von mir aus jetzt gleich.«

Wir verließen das Wohnheim auf der Suche nach einer altmodischen blauen Telefonzelle. Gefälschte Karten waren etwa fünfmal billiger als die echten von der Telekom. Nur deshalb konnte ich meine Mutter so oft anrufen. Leider wurden die blauen Telefonzellen immer seltener. Die Telekom stellte neue Telefonzellen auf, silberne. Auch für die gab es schon gefälschte Karten, aber die waren teurer.

»Wie viel schuldet dir der Typ?«, fragte ich, während mir der absurde Gedanke durch den Kopf ging, dass nun ein Schuldner die Schulden eines anderen eintreiben sollte.

»Tausend Euro. Verlang viertausendfünfhundert Złoty. Macht fünfhundert für dich ... Es gibt schon echt wenig blaue Zellen«, sagte Wołk besorgt. Offenbar mochte er seine Arbeit wirklich. Er hatte in Polen gute Geschäfte gemacht, und anscheinend war er gar nicht so sicher, ob er nun wirklich in diese neue, angeblich bessere Welt aufbrechen wollte. Er wählte eine Nummer und gab mir den Hörer.

»Roman?«

»Ja«, sagte eine unsichere Stimme. »Wer spricht dort?«

»Sagen wir mal, ich heiße Arkadiusz. Verstehst du: der Junge aus dem Paradies. Ich heiße Arkadiusz ... Hercog, Fürst, Prince, Kenig, Graaf ...«

»Ich kenne keinen Arkadiusz, schon gar nicht mit diesem Nachnamen.«

»Kennst du in der Tat nicht, wirst du aber mit ein wenig Pech kennenlernen.« Mir wurde bewusst, dass ich nur äußerst ungern in seiner Haut stecken wollte. »du schuldest mir viertausendfünfhundert Złoty.«

»Was? Hör mal, Freundchen, dir ist wohl was aufs Hirn gefallen. Ich schulde niemandem irgendetwas.«

»Wuuuaaauuuu«, ich heulte in den Hörer wie ein Wolf in den Karpatenwäldern der Ukraine. »Weißt du jetzt, wem du was schuldest? Das heißt, wem du was geschuldet hast, denn jetzt schuldest du es mir. Ich hab deine Schulden von Wołk gekauft …«

»Das ist eine Sache zwischen ihm und mir.«

»Das war es. Inzwischen bist du aber mein Kollege. Und ich will … nein: Ich verlange, dass du mir jetzt sofort dieses Geld zurückgibst.«

»Du tust mir eh nichts«, sagte der Mann am anderen Ende der Leitung zögerlich. Nach einer langen Pause fügte er reuevoll hinzu: »Ich habe das Geld nicht.«

»Es geht mich zwar eigentlich nichts an, aber erlaube mir die Frage: Was hast du damit gemacht?«

»Ich bin gereist …«

»Du bist gereist? Ich liebe Reisen! Per Anhalter, mit dem Bus, mit der Bahn … Ich reise ziemlich oft zu hartnäckigen Schuldnern …« Ich machte eine kurze Pause und zwinkerte Wołk vielsagend zu. »Und wo warst du?«

»In Afrika …«

»Afrika? Warum das?«

»Ich liebe Hemingway. Seine ›Grünen Hügel Afrikas‹ sind wunderbare Prosa, nicht nur als Reisebeschreibung.«

Es schien mir unwahrscheinlich, dass ein Typ, dem andere wegen Schulden auf den Pelz rückten, in diesem Moment über Hemingway reden wollen würde, aber ich ließ mich auf das Thema ein:

»Oh, da haben wir einen ähnlichen Geschmack: Ich schätze

Hemingway ebenfalls. Und dieses Buch ist mir besonders nahe. Nicht wegen der Reisethematik, sondern weil der Autor darin seine Ansichten zur Möglichkeit der Weiterentwicklung der Prosa formuliert hat – die Möglichkeit, eine vierte und fünfte Dimension zu erreichen. Aber was machst du eigentlich überhaupt?«

»Ich bin Schriftsteller. Ich würde gerne meinen ersten Roman über Afrika veröffentlichen. Der Verlag lobt das Buch, aber herausgeben will er es nicht. Angeblich bin ich zu jung, und mein Name ist noch nicht bekannt genug.«

In mir erwachte der Berufsneid: ein junger Schriftsteller, dessen Roman von allen Seiten Komplimente erhält, den aber niemand drucken will – das war doch ich selbst!

Sie schreiben zum Beispiel Folgendes: »*Sehr geehrter Herr Soundso! Vielen Dank für die Übersendung Ihres Manuskripts. Ihr Text hat bei unseren Lektoren große Zustimmung gefunden. Sie loben Ihre Originalität und Ihren Einfallsreichtum sowie Ihren frischen, unverfälschten Blick. Zwar gibt es einige Schwächen (etwa eine gewisse – möglicherweise gezielte? – Naivität und zu viel Klugscheißerei). Es scheint aber, als wären Sie auf dem besten Wege zu einer literarischen Karriere. Bezüglich einer Veröffentlichung bitten wir Sie um ein wenig Bedenkzeit.*«

»Bei Hemingway gefällt mir vor allem eins: der autobiografische Faktor«, sagte ich. »Auch wenn seine Werke den Eindruck literarischer Fiktion erwecken, erlaubt doch erst die Kenntnis bestimmter in den Text – oder sogar noch tiefer: in den Subtext – eingewobener Fakten aus dem Leben des Autors nicht nur ein besseres, weil tieferes Verständnis der Motive für sein Handeln, die bei oberflächlicher Lektüre unerkannt bleiben, sondern erst dadurch kann man auch die hohe Kunst seiner Schreibarbeit umfassend würdigen, die künstlerische Methode, die seinen Stil definiert ...« Ich hielt es nicht länger aus und kehrte zum eigentlich Inhalt unseres Gesprächs zurück: »Also gut, wann zahlst du mir jetzt endlich diese viereinhalb Tausend?«

Aus dem Polnischen von Saskia Herklotz

235

NacHrichten
von NEuen Sternen

Sag mal Agnostic Front

Der Abendbrottisch war seit Stunden gedeckt, es war schon weit nach neun, als meine Schwester ihren Anfall bekam. Sie schrie rum und weinte dramatische Tränen: weil wir doch jetzt längst den Pool mit großer Party hätten einweihen können, anstatt stundenlang zu warten, weil die Ossis doch eh nicht mehr kommen. Doch mein Vater war sich sicher, dass sie jeden Moment aufkreuzten, und er blieb hart. Er hatte entschieden, der Ost-Verwandtschaft und seinen Studienfreunden den Pool nicht zu zeigen, weil klar war, dass die Größe unseres Hauses und alles andere auch schon ziemlich viel waren.

Der Streit eskalierte. Meine Schwester bettelte darum, wenigstens mit Yvonne und Wiebke nachher kurz baden zu gehen. Mein Vater schüttelte den Kopf. Dann hörte sie auf zu weinen und wurde eiskalt: Sie konnte ihre Freundinnen nicht immerzu vertrösten und beschimpfte meinen Vater als Schwächling und Lügner, als geizig und paranoid. Dann schlug sie die Küchentür so hart zu, dass mein Vater ihr eine Ohrfeige gab. Genau in diesem Moment hörten wir den Trabi in unsere Straße tuckern. Meine Mutter und ich gingen zur Tür, als mein Vater Corinna befahl, sich an den Tisch zu setzen und sich zusammenzureißen.

Auch an den vorherigen Wochenenden war Besuch aus dem Osten bei uns gewesen, die Tante meines Vaters und ein Halbbruder. Es war nicht absehbar, wann wieder ein Wochenende kommen würde, an dem wir ohne Verwandtschaft, ohne Ossis sein würden. Unser Swimmingpool war ausgerechnet am 9. November 1989 fertig geworden. Es hatte ewig gedauert, länger als ein halbes Jahr, weil der Kellerboden abgesenkt werden musste und sich daraufhin ein Riss bis hinauf unters Dach gebildet hatte. Und auch die Sauna, die meine Eltern in Finnland bestellt hatten, kam zwei Monate zu spät. An diesem Freitag Ende November wirkte der Trabi, der vor unserem Haus hielt, noch fragiler und absurder. Wie ein selbst gebasteltes Objekt, das den historischen Stau in Helmstedt nur knapp überstanden hatte. Der Mann, der dieses Vehikel gesteuert hatte, zwängte sich heraus und klappte den Sitz um. Er hatte einen Bart, der ihm bis auf den Bauch hing. Dann stiegen seine Kinder aus. Der Sohn, ungefähr so alt wie ich, zwölf, hatte nichts Auffälliges an sich. Aber seine Tochter war ein Punk, sie hatte einen Irokesenschnitt. Ich bekam einen Schreck. Es war ein nie dagewesener Auftritt. Zehn Minuten später saßen wir am Abendbrottisch.

Dass mein Vater ununterbrochen redete, war neu. Doch was noch viel neuer war: er berlinerte. Icke, zwée, beede ... Ich zuckte zusammen. Das war mir an den anderen Wochenenden auch schon aufgefallen, aber nicht so stark. Der bärtige Fremde lächelte. Und hatte noch eine andere Idee, um die alten Zeiten heraufzubeschwören: Kaum dass er saß, stand er wieder auf und holte eine Flasche selbstgebrannten Schnaps. Der Anblick der Flasche rührte meinen Vater sehr, und er wurde still. Diesen Moment der Rührung nutzte meine Schwester, um abzuhauen.

Mein Vater und sein bärtiger Freund, er hieß Jochen, hatten zusammen in Ost-Berlin Chemie studiert. Jochen war jetzt Taxifahrer. Er hatte nichts gemacht, was man Karriere nennen könnte. Mein Vater war Anfang der Siebziger in den Westen abgehauen und dann sehr erfolgreich gewesen. Und diese Distanz wollten sie so schnell wie möglich überwinden. Wenn man die beiden so sah, schien es nicht unmöglich, alle Mauern, alle Jahre, die Erfahrungen, die der andere nicht gemacht hatte und nicht nachempfinden konnte, einzuebnen, gemeinsam Schwung aufzunehmen und sich in einer einzigen Nacht wieder zu vereinen. Sie tranken und berlinerten immer lauter und lauter.

Ich wusste nicht, ob sich der andere Mann anpasste. Aber mein Vater passte sich an. Er hatte sich sogar einen komischen Pullover angezogen, den ich noch nie gesehen hatte. Ich schämte mich. Ich war irritiert. Das mit dem Pool war mir egal. Ich war nicht scharf auf die große Einweihungsparty.

Ich musste sie die ganze Zeit anschauen: Ihr roter Iro und der glattrasierte Schädel. Unter dem dunkelblauen Jackett, das so groß war, dass es mantelartig an ihr herunterhing, trug sie ein T-Shirt. Ich erkannte den Totenschädel mit dem Iro. Lars, mein Freund, hatte auch solche Punk-Shirts. Im linken Ohr ganz oben steckten drei Sicherheitsnadeln, und ihre Augen waren schwarz geschminkt. Sie war so alt wie meiner Schwester, fünfzehn. Die beiden hatten aber kein Wort oder Blick gewechselt, und auch mir warf sie keinen einzigen Blick zu.

Meine Mutter versuchte, dem Gespräch unserer Väter eine andere Richtung zu geben. Sie war neugierig auf die Vergangenheit, klar, aber sie interessierte sich mehr für die Gegenwart. Die beiden waren jedoch mit sich beschäftigt. Jochen fixierte meinen Vater ununterbrochen. Und mein Vater strengte sich an, damit er nicht aufhörte, damit er einfach bei seinem Gesicht blieb, dass sich angeblich kaum verändert hatte, damit es wie früher wurde, als sie gleich waren. Wir anderen waren ihre Zuhörer.

Der andere Junge, er hieß Robbi, kaute auf seinem Brot herum und wusste nicht, ob er mit Besteck oder ohne essen sollte, als meine Mutter sagte: »Nehmt die Stulle doch einfach in die Hand!«

Woraufhin sie ihr eigenes Brot nahm und überflüssigerweise vormachte, wie sie es machen könnten. Beide – Bruder und Punk-Schwester – wurden gleichzeitig knallrot! Jochen musste laut lachen, und mein Vater lachte auch.

Der kleine Bruder senkte den Blick. Er wurde immer kleiner. Nur seine Schwester richtete sich auf, und in ihrem Gesicht war Zorn.

»Schade, dass ihr noch nichts trinken dürft«, gluckste ihr Vater mit seinem Glas in der Hand. Er hatte den Blick von meinem Vater genommen und schaute seine Tochter grinsend an. Auch sie schaute ihn an, ihr Blick war verächtlich und überlegen. Jochen musste kichern, als meine Mutter aufstand, um dem kleinen Bruder die schwere Wurstplatte hinzuhalten. Er wusste nicht, wie er reagieren sollte, also rührte er sich nicht, und meine Mutter tat ihm einfach ein paar Scheiben auf und steckte sich selbst eine in den Mund. Sie benutzte die Hand, und er wurde schon wieder knallrot.

Dann hielt meine Mutter seiner Schwester die Platte hin. Ganz anders als ihr Bruder hob sie, die Punkerin aus Ost-Berlin, ihre Gabel, schnell und entschlossen. Um dann mit merkwürdiger Abwehrbewegung die Gabel schräg zu halten, zurückzuziehen und krachend auf ihren Teller fallen zu lassen. Das war der Moment, in dem ihr Vater Jochen diesen unglaublichen Lachanfall bekam. Meinen Vater steckte er an, und die beiden steigerten sich in ein hemmungsloses, irres Lachen. Jochen konnte sich nicht beruhigen ... und als er ihr über den Arm streicheln wollte, stand sie auf und verließ das Haus.

Ich fand sie nicht viel später auf dem Spielplatz. Sie hockte oben auf dem Turm, auf dem Dach der Kletterburg. Ich stand unten. Es war ein kalter Novemberabend. Das Licht einer Laterne machte ein düsteres Zwielicht, und die immer noch belaubten Gebüsche sonderten einen intensiven, moderigen Geruch ab. Dunst stieg auch aus dem Sand des Spielplatzes, und sie saß mit ihrem Iro vier Meter hoch über mir und rührte sich nicht. Ich wollte etwas sagen, wusste aber nicht was. Absurd, ihr etwas auszurichten. Meine Mutter meinte, ich solle nach ihr schauen. Ich hatte sie gefunden. Und jetzt?

Hier auf dem Spielplatz hing ich auch dauernd mit meinen Freunden ab, wir waren hundertmal auf diesen Turm geklettert. Aber dort schweigend im Schneidersitz zu sitzen war mir neu. Ich musste Abstand halten, um sie überhaupt sehen zu können, und

setzte mich auf die Schaukel. Mir fiel es nicht schwer, nichts zu sagen, aber es war zu kalt, um nichts zu tun. Ich lief umher. Plötzlich hörte man Stimmen. Vielleicht unsere Väter. Ich drehte meinen Kopf, und im nächsten Moment stand sie genau an der Kante. Es war nicht möglich, vom Turm zu springen. Selbst Steve – ein halbirrer Junge aus dem Wohngebiet, der für zehn Mark alles tat – hatte es nie gewagt. Dann kletterte sie lässig herunter und ging weg, ohne ein Wort zu sagen. Ich folgte ihr. Ich verfolgte sie. Ich ging mit ihr. Was eigentlich?

Unser Wohngebiet war unübersichtlich. Als Kind kannte ich alle Schleichwege, doch wer als Fremder drauflos ging, verlief sich sofort. Es gab keine Läden, kein Geräusch, keinen Bezugspunkt. Eine gebogene, ringförmige Hauptstraße, von der die kleineren Straßen wirr abzweigten.

Sie blieb stehen. Die Stimmen waren verschwunden. Dann ging sie nach rechts. Sie verließ den Bürgersteig und ging einfach ins Drake-Wäldchen, dort hinein, wo es am dunkelsten war. Sie kam an den Moor-Graben, sprang hinüber, ging auf der anderen Seite weiter. Ich sah sie als dunkle Gestalt, die krachend auf Äste trat.

»Die Bushaltestelle ist da lang«, rief ich ihr zu und ich deutete in die Richtung, weil ich irgendetwas sagen wollte, weil ich in dem Wäldchen Angst hatte und da raus wollte ... Sie blieb stehen, sprang zurück über den schwarzen Graben und war neben mir. Wir mussten ein paar Mal rechts und links abbiegen, aber keine Sekunde lang dachte ich, dass ich ihr den Weg zeigte. Sie ging. Sie bestimmte.

An der Bushaltestelle schaute sie auf den Plan. Ich hatte nicht daran gedacht, dass sie jetzt von hier wegfahren wollte. Sie wollte also in die Stadt. Für uns war die Bushaltestelle nur ein weiterer Ort, um abzuhängen. »Es fährt keiner mehr!«, sagte ich. »Wir sind am Rand von Hannover. Total weit weg von der Stadt.« Sie reagierte nicht auf mich. Ein Auto tauchte auf, und sie stellte sich sofort auf die Straße, hielt den Daumen hoch. Das Auto bremste und fuhr im Schritt-Tempo auf sie zu. Aber es machte dann einen abrupten Bogen um sie herum. Ich sah den Mann, der sie ungläubig anguckte.

Sie ging weiter. Und wieder folgte ich ihr wie ein Hund, wie ein Idiot. Sie war größer als ich, hatte längere Beine, und ich versuchte Schritt zu halten. Ich schaute sie dauernd an, sie schaute mich nie an. Sie war ein Punk, ich war in der siebten Klasse und hatte vor zwei Wochen von den Punks aus der neunten eine Ohrfeige bekommen.

Auf der Landstraße war der Nebel noch dichter. »Wo willst du hin? Willst du in die Stadt?« In dem Moment, in dem ich das fragte, begriff ich erst. Wozu war sie sonst mitgekommen, sie hatte von den Chaostagen und allem anderen gehört. Sie hatte aber nicht vor, mit mir zu reden, genau wie meine Schwester. Wieder tauchte ein Auto auf, diesmal kam es uns entgegen, wieder wollte sie es stoppen, aber es machte denselben irritierten Bogen und fuhr schnell weg. Kurz darauf standen wir an der Autobahnauffahrt. Sie meinte es ernst.

Es gab zwei Schilder. Eins zeigte nach Hannover-Langenhagen und eins nach Hannover-Laatzen und -Messe. Ich wusste auch nicht, welcher Weg richtig war.

Auf der Autobahn schoben sich massenhaft Autos vorbei. Auch Trabis. Trabis im Nebel. Aber auf der Landstraße kam kein Auto. Ich weiß nicht mehr, wie lange wir da standen. Bald erkannte auch sie, dass wir an einem toten Punkt angelangt waren. Ich zitterte vor Kälte. Dabei trug ich eine dicke Jacke und sie nur ein T-Shirt unter dem Jackett. Eigentlich wollte ich auch nicht zurück, aber hier im Nichts rumzuhängen ... Bushaltestelle, Spielplatz, ewige Strecken im Nebel gehen ... Spätestens jetzt würde ich mit einem meiner Kumpels nach Hause gehen, dorthin, wo keine Eltern waren.

»Ich hab nen Kumpel, der hat Platten von Exploited und Slime«, sagte ich, als wir wieder auf unser Wohngebiet zugingen. Sie verschleppte das Zurückgehen durch eine phänomenale Langsamkeit. Ich schaute mich ständig um, wartete, fror wie verrückt, als ich ein Knacken hörte. »HUAAAAAAAAHRRR!«

Mein Herz blieb stehen und fing dann wieder mühsam an zu pumpen. Lars war aus einem Gebüsch gesprungen und schlug mir lachend auf den Rücken. Auch sie war stehen geblieben, zehn Meter hinter mir. Gelähmt oder lässig, es war nicht zu erkennen. Lars schaute sie an. »Deine Mutter ist grad bei uns gewesen und hat gedacht, dass ihr bei mir seid. Die sucht euch!«

»Wir latschen so'n bisschen rum«, antwortete ich. »Ich hab euch gleich gefunden, hähä.« Er drehte sich zu ihr: »Du willst in die Stadt, ne? Zur Passerelle? Da sind auch immer Punks.« Er machte eine Pause. »Aber nur tagsüber. Jetzt sind da nur noch Penner. Da kommst du außerdem nie im Leben hin, ist viel zu weit weg.« – Sie reagierte nicht.

»Lars hat Platten von Exploited und Slime«, es kam spontan aus meinem Mund, ich wollte es gar nicht sagen.

Lars trat ein paar Schritte auf sie zu. Sie wich nicht zurück. »Ich hab Platten von Exploited, Slime, den Pistols, Steinen, Agnostic Front, Black Flag, alles von Ian McKay, Minor Threat ... Ich höre Hardcore-Punk!«, sagte er angeberisch und völlig übertrieben. Ich hatte ihm die perfekte Vorlage gegeben.

»Bist aus m' Osten, ne? Kennst du Fehlfarben und Mutter? Ich kenn Schleim-Keim, und die Skeptiker. Ich hab aber nur so olle Kassetten von denen.«

Er wartete nicht auf eine Antwort.

»Wollen wir zu dir? Musik hören?«, schlug ich vor. Auch wenn ich seine Musik nicht mochte, waren wir dauernd bei ihm. Aber mir fiel ein, dass sie nie und nimmer mitkommen würde. Von mir war sie weggelaufen, jetzt blieb sie stehen. Lars schaute sie von oben bis unten an. Und sagte: »Du siehst ganz anders aus als die Punks bei uns. Hast du ne Ratte? In der Passerelle hat einer ne Ratte mit sechs Beinen.« Ihr Schweigen veränderte sich nicht.

»Sag mal Agnostic Front. Los sag mal AGNOSTIC FRONT!«

Lars' und ihr Blick trafen sich. Sie sagte nichts. Sie schauten sich an. Sie ging wie vorhin als Siegerin aus diesem Duell hervor. Lars lachte zu mir herüber.

Und weil sie jetzt ihre Hände in die Jacketttaschen steckte, sah Lars ihr T-Shirt. Er schaute es an, ging direkt zu ihr, nahm ihr Jackett und öffnete es. Sie wehrte sich nicht, sie zuckte nicht mal mit der Wimper.

Lars fing an zu lachen.»Wie geil ist das denn!« Es war das entgegengesetzte Lachen von vorhin, das Gegenteil des Lachens ihres Vaters. Er ließ ihr Jackett los, zog sich plötzlich die Jacke aus, ließ sie auf die Straße fallen, schmiss auch seinen Pullover hin und zeigte ihr seins. Mit beiden Armen streckte und dehnte er es ihr entgegen. Er hatte das gleiche T-Shirt an wie sie.

»Ey, wolln wir T-Shirt-Tausch machen?«

Ich hatte das Gefühl, dass sie jetzt etwas sagen wollte. Ich sah eine Art Lächeln. Sie bewegte ihren Mund. Aber Lars redete weiter.

Ich wurde abrupt wahnsinnig wütend. Ich hätte ihm eine reinhauen können. Eben wollte sie etwas sagen! Halt die Fresse, Lars ... dachte ich. Aber er zog sein T-Shirt aus und hielt es ihr hin, wühlte dann noch mal in dem Shirt und zeigte ihr das Schildchen:»Vom Konzert im Mai«, als müsste er ihr beweisen, dass es echt war.

Er stand da und hielt ihr sein T-Shirt hin, ich sah, wie er fror, er krümmte sich in der Kälte zusammen. – Sie rührte sich nicht.

Endlich zog auch sie ihr Jackett aus, ließ es auf die Straße fallen, klappte ihre Hosenträger runter und zog ihr T-Shirt aus. Sie stand nackt vor uns, sie trug keinen BH. Durch die linke Brustwarze hatte sie eine große Sicherheitsnadel gebohrt. Dann hielt sie Lars ihr T-Shirt hin.

Wir waren sprachlos. Senkten die Köpfe. Und konzentrierten uns auf ihr T-Shirt.

»Hast du selbst gemacht ... cool«, sagte Lars deutlich leiser. Mir fiel auch auf, dass ihr T-Shirt selbst gemacht war. Lars hielt es mir hin:»Halt ma bitte. Mit dem Ossi-Exploited-Shirt mach ich die aus der Neunten alle fertig!« Ich spürte, dass das T-Shirt noch warm war. Ihre Körperwärme hing darin, und das erregte mich, so wie mich ihre Brüste erregt hatten. Aber ihr Piercing, die große Nadel durch die Warze, kam mir krank und abartig vor. Lars hatte sich wieder angezogen, nahm mir das T-Shirt weg und stopfte es in seine Jackentasche.

»Wollen wir schwimmen gehen?«, sagte ich und schaute sie an. Sie trug jetzt Lars' T-Shirt unter dem Jackett, hatte aber nicht vor, etwas zu sagen. »JA!«, rief dafür Lars. »JAWOLL! GEIL! Endlich.« Es platzte laut aus ihm heraus. Er machte einen Luftsprung.

»Los komm mit!«, meinte Lars zu ihr. Und er war so überzeugend, dass selbst ein Stein, der seit Jahren nicht mehr vom Fleck gekommen war, hinter ihm hergetrabt wäre.

Sie konnte nicht wissen, dass wir wieder zu mir gingen. Ich sagte es nicht, und Lars auch nicht. Mich durchfloss ein sehr gutes Gefühl, weil ich diese Idee hatte und wir etwas Verbotenes tun würden. Aber bei dem Gedanken an ihr Piercing und an ihre Brüste wurde mir anders. »Wir müssen im Dunkeln schwimmen!«, sagte ich. »Niemand darf davon wissen, wir müssen total leise sein.« Ich schaute zu ihr rüber, sie ging neben Lars und schaute mich jetzt zum ersten Mal an.

Wir gingen am Drake-Wäldchen vorbei. Lars wollte dann direkt auf unser Haus zugehen, aber ich zog ihn in eine andere Richtung. Mein Herz klopfte.

Der Pool war von außen nicht zu sehen, weil er tief lag. Wir schlichen durch den Garten. Im Haus war es dunkel, und man hörte kein Geräusch. Dort bewegte sich nichts. Vielleicht saßen sie in den Sesseln, vielleicht schauten sie Fernsehen. Wir schlichen zur Kellertür. Von dort würden wir, ohne dass sie es mitbekommen würde, zum Pool gelangen und in die Fluten tauchen.

»Seid leise, okay? Ich hab den Schlüssel, geht einfach hinter mir her.«

Und dann standen wir neben dem Fenster. Das Licht war an. Mein Vater sprang mit Anlauf ins Becken, und Jochen, der fremde Freund aus der DDR, hielt sich schon wieder den Bauch.

Er musste entschieden haben, nicht mehr mit dem Lachen aufzuhören. Sein Bart war im Wasser spitz und noch länger geworden. Dann ließ auch er sich mit Karacho ins Becken fallen: So große Wellen hatte es dort noch nicht gegeben. Meine Schwester und Yvonne waren auch da, sie kamen mit Robbi aus der Sauna. Robbi trug eine meiner Badehosen. Corinna lachte glücklich und sprang kopfüber ins Wasser. Meine Mutter lag im Liegestuhl und trank Sekt. Uns vermisste niemand.

Lars presste Nase und Hände an die Scheibe, er wollte da mitmachen. Das T-Shirt, das er sich in die Tasche gestopft hatte, war auf den Boden gefallen. Er hatte es nicht gemerkt. Ich hob es auf. Es hatte nichts mehr von ihrer Wärme. Und dann merkte ich, dass Johanna längst abgehauen war.

Um halb zwei morgens kam sie mit der Polizei. Niemand von uns war schlafen gegangen. Sie stieg aus dem Polizeiauto und schaute stolz, auch wenn sie sich ihren Triumph nicht anmerken lassen wollte. Die Polizisten standen neben ihr und schauten gewichtig zu ihrem Vater, der ihnen entgegenkam. Ohne ein Wort ging sie in unser Haus. Ihr Vater bedankte sich bei den Polizisten und lief seiner Tochter hinterher. Ich sah es von meinem Fenster.

Sie hatte es geschafft. Ich bewunderte sie. Ich verstand sie. Und ich verstand sie nicht. Ich sah immer noch ihr Piercing und ihre Brüste. Ein undurchdringliches Gefühl.

Die Polizisten hatten Johanna in der Passerelle gefunden, dort hatte sie eine Zigarette mit einem Obdachlosen geraucht. Sie war auf ihre Art am Ziel gewesen.

An der KreUzung
stehen und starTen

Und da gab es diesen kleinen, dürren Jungen, der ängstlich in die Schule ging, der ängstlich nach Hause kam und der Bücher las. Und da gab es Straßen, auf denen Ratten Mauern bauten. Ganz einfach, weil sie es konnten. Und Laken im Leunawind, allgrau. Und Häuserdächer und Lindenbäume. Unbunt, farblos, lichtleer. Fantasie gestorben von Chemie.

Daneben marschierten Menschen in Kampfgruppen und fandens normal. Man stand sich an der Flaschenrückgabe die Beine in den Bauch. Silberhöhe. Halle Saale. Neubaugebiet. Daneben schlug ein Vater so lange, bis seine rechte Hand als Bluterguss auf dem Hintern des Kindes zu sehen und zu fassen war. Und hundertfach Vokabeln abschreiben, Sommerferien lang, Russisch Deutsch, wegen einer Drei auf dem Zeugnis. Und Schläge und Schläge. Und diese Hilflosigkeit. Und Schwielen an den Fingern. Aufgaben. Pflichten. Tagtäglich. Wochen. Jahre ...

Amanda Lear mochte der Vater. Oder Panflöten zur Weihnacht. Gefüllte Paprikaschoten. Kohlrübeneintopf. Dazu irgendwie nichts.

Doch, einfache Sätze:

»Komm du erst mal zur Armee, da werden Sie dir Zucht und Ordnung beibringen!«

»Du musst in die Partei, sonst hast du später keine Chance!«

»Du wirst es nie zu etwas bringen. Kein Ehrgeiz! Kein Mumm. Du Flasche!«

Und da gab es diesen Jungen, der sich wie ein Außerirdischer fühlte. Ein Alien. Ein Fremder. Ein Zuschauer. Nicht beteiligt am Geschehen. Nur Aushalten, nur Durchhalten. Abhauen! So schnell wie möglich – und möglichst anders sein! Alles, nur anders als der Vater!

»... beendete in diesem Jahr die Polytechnische Oberschule mit dem Abschluss der 10. Klasse. Die schulischen Leistungen von ihm wurden als gut bis sehr gut beurteilt. Aufgrund dieser guten Leistungen plant er ein Studium aufzunehmen. Näheres über seine weiteren Vorstellungen ist den Auskunftgebenden nicht bekannt.

Er wurde gemeinsam durch seine Eltern erzogen, aber besonders sein Stiefvater übte auf ihn einen strengen und ordentlichen Einfluss aus. Zu seinen Eltern besitzt er ein gutes Verhältnis. Probleme bei der Erziehung traten laut Aussage der Befragten nicht auf. Im Wohngrundstück tritt er den Bewohnern freundlich und höflich gegenüber. Politisch konnte er aufgrund seines Alters und da er bisher über solche Themen noch keine Gespräche führte, nicht eingeschätzt werden.« (Sachakte der Kreisdienststelle Halle)

Am schlimmsten war diese Hilflosigkeit. Der kleine, dürre Junge war acht Jahre alt und hilflos. Er war zehn Jahre alt und hilflos. Er war zwölf Jahre alt und hilflos. Vierzehn. Sechzehn. Hilflos. Und keine Hand, die ihn aus dem großen Bassin herauszog. Kein Gott, der war. Kein Lehrer. Kein Freund.

Irgendwann sah er einen Film, mit einem stachligen, dürren Jungen, und verdammt noch mal – wie der schriiiiiiieeeeeeeeeeeeeeeee...

Eine unglaublich diffuse Masse Töne, kreuz und quer und laut und so einzigartig kraftvoll. Und dieses Schreien, wie Sonnenaufgang, wie Alexanders Schlag in den gordischen Knoten hinein. Anarchy in UK. I am the Antichrist! I am the Anarchist!

Und er las von Abschaum und NO FUTURE – und selber hatte

er keine Zukunft. Er hatte Angst vor der Gegenwart und keine Träume. Der Junge versuchte zu überleben, mehr nicht, nur zu überleben, sich wegzuducken, wenn die Schläge kamen, wenn der Hals des Vaters beim Abendessen anschwoll und rote Flecken aus seinem Hemd krochen, langsam, aufdringlich, unausweichlich.

Und er sah Bilder von jungen Leuten mit zerfetzten Lederjacken und irren Frisuren. Dreckige Jungs und lebendige laute Mädels. All das, was sein Vater hasste wie die Pest. Das wollte er sein. Irgendwann. Wenn er frei wäre. Da wollte er genau das sein. PUNK!

Im Kopf des kleinen, dürren Jungen gab es Zweifel an der Rahmbutterrealität. Wenn das hier, was so schmerzt, was so wütend und hasserfüllt war, die Normalität war, dann wollte er so unnormal, wie es nur möglich ist, werden.

Und die Mutter sagte:
»Dein Vater meint es gut mit dir!«

Mit sechzehn Jahren ging er weg aus Halle. Lehre mit Abitur, in einem verrußten Drecksnest bei Senftenberg. Die Zügel wurden lockerer. Ganz einfach, weil die permanente Kontrolle nicht mehr möglich war.

Und er rutschte ganz tief rein.

Der kleine Alien bekam das ganz große Paket. Mit arbeitslosen Freunden – zu DDR-Zeiten eigentlich überhaupt nicht möglich, laut Meinung seiner Eltern –, mit Suff und Punk und Absturz. Das Land war so verschlossen wie ein Mittelalter-Hungerturm. Doch war in den Mauern ein Feuer. Das brannte.

Die Mädchen mochten ihn nicht, weil er schon so kirre war von seiner Kindheit.

»Der wird nie was. Der hat ja nicht mal ein Moped. Nur verrückte Freunde und dauernd Scherereien mit den Lehrern und Ausbildern!«

....

Er begann sich zu fragen, wie er bis dahin überlebt hatte, so geduckt, so an die Seite gedrängt. Er begann sich zu fragen, an was er geglaubt hatte die ganze Zeit. Was ihn in diesem Sumpf, diesem grauen Grauen nach vorne getrieben hatte. Und er fand – nur sich allein.

Und er begann zu schreien.

Und er schrie und schrie und trat wütend um sich.

Lange.

Bis ...

Bis ihm eine Tochter geschenkt wurde. Das war verdammt spät. Er war so oft so nah dran an der Klippe. Das Wasser rauschte, die Wellen tosten. Er lag mit dem Gesicht so oft im Dreck, dass er diesen Dreck schon wieder fast als Normalität empfand.

....

Der kleine, dürre Junge ist heute ganz anders. Ganz anders als sein Vater. Der kleine, dürre, ängstliche, hilflose Junge von damals ist heute selber Vater. Und seine Tochter vertraut ihm und lacht, wenn er nach Hause kommt. Und umarmt ihn. Und seine Frau sitzt mit ihm zusammen. Und hält ihn fest. Und er hält sie fest.

....

Aliens gibt es überall. Wir sind alle Aliens. Wir sind alle allein. Doch einige von uns schaffen es, nicht immer nur verlassen zu sein.

POgo auf dem Altar – Punk in der DDr

Disteln mit spitzen Zacken dran

»Mein Garten, der blüht jedes Jahr / Betreten auf eigne Gefahr / Disteln mit spitzen Zacken dran / Disteln so hoch wie ein Mann / Disteln mit spitzen Zacken dran / Disteln so hoch wie ein Mann!« Diese Zeilen brüllte Dieter »Otze« Ehrlich, Bandleader, Sänger und Texter von »Schleim-Keim«, Anfang der 80er Jahre durch eine kleine Thüringer Kirche und drosch dazu sein Schlagzeug. In vielen evangelischen Kirchen der DDR trafen sich Punks und Hippies mit den Kirchengängern der jeweiligen Gemeinde, um Vorträge, Lesungen und Konzerte mitzuerleben oder selbst zu gestalten. Strickende Omas neben stachelhaarigen Widerborsten. Mit Spaß und Raffinesse installierten die Ost-Punks Botschaften in ihre Texte. Punk in der DDR war geprägt von Freiraumsuche und Selbstbehauptung, die, anders als in westlichen Nachbarländern, oft in die Kirchen führte. Punk zu zeigen, Punk zu leben, war freiheitsgefährdend. Den schützenden Fittichen einiger mutiger Kirchenarbeiter standen Spitzel und ihre geheimdienstlichen Auftraggeber gegenüber; lauerten Heim, Gefängnis, Armee oder Ausweisung auf die aufmüpfige Jugend. Dennoch veranstaltete sie von 1979 bis 1989 einen schillernden Krawall, der sicher nicht den Zusammenbruch des Kulissenstaates DDR herbeigeführt hat, aber vielleicht zu einer nervösen Balance des Systems beitrug, die schließlich nicht mehr zu halten war, wie Henryk Gericke formuliert.

Generation Punk

Subkultur im Osten bedeutete weniger, die Gesellschaft ändern zu wollen, sondern den Ausbau des eigenen Freiraums. Die »distanzierte Generation« der zwischen 1960 und 1975 Geborenen passte als erste Mediengeneration Impulse westlicher Subkulturen den ostdeutschen Verhältnissen an. Sie schuf sich eine neue politische und kulturelle Öffentlichkeit, verbunden mit einer radikalen Distanz zu den Herrschaftsstrukturen. Die Generation der DDR-Punks lässt sich daher als »ganzheitlich distanzierte Generation« bezeichnen, wie Katharina Gajdukowa und Dirk Moldt begründeten. Christoph Tannert äußert etwas salopper: »Punk war das Ausrufezeichen eines Generationenwechsels, auf der staatszu- wie abgewandten Seite der DDR-Wirklichkeit.«

Die Frage, wer und was wann als Punk zu bezeichnen war, ist längst nicht ausreichend definiert. Zwischen Künstlern und Szene-Punks gingen die Meinungen weit aus- und gegeneinander, innerhalb der Punkszenerie konnten der Monat, der Tag des ersten Auftretens, der Senkel und der Schuh Gräben schaffen. Fakt ist, vereinzelte Vertreter tauchten seit 1977 auf den Straßen der DDR auf und waren in ihrem Erscheinungsbild nur mit Aliens vergleichbar. Der erste Ost-Punk war Major, ein Mädchen aus Berlin. Während die Zeitung »Junge Welt« und andere Meinungsvollstrecker noch tönten, Punk habe keinerlei Einfluss auf die DDR, da er nur im gesellschaftlichen Kontext zu verstehen sei und »unseren sozialistischen Normen für Moral und Ethik« widerspreche, eroberte Punk ostdeutschen Boden. Anders als in Westeuropa, wo Punks ein »popkulturelles Phänomen mit politischen Ursachen« darstellten, waren sie nach Henryk Gericke in der DDR ein »politisches Phänomen mit popkulturellem Hintergrund«. Die westdeutschen Punks traten als Folie in Erscheinung, aus der Zeitschrift »Bravo« kopierten bzw. improvisierten die Ost-Punks Kleidung und Accessoires ihrer Vorbilder. Auf Müllkippen suchten sie ihre ersten Lederjacken, bemalten oder beklebten sie, bastelten Badges, hörten Radio, nahmen Kassetten auf, gründeten

Bands. Sie verweigerten sich früh dem Bildungssystem oder wurden daraus ausgeschlossen, folglich ergriff beinahe jeder zweite jugendliche Aussteiger einen handwerklichen Beruf und jeder dritte konnte sich für ein paar Mark eine eigene (Bruch-)Bude leisten. Die frischgeschlüpften Punks erkannten und erkundeten einander. Sie hielten zusammen wie Musketiere in einer feindlich gesonnenen Welt, trafen sich auf Markt- und Rummelplätzen, erkämpften sich Zutritt in Discos und Kneipen, feierten in Buden und auf Böden. Auftrittsmöglichkeiten gab es für die Bands so gut wie keine, Proben in Kellern und Wohnungen wurden zu Konzerten ausgeweitet. Systemferne Rockmusik nahm in den Anfangsjahren zu Beginn der 80er eine besondere Stellung ein. Eine Band war mehr als nur eine Band, sie bot Randgruppen Identifikation und mobilisierte aktionistische Sammelbewegungen jenseits musikalischer Harmlosigkeit.

Die erste Welle – Schleim-Keim bis Wutanfall

In der Aufbruchsphase von 1979 bis 1983 entstanden Punkgemeinden um die Bands der ersten Stunde: in Berlin zum Beispiel um »Planlos«, »Koks«, »Rosa Extra« und »Namenlos«, in Leipzig um »Wutanfall«, in Magdeburg um »Restbestand« und »Vitamin A«, in Weimar um die »Madmans« und »Ernst F. All / Creepers«, in Erfurt um »Schleim-Keim«, in Rostock um »Virus X«, in Eisleben um »Müllstation« und in Dresden um »Rotzjungen/Paranoia«. Die Zahl der Punks, Aussteiger, Freaks und Eigensinnigen stieg an. Sie sahen sich in ihrer ablehnenden Haltung gegen den Staat bestätigt, von dem sie sich innerlich längst verabschiedet hatten. Insgesamt blieb ihre Zahl überschaubar. Lediglich fünf Prozent der DDR-Jugend waren subkulturellen Gruppierungen zuzurechnen, die konsequent den Ausstieg aus den bestehenden Strukturen vollzogen.

Punkmusik Made in GDR variierte in Art-Punk, der sich aus

Verknüpfung mit der Kunstszene entwickelte und vor allem an den Universitäten verbreitet war, deftigem Punkrock und Fun-Punk. Art-Punk bot intellektuelle Texte, Poesie und Klangmalerei. Die künstlerische Opposition hatte sich seit dem Ende der 70er Jahre ein subkulturelles Netzwerk aus unabhängigen Galerien und Zeitschriften geschaffen, das den Punk fugenlos integrierte. Intellektuelle und Künstler sahen im Punk eine Möglichkeit, Emotionen freizusetzen und Radikalität auszudrücken. Für Bands wie »Rosa Extra« und »Zwitschermaschine« bildete Punk ein künstlerisches Ausdrucksmittel, bei einzelnen auch eine Provokation als Durchgangsstation zur Ausreise. Punkbands spielten zu Ausstellungseröffnungen und Künstler/innen interessierten sich umgekehrt für das ästhetische Konzept der Punkkultur. Punk funktionierte als »Kitt zwischen Keller und Künstleratelier«, so Christoph Tannert. Punk als Lebensgefühl einer sich distanzierenden Generation. Liedermacher waren out. Dichter griffen zum Mikrofon. Der kleinste gemeinsame Nenner war von gigantischer Größe, denn der Feind galt als ausgemacht. Zwischen den Polen Art-Punk und Punkrock bewegte sich Fun-Punk, welcher mit dadaistischen Aktionen, Spaßkonzerten und Performances von sich reden machte. Punkrock zeichnete sich durch Schnelligkeit, Aggressivität und Einfachheit aus. Im Gegensatz zu den Texten der Art- und Fun-Punkbands, die sich einer Interpretation zu entziehen versuchten, äußerten sich Kapellen wie »Müllstation«, »Schleim-Keim«, »Namenlos« und »Wutanfall« unzweideutig. So heißt es beispielsweise im MfS-Lied von 1983 bei »Namenlos«: »Ich sitz' zu Hause bei 'ner Flasche Bier / im Radio klimpert ein Punkklavier / Dann zünd' ich mir 'ne Karo an / und wichs' meiner Käthe auf die hohle Hand / Refrain: Aufgepasst, Du wirst bewacht / vom Mf-MfS.« Nach drei Strophen lautet der Abschluss-Refrain: »Aufgepasst, Du wirst bewacht / vom MM-ff-SS.« Ähnlich unverblümt textete Otze von »Schleim-Keim«: »Ich schäme mich schon lange nicht mehr für meine Heimat die DDR / Die westdeutschen Touristen sind alles nur Faschisten / Das soll nicht heißen, wir sind Kommunisten / Wir sind Anarchisten.« Wurde

der eingangs zitierte Text »Mein Garten« durch die Stasi lediglich als Äußerung einer dekadenten Lebensauffassung der Punks wahrgenommen, der völlig sinnlos sei und der Erläuterung durch die Verfasser bedürfe, war letztere Aussage eindeutig. Die Bands besangen ihren Alltag, Probleme in der Schule, mit Lehrmeistern, Polizei, Gastwirten und Kleingärtnern. »Planlos« schilderte in einem Song von 1981: »Überall, wohin's dich führt / wird dein Ausweis kontrolliert / und sagst du einen falschen Ton / was dann geschieht, du weißt es schon ...« Die Band »Wutanfall« beschrieb im Song »Leipzig in Trümmern«, der zur Punk-Hymne avancierte: »Die Frau die sich zur Messe / auf die Straße stellt / gibt's hartes Geld was fünffach zählt / Die VP bittet um Mithilfe der Bürger / und in den Kneipen stößt man an / auf den Führer.« Punk hatte sich bis 1983 als untergründiges Synonym etabliert, die »Party totalitär« war am Laufen.

Punk im Osten war männerdominiert, vulgärer Sexismus Tagesordnung. Christoph Tannert erkennt aus der damaligen Abgrenzung (männlicher) Prenzlauer-Berg-Schriftsteller gegenüber weiblicher Punk-Kunst eine Nachwirkung bis heute. »Auch deshalb steckt so wenig Punk in den bis heute vorgelegten Anthologien und Nachschlagewerken der DDR-Subkultur.« Ronald Galenza stellte 2009 fest: »Das Verhältnis zwischen Männern und Frauen innerhalb der Subkultur ist weitgehend unbeschrieben und wäre ausführlicher Betrachtungen wert.« In Ost-Berlin spielten bei den Bands »Namenlos«, »Die Firma«, »Kein Talent«, »Klick & Aus« und »Expander des Fortschritts« Frauen auf, während sie in der sonstigen Republik oft lediglich als Groupies fungierten. Eine der Punk-Frauen der ersten Stunde, Angela »China« Kowalczyk, legte in mehreren im Eigenverlag publizierten Erinnerungen ihre Jugend als Punkmädchen in Ostberlin dar. China, deren Markenzeichen eine alte Omahandtasche und ein langer Ledermantel waren, sammelte unter anderem Interviews mit damals bekannten Punkfrauen wie Subs, Major und V1, die ihre Wohnungen zu Szenetreffs machten. Sie erzählt vom Herumvagabundieren, Übernachten in kalten Hausfluren, Stylingfragen, Alkohol- und Drogenexzessen, einer Zwangsabtreibung, sexuellen Übergriffen und Konflikten mit der Staatsmacht. Immer wieder schildert sie die Erfahrung, sich in einer feindlichen Umgebung durchsetzen zu müssen, zu der für sie teilweise auch die Punk-Szene wurde. Die Autorin vermittelt das Bild einer Straßenkinderszene im Sozialismus, die sich aus den sozialistischen Normen herauskatapultiert hatte.

Schutzraum Evangelische Kirche

Seit 1968 hatte sich die Evangelische Kirche der DDR für Hippies geöffnet, ihre Bands erlebten Auftritte innerhalb der Blues-Messen und bei Friedens-Werkstätten. Ende der 60er Jahre lud Walter Schilling unangepasste Jugendliche in seine Gottesdienste nach Braunsdorf in Thüringen und erfand damit die Offene Arbeit der evangelischen Kirche, die sich an konfessionslose Jugendliche richtete. Nach dem Vorbild des Thüringer Modells erschloss die Offene Arbeit in vielen Großstädten eigene Räume. Ab Anfang der 80er Jahre nahmen Punks diesen Freiraum wahr und frequentierten die Offene Arbeit. Die Probleme, die zwischen der Hippie-Generation und den in die bestehenden Gruppen hereinplatzenden jüngeren Punks auftraten, führten in einigen Regionen zum Herausdrängen einer der Gruppen aus den kirchlichen Räumen. In der Berliner Pfingstgemeinde wurden die Hippies aus der evangelischen Sozialarbeit gedrängt, in Erfurt dagegen die Punks, während in Dresden die Hippies die Aufnahme der Punks verhinderten. Ohne die Diakone und Pfarrer, die oft gegen den Widerstand der eigenen Oberen Raum zur Verfügung stellten, Hilfe für Verfolgte praktizierten und Konzerte ermöglichten, hätte Punk im Osten vielleicht nicht durchgehalten. Trinkende und pogende Punks vor dem Altar waren ebenso möglich wie plakatmalende und konspirierende. Ab 1987 bildeten sich unter den Kirchendächern Antifa-Gruppen, wurden die ersten Demos und Hausbesetzungen geplant.

Republikflucht nach innen

Punk in der DDR war stark politisiert und tabuisiert. Zu viel Zukunft hieß für Punks keine Zukunft, wie Henryk Gericke formuliert.»Der zunächst ziellose, popinspirierte und unbekümmerte Ausbruchsversuch junger Leute führte zum Abbruch jeder Identifikation mit ihrer Heimat und somit zum Umbruch in ihren Biografien. Im schrillen Treiben der Punkszene fanden sie eine Heimat, die ihnen die DDR nicht mehr zu bieten hatte. So waren sie innerhalb der Republik republikflüchtig und in Grenzen frei.« Der Dichter Stefan Döring beschrieb dies lakonisch bereits 1982: »ich fühle mich in grenzen wohl.« Die Schaffung eines internen Raumes, der sich auch in einer eigenen Sprache ausdrückte, ging mit der Inbesitznahme tatsächlicher Räume innerhalb der evangelischen Kirche der DDR einher. Die relative Abgeschlossenheit dieser inneren und äußeren Räume war natürlich eine besondere Herausforderung für den Repressionsapparat des Staates. Die Staatssicherheit, in den Jahren 1979 bis 1981 vor allem noch vertreten durch die Abteilung K1 der Kriminalpolizei, versuchte gezielt, Informelle/Inoffizielle Mitarbeiter unter den frischgeschlüpften Punks zu gewinnen, um Einblick und Einfluss zu erwirken. Mit Erfolg. Unter anderen wurden in den frühen Bands »Schleim-Keim«, »Wutanfall/L'Attentat«, »Creepers« und der »Firma« zeitweise jeweils Schlüsselfiguren (Bandleader, Sänger) als IM bzw. IMKR gewonnen.

Platten ostdeutscher Punkbands erschienen in den Anfangsjahren nur vereinzelt bei westdeutschen Labels, genannt seien »eNDe – DDR von Unten« von 1983 (»Schleim-Keim« alias »Saukerle« und »Zwitschermaschine«), 1985 »Live in Paradise« (Sampler mit »Happy Straps«, »Der Demokratische Konsum« und »Aufruhr zur Liebe«), 1986 die LP »Panem et Circensis« von »KG Rest« und 1987 der »Tour the Farce III«-Sampler mit »L'Attentat«. Fanzines in Westdeutschland berichteten seit 1980 über die Entwicklung der Szene in der DDR, die umfangreichste Sammlung befindet sich im Archiv der Jugendkulturen in Berlin. Innerhalb der DDR wurde die Musik der Punkbands vor allem über Kassetten verbreitet und wahrgenommen, Auftritte waren relativ selten. Michael Boehlke spricht davon, dass seine Band »Planlos«, die 3 Jahre existierte, insgesamt höchstens 10 Mal auftrat. Punkkonzerte fanden bis Mitte der 80er Jahre beinahe ausschließlich privat oder auf dem Gelände der evangelischen Kirchen statt. Mund-zu-Mund-Propaganda füllte diese Messen, Privatparties, Ausstellungseröffnungen und Kunstfestivals wie die »Intermedia« in Coswig 1985. Illegale Kassettenlabels wie die »Hinterhofproduction« von Thomas »Kaktus« Grund in Jena oder »Trash Tape Records« aus Rostock trugen wesentlich zur Verbreitung der Musik bei. Die Kassettenmitschnitte funktionierten wie Kassiber, sie waren lediglich aus dem Kofferverkauf bei Konzerten oder über ein nur Eingeweihten bekanntes Briefbestellnetz zu erwerben, wurden verborgt, verschenkt und vielfach überspielt. Die Kassetenproduktionen rückten an die Stelle nicht vorhandener Schallplattenaufnahmen, selbst in ihrem Erscheinungsbild nahmen sie den Kultcharakter einer Vinylpressung und ihrer Cover an. Ab 1986 ging »Parocktikum« beim Jugendradio DT64 auf Sendung, das nunmehr internationalen Punk, westdeutsche Punkbands und bald auch einheimische Kapellen in den Äther strahlte. Kassetten-Kassiber erreichten plötzlich ein breites Publikum, ab 1987 gab der Rundfunk der DDR sogar Band-Aufnahmen in Auftrag, die letztendlich selten die Zensur passierten und ungesendet blieben. Amiga, das offizielle Schallplattenlabel der DDR, produzierte lediglich 15 Platten pro Jahr, wovon ab 1987 einzelne mit den »anderen Bands« erscheinen konnten. Mit der relativen Öffnung der Medien für die Punkkultur konnten ab 1986 auch in den FDJ-Jugendclubs Konzerte stattfinden, allerdings erhielten nur Bands mit »Einstufung«, einer offiziellen Spielgenehmigung, Auftrittsmöglichkeiten. Im Verständnis der Bands und ihrer Fans kamen diese Platten und Konzerte viel zu spät.

In der Ost-Presse wurde das Phänomen Punk zögerlich wahrgenommen, das Monatsmagazin »Unterhaltungskunst« veröffentlichte ab Februar 1988 eine Porträtserie unter dem Titel »Die neuen Bands«. Zeitgleich entstanden kleine (illegale) unabhängige Fanzines wie »Trash« aus Rostock, »Messitsch« aus Leipzig und »Breakdown« aus Freiberg. Als Gipfel der medialen Umarmung kann der abendfüllende Dokumentarfilm »flüstern & SCHREIEN« gesehen werden, der seit Oktober 1988 ostdeutsche Kinosäle füllte. In diesem »Rockreport« wurden die eher angepassten Bands »Silly« und »Chicorée« sowie die beiden »anderen« Combos »Feeling B« und »Sandow« filmisch über einige Zeit begleitet. In der Szene wurde dieser Auftritt der »anderen Bands« kritisch diskutiert. Ein Dokumentarfilm, der frei von weiblichen Befindlichkeiten erzählt, erfuhr ebenfalls 1988 seine Premiere in DDR-Kinos. Helke Misselwitz porträtierte in »Winter adé« unter anderem sechzehnjährige Punk-Mädchen, die Einblick in ihrem

Alltag gewähren. Punk in der Kunst war gesellschaftsfähig geworden. Im Jahr 1987 wurden die Punks schließlich zum Massenereignis der X. DDR-Kunstausstellung, die in Dresden stattfand, dort waren einige von ihnen in Öl gemalt oder auf Fotos porträtiert zu bewundern.

Das MfS und seine Bearbeitung der Jugend

Punk verkörperte 1983 das leibhaftig Böse in der DDR. Um 900 aktive Punks wurden zu dieser Zeit im ganzen Land beziffert. Ihnen standen zehntausende hauptamtliche Mitarbeiter der Stasi gegenüber, dazu kam eine halbe Million inoffizieller Mitarbeiter. Jede der fünfzehn Bezirksdienststellen des MfS erstellte Statistiken und machte regelmäßig Meldung nach Berlin. Für 1984 war das Nationale Jugendfestival der FDJ in Berlin geplant, das alle fünf Jahre stattfand. Der Minister des MfS, Erich Mielke, wollte bis dahin die Straße von »negativem Unrat« gesäubert wissen und befahl Härte. Durch Operative Vorgänge (OV) und Operative Personenkontrollen (OPK) versuchte das MfS, die Erscheinung Punk »aufzuklären«. Die üblichen Methoden der Kriminalisierung, des vorzeitigen Einzugs zum Dienst bei der Nationalen Volksarmee und der Ausweisung in die BRD waren geeignet, die frisch gebildeten Kreise auszudünnen. Jugendliche unter 16 Jahren wurden zur Regulierung und sozialistischen Erziehung in Kinderheime, die Kindergefängnissen gleichkamen, eingewiesen.

Nach einem ersten großen Punkfestival am 30. April 1983 in der Christusgemeinde in Halle, einem Sommerfest auf Kirchengelände in Karl-Marx-Stadt mit einer Handvoll Punkbands und einer Blues-Messe in Berlin mit jeweils mehreren hundert Teilnehmern schlug das MfS zu. Unter Einsatz inoffizieller Informanten und Auswertung ihrer Protokolle der Veranstaltungen war es möglich, der Liedtexte der jungen Punkbands habhaft zu werden und die Verfasser wegen »staatsfeindlicher Hetze« und »unerlaubter Kontaktaufnahme« oder sogar »öffentlicher

Herabwürdigung« zu verurteilen. Punkmusiker/innen verbüßten mehrere Monate bis zu anderthalb Jahren im Gefängnis, darunter die minderjährige Schlagzeugerin der Berliner Band »Namenlos«, Mita Schamal. Innerhalb nur eines Jahres gelang es, fünf der insgesamt siebzehn illegalen »Punk-Rock-Formationen« aufzulösen. Die Bands, ihre Freundeskreise und Beschützer innerhalb der evangelischen Kirche wurden systematisch aufgestöbert, verunsichert und tyrannisiert. In Weimar gelang bis Herbst 1984 die vollständige Zerschlagung des »Montagskreises«, einer von Hippies um den Pfarrer Kranz installierten wöchentlichen Gesprächsrunde mit Vorträgen und Konzerten, die zeitweise auch Punks frequentierten. Auch in Berlin, Erfurt, Leipzig und Magdeburg kann um 1984 die erste Punk-Welle als zerschlagen angesehen werden. Wer nicht eingesperrt oder zur Armee einberufen wurde, verließ die DDR in Richtung Westen oder tauchte ab. Erst im Bannkreis der »anderen Bands« gewann die zweite Punkgeneration ab Mitte der 80er Jahre an Stärke und eroberte sogar offizielle Club- und Kulturhäuser, womit sie der ausgrenzenden Überwachung entglitt. Eine Verschärfung in der Betrachtung und Bearbeitung der Punkszene in der DDR stellte sich durch die Spaltung derselben ein; seit Mitte der 80er Jahre traten Skinheads in Erscheinung, nicht selten aus den Reihen der Punks. Die oft gewalttätigen Konfrontationen beider Szenen wurden staatlicherseits weitgehend ignoriert. Ihren traurigen Höhepunkt erreichten die Auseinandersetzungen zwischen Punks und Skins bei einem Konzert in der Ost-Berliner Zionskirche am 17. Oktober 1987. Etwa dreißig alkoholisierte Skins aus dem BFC-Umfeld (Berliner Fußball Club BFC-Dynamo) stürmten nach Ende des Konzertes der Westberliner Band »Element of Crime« und der Ostberliner Combo »Die Firma« die Kirche und prügelten auf die Zuschauer ein. Alte Freunde und Bekannte standen sich unversöhnlich gegenüber. Die präsente Staatsmacht griff nicht ein, erst Wochen später kam es aufgrund des überregionalen Pressechos zur Verurteilung einiger beteiligter Skins. Die unangenehme Erscheinung einer rechtsradikalen Jugendbewegung ließ sich angesichts einiger Schwerverletzter in der Zionskirche und der lautstarken Empörung eines Teils der DDR-Bevölkerung nicht mehr ignorieren. Mit den üblichen Methoden der »Zersetzung« und Unterwanderung durch IMs widmete sich die Stasi jetzt auch den Skins. Nun wurde genauer hingeschaut, analysiert und Bericht erstattet. Neue Maßnahmekataloge wurden entwickelt und innerhalb eines Jahres republikweit 1076 Skins erfasst. Heavy Metals, Popper, Grufties, New Romantics und natürlich die Punks gerieten ebenfalls wieder ins Fadenkreuz der Beobachtungen. Immer schneller wurden Ausreiseanträge unliebsamer Personen bewilligt. Auch »konterrevolutionäre« Kräfte der Friedens-, Wehrdienstverweigerer- und Umweltschutzbewegung und der »Kirche von unten« verdankten den Skins die neu erwachte Aufmerksamkeit des Staates. Brutal wurde der aufkeimende Widerstand ausgedünnt, warf ein Land seine Jugend hinaus oder in seine Verliese.

Diese Situation war nicht tanzbar – eine Diktatur erlischt

»Ohnmacht. Sackgassen überall. Man konnte sehr müde davon werden. Das kreative Weitermachen als ein Akt der Selbstüberredung.« Ronald Galenza beschreibt 2009 rückblickend die Eintönigkeit vom Ende der 80er Jahre. Clubs waren halbleer, Wohnungen verlassen, jede dritte Band hieß »Der Rest«. Die Szene driftete gen Westen, keiner wusste, ob der Freund, die Liebste am nächsten Tag noch da war. Wer blieb, versuchte zu vergessen. »Biertrinker in den nachtblauen Parks, Bulgarenwein in Bushaltestellen, Friedhofstrinker, leberkrank und mondstolz. Eine schunkelnde Gemeinde.« Auf den Straßen formierte sich Protest, und in Leipzig, wo die Revolution auf den Scheitelpunkt zutaumelte, sangen mitziehende Punks eine Liedzeile des Schleim-Keim-Songs »Prügelknaben« von 1986: »Wir wollen nicht mehr / wie ihr wollt / wir wollen unsere Freiheit / Wir sind das Volk, wir sind die Macht ...« Die Diktatur legte vor dem aufgebrachten Volk die Waffen nieder. Es folgte ein wildes Jahr der Anarchie, über Nacht sprossen Bands und Clubs aus Ruinen.

Nach 1990 fand die Aufarbeitung der Punkbewegung in der DDR auf vielen Ebenen statt, im Jahr 2012 gehören Artefakte der Punkkultur in den Kanon der DDR-Kunst. Die Ausstellung »Übergangsgesellschaft. Porträts und Szenen 1980–1990« in der Akademie der Künste Berlin zeigte 2009 die Fotodokumentation der Künstlerin Christiane Eisler über Punks in Leipzig von 1982/83. Auch in der Ausstellung »In Grenzen frei. Mode, Fotografie, Underground 1979–89« im Kunstgewerbemuseum Berlin 2010 gehörten die Fotografien Harald Hauswalds, Sven Marquardts und Helga Paris', auf denen Ost-Berliner Punks porträtiert sind, in die Grenzbereiche der Modefotografie. Ronald Galenza, u. a. ab 1986 als Musikjournalist für das Jugendradio DT64 tätig, veröffentlichte 1999 mit Heinz Havemeister, Kunsthistoriker, Samisdat-Autor und Musiker, die fundierte Textsammlung »Wir wollen immer artig sein ...« Interviews, Essays und Fotografien reflektieren die Musikszene der DDR mit dem Fokus auf die Punkszene und setzen sie ins Verhältnis zu künstlerischen, politischen und historischen Gegebenheiten zwischen 1980 und 1990. Michael Boehlke, 1981–83 Sänger der Ost-Berliner Punkband »Planlos«, und Henryk Gericke, 1982–83 Sänger der Ost-Berliner Punkband »The Leistungsgleichen« und Autor sowie Herausgeber unabhängiger Editionen, organisierten 2005 in Berlin die erste umfassende Ausstellung zu Punk in der DDR, »ostPUNK! – too much future«. Gleichzeitig gaben beide Autoren einen gleichnamigen Katalog heraus, der vor allem die unabhängige Kunstszene in der DDR in Beziehung zur Punkbewegung setzt. Dieser Aspekt der gegenseitigen Durchdringung war bereits 1997 ansatzweise in der Ausstellung »Boheme und Diktatur in der DDR« untersucht worden. 2008 ergänzte der Dokumentarfilm »ostPUNK! – too much future« von Michael Boehlke und Carsten Fiebeler die Aufarbeitung zur Punkgeschichte in der DDR um eine vielschichtige Biografien-Collage. Michael Boehlke betreibt seit 2011 »SUBstitut«, das bisher umfangreichste Bild-, Ton- und Film-Archiv zu DDR-Punk mit gleichnamiger website (http://www.substitut.net/).

In der Literatur und Poesie der DDR finden sich frühe Ansätze einer punkkulturellen Verflechtung (u. a. Bert Papenfuß, »Matthias« BAADER Holst, Johannes Jansen, Peter Wawerzinek, Flanzendörfer, Stefan Döring, Thomas Roesler), die bis nach der politischen Wende Bestand hat. Bert Papenfuß dazu rückblickend und gegenredend 1999: »Punk ... war die Erkenntnis, dass es von befreiender Wirkung ist, das Reglement zu verletzen und die Etikette zu benetzen – dass der Kampf gegen das System Lebensgewinn ist. Punk ist Mitfreude, Gegenwehr und Selbstbehauptung ... Punk ist steinalt. Punk ist unter uns.«

Die Autoren

Gabriele Damtew wuchs im Thüringischen auf. Nach dem Abitur versuchte sie ihr Glück in Leipzig, Westberlin und Porto. Sie lebt heute in Berlin-Kreuzberg als freie Autorin und Sportkolumnistin. Das Glück traf sie zuweilen hart, manchmal fälschte sie es auch ab.

Jörg Dietrich lebt unter diesem Namen seit einigen Jahren in Weimar. Kennt den Erfinder der Punk-Anekdote und erfand die Schlager-Rezitation. Schreibt auch selbst. Hat sich in schöne Bücher eingeschlichen, zuletzt: »Wir wollen immer artig sein ... Punk, New Wave, HipHop, Independend-Szene in der DDR«, Hrsg. Heinz Havemeister und Ronald Galenza, Schwarzkopf und Schwarzkopf Verlag Berlin 1999 und 2005; »ANNO 1900, Weimar. Eine literarisch-kulinarische Ausschweifung«, Edition Azur Dresden 2008; »Satan, kannst du mir noch mal verzeihen. Otze Ehrlich, Schleimkeim und der ganze Rest«, Hrsg. Anne Hahn und Frank Willmann, Ventil Verlag Mainz 2008; »ISRAEL 2007, Augenblicke, Aussichten, Passagen«, Edition Azur Dresden 2009; »Pogo im Bratwurstland. Punk in Thüringen«, Hrsg. Anne Hahn, Landeszentrale für politische Bildung Thüringen 2009; »Zonenfußball, Von Wismut Aue bis Rotes Banner Trinwillershagen«, Hrsg. Frank Willmann, Verlag Neues Leben Berlin 2011.

Shanghai Drenger, 1967 im mecklenburgischen Teterow geboren, in Nordthüringen und Magdeburg aufgewachsen; Ausbildung und mehrere Jahre Tätigkeit als Straßenbahnfahrer; ab 1982 Sänger und Gitarrist der Punkband »Vitamin A«, erste eigene Texte, welche 1986 Anlass für einen einjährigen Gefängnisaufenthalt geben; später entstehen mit der neuen Band »ANTI-X« Prosatexte und Liedtexte; ab 1990 Jobs in einer Glaserei und einem Jugendzentrum; 1996 Wohnsitzwechsel nach Weimar; 1997–2000 Studium am Deutschen Literaturinstitut in Leipzig; seit 2002 Redakteur und Moderator beim nichtkommerziellen Radio LOTTE Weimar, seit 2008 Chefredakteur. Veröffentlichte Prosatexte, Gedichte, Essays und Buchrezensionen; u. a. Report »Der Punk im Schrank« (1997); Projekthörspiel-Regie »Pürree Liberté« (Wunderbarrecords Weimar, 2002); Erzählband »Der Insasse« (Edition Mischhaus / Plöttner-Verlag, 2009).

Ronald Galenza (geboren in Berlin), Journalistikstudium in Leipzig. Briefträger, Obstpresser, Domestique. Mitglied der Punkband JÄHzorn (1981–83). Schrieb Texte in DDR-Samisdat-Zeitschriften wie »Schaden«, »A Drei«, »u. s. w.«, »Liane«. Seit 1990 Musikredakteur, Moderator, später Kultur-Redakteur bei DT64, Rockradio B, Fritz. Aktiv als DJ Electric. Actor in Filmen wie »Flake – Mein Leben« (AK. Hendel), »Von Wegen – Elektrokohle« (U. Schueppel). Herausgeber und Autor verschiedener Bücher über die subkulturelle Musikszene der DDR wie »Wir wollen immer artig sein«; »Mix mir einen Drink – Feeling B«, »Spannung. Leistung. Widerstand. – Magnetband-Kultur in der DDR 1979–1989«.
Mehr Infos: www.beat-poet.de

Henryk Gericke, 1964 geboren in Ostberlin. Autor, DJ, Galerienbetreiber. 1984–89 Herausgeber nicht-legaler Editionen. 2005 Mitinitiator der Ausstellungsreihe

»too much future – Punk in der DDR 1979–89«. 2007 Autor des Dokumentarfilms
»ostPUNK – too much future«. 2009 Mitinitiator der Ausstellung »In Grenzen
Frei – Modeunderground in Ostberlin« sowie der Ausstellung »Poesie des Unter-
greunds – Die Literaten- und Künstlerszene Ostberlins, 1979–89«. 2010 Eröffnung
der Staatsgalerie Prenzlauer Berg. Neben der Veröffentlichung von Gedichtbän-
den und diverser Nachdichtungen, Autor zahlreicher Artikel und Beiträge zum
Thema Subkultur in der DDR. www.staatsgalerie-prenzlauerberg.de; www.votiv-
site.de; www.toomuchfuture.de

Ole Giec, geboren 1967, mittlere Reife, Schlosser, Schmied, Maschinenbautechniker,
Technischer Gebäuderüster, Tapezierer, Treppenhausputzer, Bühnenbauer,
Diplomdramaturg, Drehbuchautor.

Andreas Gläser, 1965 in Prenzlauer Berg geboren, friedliebender BFC-Fan und ge-
fürchteter Saxofonist, gelegentlicher Backgroundboy bei der »Trinkerkohorte«
und »OXO 86«. Gläser debütierte 2002 mit der Story-Sammlung »Der BFC war
schuld am Mauerbau«, er veröffentlichte 2010 seinen ersten Roman, »Bambule
Berlin«. Punk, Punkt.

Heinz Havemeister, geboren 1958 in Eisenberg (Thüringen), Kunsthistoriker, Autor,
Musiker, lebt in Berlin. 1980 Mitgründung des »Berliner BohemeTheaters« (BBT),
ab 1988 Mitherausgeber der Samisdat-Zeitschrift »Liane«, Beiträge in offiziellen
und inoffiziellen Zeitschriften, 1990–1993 Mitgründung und Arbeit im Berliner
Verlag Druckhaus Galrev. Beteiligung an Theateraufführungen, Ausstellungen
und Musikproduktionen, Mitglied der Gruppe »Sogenannte Anarchistische Mu-
sikwirtschaft«, zusammen mit Ronald Galenza Buchveröffentlichungen: »Wir
wollen immer artig sein« (1999) und »Mix mir einen Drink. Feeling B« (2002).
Musikprojekte: »Heinz & Franz«, »Miliz Christi«, »Bolschewistische Kurkapelle
Schwarz-Rot«, »Die Liebe«.

Anne Hahn, Jhrg. 1966, Autorin und Subkulturforscherin, lebt in Berlin, zuletzt: »Der
Weiße Strich«, Ch. Links Verlag 2011.

Uli Hannemann, geboren 1965 in Braunschweig, lebt und arbeitet als Autor in Berlin.
Mitglied der Lesebühnen »Reformbühne Heim & Welt« sowie »LSD – Liebe statt
Drogen«.

Falko Hennig, geboren 1969 in Berlin, Vortragsreisender, Journalist, Schriftsteller,
Moderator; Kurzgeschichten, Lichtbilder; seit 1995 »Reformbühne Heim & Welt«,
jeden Sonntag 20.15 Uhr im Kaffee Burger, Radio Hochsee seit 1997, kann auf
Facebook gemocht werden, Programmhinweise auf Wunsch per E-Mail, einfach
schreiben an radiohochsee@googlemail.com. Mehr unter www.falko-hennig.de

»Matthias« BAADER Holst, 1962–1990, Punkpoet, Sprachperformer, Aktionist aus
Halle/S. 1985/86 Mitherausgeber der inoffiziellen Literaturzeitschrift »Galeere«, die
nach behördlichem Verbot eingestellt werden muss. Seit 1988 in Berlin. Dort enge
Zusammenarbeit mit Peter Wawerzinek. Zahllose Auftritte in der DDR-Provinz, auf
Parties, in Kneipen, bei Spontanaktionen. Frontmann und Texter der Bands »Die
letzten Recken« und »Frigitte Hodenhorst Mundschenk«. Stirbt am letzten Tag der
DDR-Mark an den Folgen eines Straßenbahnunfalls in Berlin.

Michael Kröchert, geboren 1975 in Hildesheim. Berufsausbildung zum Rettungsas-
sistenten in Hamburg und Werdau/Sachsen. Studium an der Filmhochschule in
Potsdam-Babelsberg: Diplom Film- und Fernsehdramaturgie. Lebt seit 1998 in

Berlin, schreibt Prosa, aber auch Dramen und Drehbücher. Teilnahme am Underground-Literatursymposium »vandike« in Bangkok 2005. Autor des Romans »Selbstporträt als Zwergpapagei«. Veröffentlichungen in verschiedenen Anthologien, zuletzt in »Fußball ist unser Lieben«, erschienen im Suhrkamp Verlag. Inszenierungen an den »sophiensaelen« und am »theaterdiscounter« in Berlin. Zusammenarbeit mit »Das Helmi«.

Ulla Loge, 1979 geboren in der Nähe der Ostsee, aufgewachsen in Sachsen. Schnellstmöglich von Kleinstadt nach Berlin gewechselt. Lebt immer noch da, schreibt und zeichnet Comics.

Jörn Luther, 1966 in Weimar geboren, Autor, lebt in Berlin, letzte Veröffentlichung: »Macht aus dem Staat Gurkensalat«

Zbigniew Masternak, geboren 1978, polnischer Prosaiker, Dramaturg und Drehbuchautor. Arbeitet am autobiografischen Romanzyklus »Fürstentum«. Bisher sind davon drei Bücher »Wolkenfänger« (2006), »Es lebe die Freiheit« (2006) und »Taschenmesser« (2008) erschienen. 2011 drehte der polnische Regisseur Andrzej Baran´ski auf deren Grundlage den Film »Fürstentum«. Masternak ist Kapitän der polnischen Autorennationalmannschaft.

Robert Mießner, geb. 1973 in Ostberlin. Dort aufgewachsen und zugange. Humboldt-Universität zu Berlin: Abschluss Neuere und Neueste Geschichte, Philosophie und Bibliothekswissenschaft. Arbeitet als Autor und Journalist. Veröffentlichungen in Tageszeitungen, Zeitschriften und Sammlungen. Schwerpunkte: Musik und Literatur. Seit Sommer 2011 Redaktionsmitglied der Zeitschrift »Gegner«. http// robertmiessner.wordpress.com

Dirk Moldt, bis 1989 Offene Arbeit / Kirche von Unten, Berlin, Historiker, Promotion in mittelalterlicher Geschichte, zahlreiche Publikationen über Jugendwiderstand in der DDR, u. a: »Zwischen Hass und Hoffnung. Die Blues-Messen 1979–1986«, Berlin 2009, »Nein, das mache ich nicht. Alternative Erwerbsbiografien in der DDR«, Berlin 2010.

Jan Off, geboren 1967 im finnischen Tohmajärvi, zurzeit in Hamburg ansässig. Letzte Veröffentlichung: »Happy Endstadium« (Ventil Verlag Mainz, März 2012), www. jan-off.org

Veit Pätzug, 1972 geboren; lebt in Dresden und arbeitet mit Grafik und Text. Veröffentlichungen (Bücher): »Schwarzer Hals Gelbe Zähne« (2005), »Von Athen nach Althen« (2006), »Der Dirigent« (2007), »Schwarzer Hals Gelbe Zähne 2« (2008), »Was wir niemals waren« (2010).

Bert Papenfuß, geboren 1956 in Reuterstadt Stavenhagen. Elektronikfacharbeiter, Ton- und Beleuchtungstechniker. Seit 1980 freischaffender Schriftsteller. Zusammenarbeit mit Malern und Musikern. Seit 1994 Mitherausgeber der kulturpolitischen Zeitschrift »SKLAVEN«, ab 1998 »SKLAVEN Aufstand«, seit 1999 »GEGNER«. Von 1999 bis 2008 Mitbetreiber der Tanzwirtschaft Kaffee Burger. Seit 2010 Mitbetreiber der Kulturspelunke Rumbalotte continua in Berlin Prenzlauer Berg. Veröffentlichungen (zuletzt): »Rumbalotte«. Urs Engeler Editor, Basel/Weil am Rhein und Wien, 2005; »Rumbalotte continua«. 1. bis 7. Folge. Verlag Peter Engstler, Ostheim/ Rhön, 2004–2010 und Karin Kramer Verlag, Berlin, 2005–2009; »Die Mauer«. Hatje Cantz Verlag, Ostfildern, 2012.

Guillaume Paoli lebte in den achtziger Jahren als Tagedieb und Hausbesetzer in London. 1992 siedelte er nach Berlin über und wurde Autor und Publizist. Mitbegründer der »Glücklichen Arbeitslosen«, Gründer einer Ich-AG als Demotivationstrainer, seit 2008 als europaweit erster Hausphilosoph im Leipziger Centraltheater tätig.

Alexander »Zonic« Pehlemann, geboren 1969 in Berlin geboren. 1990–1997 Studium Kunstgeschichte/Geschichte in Greifswald. Seit 1993 Herausgeber des Magazins »ZONIC – Kulturelle Randstandsblicke & Involvierungsmomente« und Selekta des Al-Haca Soundsystems. Journalist, Booker, Kurator, Kulturnetzwerker. 2006 Herausgeber des Zonic-Spezials »Spannung. Leistung. Widerstand. Magnetbanduntergrund DDR 1979–1990« (Zonic / Verbrecher Verlag / ZickZack). 2009 Compiler von »Polska Rootz. Beats, Dubs, Mixes & Future Folk from Poland« (Eastblok Music). Seit Mai 2012 Mitbetreiber des Kulturny Dom B31 im Ursprungsgebäude der Galerie Eigen+Art in Leipzig. Coming next: »Creative Outlaws CSSR. Underground & Alternative Music in Czechoslovakia 1967–1990« (Trikont). Mehr: www. zonic-online.de

Montezuma Sauerbier, Sohn einer minderjährigen Mexikanerin und eines sauertöpfischen Trinkers aus dem Ruhrpott, der sich kurz vor der Geburt seines Sohnes verdünnisierte. Arbeitete als Bananenpflücker, Ornithologe und Binnenfischer. Lebt heute als Bootsverleiher in den Tortugeros von Costa Rica.

Torsten Schulz, Autor von Spielfilmen, Hörspielen, Prosa. Regisseur von Dokumentarfilmen. Professor für Praktische Dramaturgie an der Filmhochschule Babelsberg. Diverse Preise und Stipendien. Lehrtätigkeit im In- und Ausland. Mehr unter: www.torstenschulz.org

Martin Scharfe, 1969 in Dessau geboren, lebt in Berlin, war Ingenieur und ist Gründer und Betreiber von VolksLesen.tv, der Bibliothek und des Panoptikums des lesenden Volkes.

Wladimir Sergijenko, geboren 1971 in Lwow (Lemberg), West-Ukraine. Lebt seit 1991 in Deutschland. Veröffentlichte Gedichte und Erzählungen, sein größter Erfolg: »Diebe Märchen No. 2«.

Volly Tanner, geboren 1970 in Halle Saale, lebhaft seit 20 Jahren in Leipzig, dazwischen anderswo; Ende der Achtziger Sänger der Punkband »EinzelhAft«; mittlerweile Sänger bei »Mark Harries & The Aliens«; sieben Bücher, mehrere CDs, ein Theaterstück, Filme, u. u. u. – relativ gesund.

Dirk Teschner, geboren in Karl-Marx-Stadt, wohnt in Berlin und Erfurt. 1982–1989 in verschiedenen Oppositionsgruppen aktiv; 1986 verhaftet und zu zwei Jahren Gefängnis verurteilt (staatsfeindliche Hetze), die Strafe wurde nach Protesten und innerparteiischen Differenzen zu drei Jahren Bewährung ausgesetzt; seit 1989 Redakteur der Zeitschrift »telegraph«; 1992–1997 Galerist der Galerie front·œart in Berlin; 2005 Mitkurator der Ausstellung »Ostpunk! too much future« des Künstlerhaus Bethanien in Berlin; seit 2008 Kurator in der Galerie im Kunsthaus Erfurt. Veröffentlichungen in: »Ostpunk! too much future. Punk in der DDR 1979–89«, Künstlerhaus Bethanien, Berlin 2005; »too much future, Punk in der DDR«, Verbrecher Verlag, 2007; »Satan, kannst Du mir noch mal verzeihen: Otze Ehrlich, Schleim-Keim und der ganze Rest«, Ventil Verlag, 2008; »Potentiale Ost«, Heinrich-Böll-Stiftung, 2009 sowie Beiträge für »taz«, »Freitag«, »junge Welt«, »neues deutschland«, »Kulturjournal Mittelthüringen«, »hEFt«, »Gegner«, »Beute«, »Informationsdienst Soziokultur«, »Kunst-Blog«, »telegraph«, »ostblog«.

SuTiqqun, geboren 1962 in Gera (Thüringen). Studierte von 1981 bis 1985 Germanistik und Geschichte an der Karl-Marx-Universität Leipzig. 1987 bis 1990 Internats- und Dozentin für Literatur und Profangeschichte am KPS Naumburg. 1990 Umzug nach Berlin. Zeitgleich Studium der Folgen des Mauerfalls. 1990 bis 97 Weichensteller betriebsin- und externer Karrieren im KH Tacheles, zeitweise Projektentwickler, meist Psychoschlucker. 1992 bis 2010 Austtellungs- und Theatergastspielkoordination, darüber hinaus Co-Konzeptorin kontemporärer Zirkusproduktionen (Que-Cir-Que, Cirque, Compañia de Paso). Seit 2006 befasst sie sich mit Lyrik und deregulierter Prosa. Lebt in Berlin und darüber hinaus.

ralf s. werder, geboren 1963 in Dresden, lebt in Berlin mit »Es hat wenig Sinn, keinen zu machen in sinistrer Zeit, wenn Unsinn Sinn schnöde destruiert, Sinnloses Sinnfälliges überblödet, wie gegenstückig es genauen möge, – bis verquer Sinnliches ins Lichte hupft, wenigstens schön, im Widersinne herzlich böse.«

Frank Willmann, geboren 1963 in Weimar, seit 1984 Berliner, Fanforscher, Mauerforscher, Punkrockforscher.

Literatur

Becker, Nikolaus, Furian, Gilbert: Auch im Osten trägt man Westen. Punks in der DDR – und was aus ihnen geworden ist. Archiv der Jugendkulturen, Berlin 2000

Binas, Susanne: Die »anderen Bands« und ihre Kassettenprodutkionen – Zwischen organisiertem Kulturbetrieb und selbstorganisierten Kulturformen. In: Müller, Lothar, Wicke, Peter (Hrsg.), 1996

Boehlke, Michael, Gericke, Henryk (Hrsg.): »TOO MUCH FUTURE« Punk in der DDR 1979–89, 2005/2007. Ausstellungskatalog zur gleichnamigen Ausstellung, Künstlerhaus Bethanien GmbH, Berlin/Verbrecher Verlag

Gajdukowa, Katharina, Moldt, Dirk: Party totalitär. Punksein in der DDR. In: Häußer, Merkel 2009

Galenza, Ronald, Pehlemann, Alexander (Hrsg.): Spannung. Leistung. Widerstand. Magnetband-Kultur in der DDR 1980–1990. Verbrecher Verlag, Berlin 2006

Galenza, Ronald, Havemeister, Heinz (Hrsg.): Wir wollen immer artig sein ... Punk, New Wave, HipHop. Independent-Szene in der DDR 1980–1990. Schwarzkopf & Schwarzkopf Verlag, Berlin 1999 / erweitert 2005

Gericke, Henryk: 2008. Zur Klärung eines Sachverhaltes. Auf: http://www.toomuchfuture.de/deutsch/index.php

Hahn, Anne, Willmann, Frank: Satan, kannst du mir nochmal verzeihen. Otze Ehrlich, Schleimkeim und der ganze Rest. Ventil Verlag, Mainz 2008

Häußer, Ulrike, Merkel Marcus (Hrsg.): Vergnügen in der DDR. Panama-Verlag, Berlin 2009

Kowalczyk, Angela: »China«. Negativ und Dekadent – Ost Berliner Punk-Erinnerungen. CPL Verlag, Berlin 2008

KvU-Wunder gibt es immer wieder. Fragmente zur Geschichte der Offenen Arbeit Berlin und der Kirche von Unten. Eigenverlag, Berlin 1997

Lindner, Bernd, Westhusen, Mark M.: Von Müllstation zu Größenwahn. Punk in der Halleschen Provinz. Hasen Edition, Halle/Saale 2007

Mareth, Connie, Schneider, Ray: Haare auf Krawall. Jugendsubkultur in Leipzig 1980 bis 1991. Connewitzer Verlagsbuchhandlung, Leipzig 2010

Moldt, Dirk: Zwischen Haß und Hoffnung. Die Blues-Messen 1979–1986. Eine Dokumentation. Schriftenreihe des Robert-Havemann-Archivs, Bd. 14. Berlin 2008

Mühlberg, Philipp, Stock, Manfred: Die Szene von innen. Skinheads, Grufties, Heavy Metals, Punks. LinksDruck Verlag, Berlin 1990

Müller, Lothar, Wicke, Peter (Hrsg.): Rockmusik und Politik. Analysen, Interviews und Dokumente. Ch. Links Verlag, Berlin 1996

Quaas, Ingeborg, Warnke, Uwe (Hrsg.): Die Addition der Differenzen. Die Literaten- und Künstlerszene in Ostberlin 1979–1989. Verbrecher Verlag, Berlin 2009

Rauhut, Michael: Rock in der DDR – 1964 bis 1989. Zeitbilder. Bundeszentrale für Politische Bildung, Bonn 2002

Shanghai: Der Punk im Schrank. Ein Report über die Einflussnahme des MfS auf die Punkrockszene in Sachsen-Anhalt. Betroffene erinnern sich (6). Magdeburg 1997

Bildnachweis: Claus Bach (S. 19, 24, 256); Karoline Bofinger (S. 158); Christiane Eisler / SUBstitut / 1983 / Rudolstadt (S. 232); Moritz Götze / SUBstitut / Planlos / 1983 / Halle/Saale (S. 222); Thomas Gust (S. 150, 152); G2 Baraniak (S. 123, 137); Heinz Havemeister (S. 126); Knut Hildebrandt (S. 174, 177, 198, 203); Silke Klug / SUBstitut / 1987 / Ostberlin (S. 38); Kay Krug (S. 11, 22, 46, 57, 78, 88, 115, 169, 214, 240, 251); Sylvio Krüger / SUBstitut / 1988 / Bernau b. Berlin (S. 219); Geralf Pochop (S. 30, 70, 195); Conny Steiner (S. 14, 51, 94, 110); Bernd Stracke (S. 104, 190); SUBstitut / 1985 / Leipzig (S. 75); SUBstitut / 1987 / Halle/Saale (S. 129); SUBstitut / Kotzübel / 1985 / Lugau (S. 131); SUBstitut / 1983 / Karl-Marx-Stadt (S. 225); SUBstitut /1987 / Halle/Saale (S. 262); Archiv Dirk Teschner / Sommerfest des Montagskreises Karl-Marx-Stadt 1983 (163, 184,187: Pedro Richter; 208: Rainer Wolf); Frieda von Wild (43)

ISBN 978-3-355-01807-4

© 2012 Verlag Neues Leben, Berlin
Umschlaggestaltung: Buchgut, Berlin, unter Verwendung
eines Motivs von ullstein bild – Volker Döring
Druck und Bindung: CPI Moravia Books GmbH

Ein Verlagsverzeichnis schicken wir Ihnen gern:
Neues Leben Verlagsgesellschaft mbH & Co. KG
Neue Grünstraße 18, 10179 Berlin
Tel. 018 05 / 30 99 99 (0,14 €/Min., Mobil max. 0,42 €/Min.)

Die Bücher des Verlags Neues Leben
erscheinen in der Eulenspiegel Verlagsgruppe.

www.eulenspiegel-verlagsgruppe.de